Manfred Endres und Susanne Hauser (Hrsg.)

# Bindungstheorie in der Psychotherapie

2. Auflage

Ernst Reinhardt Verlag München Basel

Titelbild: Grabstele von Timarista und Krito, um 460 vor Chr. Museum von Rhodos.

Die Deutsche Bibliothek – CIP-Einheitsaufnahme

Bindungstheorie in der Psychotherapie / Manfred Endres und Susanne Hauser (Hrsg.). – 2. Aufl. – München ; Basel : Reinhardt, 2002
ISBN 3-497-01543-1

© 2002 by Ernst Reinhardt, GmbH & Co KG, Verlag, München
Dieses Werk, einschließlich aller seiner Teile, ist urheberrechtlich geschützt. Jede Verwertung außerhalb der engen Grenzen des Urheberrechtsgesetzes ist ohne schriftliche Zustimmung der Ernst Reinhardt GmbH & Co KG, München, unzulässig und strafbar. Das gilt insbesondere für Vervielfältigungen, Übersetzungen in andere Sprachen, Mikroverfilmungen und für die Einspeicherung und Verarbeitung in elektronischen Systemen.

Printed in Germany

Ernst Reinhardt Verlag, Postfach 38 02 80, D-80615 München
Net: www.reinhardt-verlag.de  Mail: info@reinhardt-verlag.de

# Inhalt

Vorwort .................................................... 7

Bindungstheorie und Entwicklungspsychologie –
einführende Anmerkungen
Von Manfred Endres und Susanne Hauser .................... 9

Die Eltern der Bindungstheorie:
Biographisches zu John Bowlby und Mary Ainsworth
Von Martin Dornes ........................................... 18

Die Entwicklung von Bindungsqualität und Bindungsrepräsentation.
Auf der Suche nach der Überwindung psychischer Unsicherheit
Von Klaus E. Grossmann ..................................... 38

Praktische Anwendungen der Bindungstheorie
Von Karin Grossmann ........................................ 54

Von der Bindungstheorie zur Bindungstherapie.
Die praktische Anwendung der Bindungstherapie in der Psychotherapie
Von Karl Heinz Brisch ....................................... 81

Klinische Relevanz der Bindungstheorie
in der therapeutischen Arbeit mit Kleinkindern und deren Eltern
Von Éva Hédervári-Heller .................................... 90

Falldarstellung eines 9jährigen Mädchens mit gehäuften traumatischen
Erfahrungen, Verlustängsten und Leistungsproblemen
Von Ursula Götter ........................................... 111

Die Behandlung eines fünfjährigen traumatisierten Jungen.
Überlegungen zu Bindungstheorie und Behandlung
Von Konstantin Prechtl ...................................... 127

Die Narben der Vergangenheit. Psychoanalytische Behandlung
einer 37jährigen depressiven Patientin
Von Susanne Hauser ........................................... 136

Therapeutische Implikationen der Bindungstheorie
Von Susanne Hauser und Manfred Endres ..................... 159

Die Autoren .................................................... 177

Sachregister ................................................... 179

# Vorwort

Welche Bedeutung hat die Bindungstheorie für die psychotherapeutische Praxis? Diese Frage wird seit einiger Zeit in klinischen Kreisen intensiv und zum Teil kontrovers diskutiert. Das vorliegende Buch soll dem Informationsbedürfnis von Ausbildungskandidaten und praktizierenden Psychotherapeuten Rechnung tragen.

Im einleitenden Kapitel wird der Bezug der Bindungstheorie zur psychoanalytischen Entwicklungspsychologie, insbesondere dem Konzept der Entwicklungslinien von Anna Freud, hergestellt. Danach zeichnet Martin Dornes in seinem Beitrag einen historischen Abriß zur Entwicklung der Bindungstheorie, die eng mit John Bowlby und Mary Ainsworth verbunden ist.

Klaus E. Grossmann postuliert in seinem Beitrag in Thesenform aktuelle Fragestellungen und Forschungsüberlegungen, die sich mit der Weiterentwicklung von kindlichen Bindungsmustern zu späteren Bindungsrepräsentationen beschäftigen. Hierbei interessiert vor allem die über die Kleinkindzeit hinausgehende, sprachliche Ausformung der Bindungsqualitäten.

Das Anliegen von Karin Grossmann ist es, die Möglichkeiten praktischer Anwendungen der Bindungstheorie publik zu machen. Anfangs schildert sie die wesentlichsten Grundannahmen, um dann auf die Rolle von Bindungsprozessen in belasteten zwischenmenschlichen Beziehungen einzugehen.

Karl-Heinz Brisch setzt als Kinder- und Jugendpsychiater Erkenntnisse der Bindungstheorie therapeutisch in der Behandlung von Kleinkindern mit schweren Beziehungsstörungen um. Er versucht damit den Weg von der Bindungstheorie zur Bindungstherapie zu beschreiten.

Eva Hédervári-Heller zeigt als praktizierende Kinder- und Jugendlichenpsychotherapeutin an einem Fallbeispiel einer Eltern-Kind-Therapie auf, wie Erkenntnisse der Bindungstheorie in den praktischen Alltag analytischer Kindertherapie Eingang finden und zu einem breiteren Verständnis beitragen.

Das Buch wird abgerundet durch drei ausführliche Fallbeispiele, in denen Ursula Götter, Konstantin Prechtl und Susanne Hauser Einblick in therapeutische Prozesse aus bindungstheoretischer Sicht ermöglichen.

Im abschließenden Beitrag wollten wir den gegenwärtigen Stand der Bindungstheorie zusammentragen und aktuelle Fragestellungen insbesondere im Hinblick auf therapeutische Prozesse formulieren.

Wir möchten an dieser Stelle allen Autorinnen und Autoren für die Erstellung der Beiträge und Simone Eiche für die redaktionelle Arbeit danken.

München, im Sommer 2000 Manfred Endres
Susanne Hauser

# Bindungstheorie und Entwicklungspsychologie – einführende Anmerkungen

Von Manfred Endres und Susanne Hauser

Obwohl John Bowlby seine ersten Arbeiten bereits vor mehr als 50 Jahren publizierte und damals den Grundstein der Bindungstheorie legte, ist es erstaunlich, daß die Bindungstheorie erst in neuester Zeit auf vermehrtes Interesse in tiefenpsychologisch orientierten Fachkreisen stößt. Die Gründe für die anfängliche Ablehnung der Bindungstheorie lagen in grundsätzlichen Unterschieden bezüglich theoretischer und methodischer Vorstellungen. Bowlby war, wie Lotte Köhler (1995) ausführt, ein Analytiker, der seit der Mitte dieses Jahrhunderts in einer für seine Zeit überaus fortschrittlichen Weise ethologische und systemtheoretische Modellvorstellungen aufgriff, um die klinischen Befunde, die er erhoben hatte, zu erklären. Seine Thesen trafen aber den Nerv der psychoanalytischen Theorie, nämlich die Triebtheorie, und schienen zunächst die psychoanalytische Metapsychologie gänzlich umzustürzen. In der Zwischenzeit ist das Verständnis früher psychischer Prozesse sowohl durch Erkenntnisse, die aus direkter Beobachtung von Säuglingen gewonnen wurden, als auch durch retrospektiv erhobene Befunde aus Psychoanalysen von Kindern, Jugendlichen und Erwachsenen bereichert worden. Dies hat den interdisziplinären Dialog gefördert (Übersichten bei Dornes 1993, Dornes 1998).

Gründe für die zunehmende Popularität der Bindungstheorie führt Martin Dornes wie folgt aus: „Die Aufmerksamkeit, welche die Bindungstheorie neuerdings auch innerhalb der Psychoanalyse gewinnt, läßt sich an einer wachsenden Zahl von Konferenzen zum Thema Bindungstheorie und Psychoanalyse ablesen. Sie hat verschiedene Gründe – außer theoretischen sicher auch soziologische. Einer davon scheint mir, daß das heutige ‚Unbehagen in der Kultur' sich erheblich von dem vergangener Tage unterscheidet. Der Philosoph Zygmunt Baumann hat in einem Gespräch (1996) argumentiert, daß das derzeitige Unbehagen nicht aus einem Übermaß an Triebunterdrückung herrührt (wie zu Freuds Zeiten), sondern aus einem Gefühl der Desorientierung in einer unübersichtlich gewordenen Welt. Unsicherheit, nicht Unfreiheit sei das zentrale Problem des ‚postmodernen' Menschen. Die Bindungstheorie, welche die Begriffe der (Bindungs-) Sicherheit und Unsicherheit als Eckpfeiler ihres theoretischen Grundgerüsts verwendet, scheint gerade dadurch einen zentralen Affekt und eine zentrale Besorgnis des heutigen Menschen zu thematisieren. Vielleicht enthält sie auch ein implizites Heils- oder Heilungsversprechen: Sicherheit ist möglich. Aber das ist nur eine Vermutung, die die ‚Konjunktur' dieser Forschungsrichtung plausibel machen könnte." (1998).

Eine der zentralen Aussagen von Bowlbys Theorie ist, daß der menschliche Säugling die angeborene Neigung hat, die Nähe einer vertrauten Person zu suchen. Fühlt er sich müde, krank, unsicher oder allein, so werden Bindungsverhaltensweisen wie Schreien, Lächeln, Anklammern und Nachfolgen aktiviert, welche die Nähe zur vertrauten Person wiederherstellen sollen. Das Bindungssystem ist ein eigenständiges Motivationssystem, das relativ unabhängig von sexuellen und aggressiven Triebbedürfnissen lebenslänglich weiter funktioniert. Aus interaktiven und kommunikativen Erfahrungen, die der Säugling mit seiner Betreuungsperson im Laufe des ersten Lebensjahres macht, resultiert ein Gefühl der Bindung oder Gebundenheit, das je nach Erfahrung verschiedene Färbungen annehmen kann, die als unterschiedliche Qualitäten von Bindung betrachtet werden. Nach Ainsworth et al. (1978) ist die mütterliche Feinfühligkeit die entscheidende Determinante für die Qualität der Bindung. Reagiert die Mutter feinfühlig, d. h. schnell und angemessen auf die Signale ihres Kindes, so wird es mit einem Jahr wahrscheinlich sicher gebunden sein. Reagiert die Mutter zurückweisend oder inkonsistent, entwickeln sich sog. unsichere Bindungmuster.

Mit der Entwicklung der „Fremden Situation" als einer Laborbeobachtungsmethode schuf Ainsworth in Zusammenarbeit mit Wittig ein Untersuchungsinstrument, das zu einem Meilenstein in der Bindungsforschung wurde. In den folgenden Jahrzehnten zog es eine Flut von empirischen Untersuchungen nach sich zog.

Die „Fremde Situation" spielt in fast allen Forschungen und Publikationen zum Thema eine wichtige Rolle, daher wird sie an dieser Stelle kurz vorgestellt. In diesem Buch wird die „Fremde Situation" ausführlich auch in folgenden Beiträgen besprochen: Dornes S. 28 ff., K. E. Grossmann S. 41 f..

In dieser Laborsituation wollte Ainsworth das Zusammenspiel von Bindungs- und Erkundungsverhalten unter verschiedenen Belastungsbedingungen untersuchen. Im Verlauf von 8 Episoden wird das Kleinkind (im Alter von 12 bzw. 18 Monaten) zunehmendem Stress durch die Gegenwart einer fremden Person und die zweimalige Trennung von der Mutter (Vater) ausgesetzt. Die unterschiedlichen Reaktionsmuster der Kinder in der Fremden Situation bildeten die Grundlage des bekannten Klassifikationssystems der Bindungsqualität im Alter von 12 und 18 Monaten. Die Laboruntersuchung läuft folgendermaßen ab:

Nach einer kurzen Eingewöhnungsphase (3 Min.), in der das Kind mit seiner Mutter allein in einem Raum mit attraktiven Spielsachen bleibt, kommt eine Fremde hinzu. Sie verhält sich zunächst abwartend, versucht dann mit dem Kind Kontakt aufzunehmen und sein Interesse für die Spielsachen zu wecken (3 Min.). Auf ein Signal hin verläßt die Mutter kurz den Raum und kommt nach 3 Min. wieder zurück (1. Wiedervereinigung, bei Stress des Kindes auch kürzer). Die Fremde geht dann hinaus. Nach weiteren 3 Min. folgt die 2. Trennung. Diesmal wird das Kind ganz allein gelassen und es tritt dann zunächst die Fremde ins Zimmer (3 Min.), bevor es zur 2. Wiedervereinigung mit der Mutter kommt.

Als differentielles Schlüsselkriterium stellte sich das unterschiedliche Begrüßungsverhalten der Kinder in den Wiedervereinigungsepisoden mit ihren Müttern bzw. Vätern nach den beiden Trennungen heraus. Anhand der Bindungsmuster lässt sich die Bindungsqualität des Kindes zu dem jeweiligen Elternteil in eine der 4 Hauptgruppen einteilen: A bedeutet unsicher-vermeidend (engl. avoiding), B bedeutet sicher gebunden (engl. balanced), C heißt unsicher-ambivalent (engl. crying) und D steht für unsicher desorientiert-desorganisiert (engl. disoriented). Ein sicher gebundenes Kind (B) begrüßt den Elternteil freudig bzw. zeigt deutliches Bindungsverhalten durch das Suchen von Nähe. Wenn es weint, lässt es sich schnell beruhigen. Ein unsicher-vermeidendes Kind (A) scheint den Elternteil nicht zu vermissen und auch dessen Rückkehr nicht zu bemerken, da es so beschäftigt ist. Es vermeidet anfangs den Blickkontakt zum Elternteil und reagiert verzögert. Ein unsicher-ambivalentes Kind (C) ist dagegen durch die Trennung vom Elternteil äußerst verzweifelt. In der Wiedervereinigung beruhigt es sich nur langsam oder nicht richtig und es mischen sich Anzeichen von Ärger als Ausdruck der Ambivalenz in sein Verhalten. Ein Kind mit einem desorientierten-desorganisierten Bindungsmuster (D) zeigt überwiegend eines der drei vorigen Bindungsmuster (A, B oder C), aber an einigen Stellen finden sich Anzeichen von desorientiertem bzw. desorganisiertem Verhalten, die als Ausdruck von Stress in Gegenwart des Elternteils und als Zusammenbruch der Bindungsstrategie verstanden werden. Solche Verhaltensmuster sind eine Kombination von Bindungsverhalten und Abwehr, etwa durch Blickvermeidung bei der Annäherung oder Stereotypien.

Indem Bowlby die Entwicklung von Bindungserfahrungen beschreibt, knüpft er an die entwicklungspsychologische Perspektive der Psychoanalyse an. Mit grundlegenden Kenntnissen von entwicklungspsychologischen Zusammenhängen können Psychopathologien unter entwicklungspsychologischen Aspekten verstanden werden. Im Einzelfall können dann sinnvolle und indizierte Behandlungsmaßnahmen ergriffen werden.

Hilfreich ist hierbei das von Anna Freud beschriebene Konzept der Entwicklungslinien (A. Freud 1968). Dazu zählt die von Sigmund Freud (1905) beschriebene Entwicklungslinie der psychosexuellen Entwicklung mit den bekannten Phasen oraler, analer und ödipaler Entwicklung, die dann weiter über das Latenzalter und über die Adoleszenz zur erwachsenen Sexualität führt. In der Zwischenzeit sind weitere Entwicklungslinien beschrieben worden, die im Rahmen der lebenslangen Entwicklung im Längsschnitt verfolgt werden können. Zu nennen ist hier die Entwicklung der Objektbeziehungen, die Selbstentwicklung, die Entwicklung der Kognition, die Entwicklung der Sprache, die Entwicklung des Überichs und die Entwicklung der Geschlechtsidentität. Bei der Formulierung der genannten Entwicklungslinien wurden Interferenzen der frühkindlichen Entwicklung aus Behandlungen Erwachsener mit Material integriert, das durch die direkte Beobachtung von Säuglingen und Kindern gewonnen wurde. Die Integration von Daten, die durch die empirische Direktbeobachtung von Säuglingen und Kleinkindern gewonnen wurden, in die psychoanalytische Theorie ist bis heute nicht unumstritten, wird aber in zunehmendem Maße akzeptiert.

Zur entwicklungspsychologischen Perspektive Sigmund Freuds schreiben Tyson und Tyson (1997, 21f): „Die ersten Versuche, Kindheit zu verstehen, basierten somit auf Rekonstruktionen jener frühen Entwicklungsphasen, die man aus der klinischen Erfahrung mit erwachsenen neurotischen Patienten ableitete. Allerdings mußte Freud erkennen, daß die Rekonstruktion der Vergangenheit Verzerrungen beinhaltet. Er empfiehlt deshalb, psychoanalytischer Forschung die Direktbeobachtung von Kindern an die Seite zu stellen (1905, 99). Die Fallbeschreibung des Kleinen Hans (1909) war ein Meilenstein in diese Richtung. Obwohl hier die Behandlung einer infantilen Neurose im Vordergrund steht, enthält der Bericht wertvolle Informationen über das Erleben und Verhalten eines kleinen Jungen, gleichsam in statu nascendi. Anstatt uns Erlebnisse aus der Vergangenheit berichten zu lassen, werden wir Zeugen der Geschehnisse in der Gegenwart."

Bei der Entwicklung der psychoanalytischen Theorie nutzte Sigmund Freud systematische Beobachtungen von Kindern nicht explizit. Dennoch kann davon ausgegangen werden, daß die Erkenntnisse aus der Beobachtung seiner eigenen Kinder und von Kindern seiner Familienangehörigen Eingang in die Theoriebildung gefunden haben. Ein Beispiel findet sich in der Schrift „Jenseits des Lustprinzips" von 1920 (Kap. II, 11–13), wo er das Spiel seines $1\frac{1}{2}$jährigen Neffen beschreibt:

„Ich habe eine Gelegenheit ausgenützt, die sich mir bot, um das erste selbstgeschaffene Spiel eines Knaben im Alter von $1\frac{1}{2}$ Jahren aufzuklären. Es war mehr als eine flüchtige Beobachtung, denn ich lebte durch einige Wochen mit dem Kinde und dessen Eltern unter einem Dach und es dauerte ziemlich lange, bis das rätselhafte und andauernd wiederholte Tun mir seinen Sinn verriet. Das Kind war in seiner intellektuellen Entwicklung keineswegs voreilig. Es sprach mit 1½ Jahren erst wenige verständliche Worte und verfügte außerdem über mehrere bedeutungsvolle Laute, die von der Umgebung verstanden wurden. Aber es war im guten Rapport mit den Eltern und dem einzigen Dienstmädchen und es wurde wegen seines anständigen Charakters gelobt. Es störte die Eltern nicht zur Nachtzeit, befolgte gewissenhaft die Verbote, Gegenstände zu berühren und in gewisse Räume zu gehen und, vor allem, es weinte nie, wenn die Mutter es für Stunden verließ, obwohl es der Mutter zärtlich anhing, die das Kind nicht nur selbst genährt, sondern auch ohne jede fremde Beihilfe gepflegt und betreut hatte. Dieses brave Kind zeigte nun die gelegentlich störende Gewohnheit, alle kleinen Gegenstände, derer es habhaft wurde, weit weg von sich in eine Zimmerecke, unter ein Bett usw. zu schleudern, sodaß das Zusammensuchen seines Spielzeugs oft keine leichte Arbeit war. Dabei brachte es mit dem Ausdruck von Interesse und Befriedigung ein lautes langgezogenes ‚Ooooh' hervor, das nach dem übereinstimmenden Urteil der Mutter und des Beobachters keine Interjektion war, sondern ‚fort' bedeutete. Ich merkte endlich, daß das ein Spiel sei und daß das Kind alle seine Spielsachen nur dazu benutzte, mit ihnen ‚fortsein' zu spielen. Eines Tages machte ich dann die Beobachtung, die meine Auffassung bestätigte. Das Kind hatte eine Holzspule, die mit einem Bindfaden umwickelt war. Es fiel ihm nie ein, sie z. B. am Boden hinter sich herzuziehen, also Wagen mit ihr zu spielen, sondern es warf die am Faden gehaltene Spule mit großem Geschick über den Rand seines verhängten Bettchens, sodaß sie darin verschwand, sagte dazu sein bedeutungsvolles ‚Ooooh' und zog dann die Spule am Faden wieder aus dem Bett heraus; begrüßte aber auch deren Erscheinen jetzt mit einem freudigen ‚da'. Das war also das komplette Spiel ‚verschwinden und wiederkommen', wovon man zumeist nur den ersten Akt zu sehen bekam und dieser wurde für sich allein unermüdlich als Spiel wiederholt, obwohl die größere Lust unzweifelhaft im zweiten Akt anhing. Die Deutung des Spiels lag dann nahe. Es war im Zusammenhang mit der großen kulturellen Leistung des Kindes, mit dem von ihm zustandegebrachten Triebverzicht (Verzicht auf Triebbefriedigung), das Fortgehen der Mutter ohne Sträuben zu gestatten. Es entschädigte sich gleichsam dafür, indem es dasselbe Verschwinden und Wiederkommen mit den ihm erreichbaren Gegenständen selbst in Szene setzte."

Bei diesem Kind handelt es sich um Ernest Freud, der sich noch als entwicklungspsychologisch interessierter Psychoanalytiker mit der Perinatalzeit beschäftigt, insbesondere mit der psychischen Situation von Früh- und Neugeborenen auf Intensivstationen. Er hat Konzepte entwickelt, wie die Trennungssituationen für die Neugeborenen weniger traumatisch gestaltet werden können.

Die von Anna Freud mitbegründete Kinderanalyse bot zum einen die Möglichkeit, traumatisierte Kinder und Kinder mit neurotischen Symptomen zu behandeln und zum anderen konnte die Richtigkeit der Rekonstruktionen aus der Erwachsenenanalyse überprüft werden. Mit der direkten Anwendung psychoanalytischer Behandlungen bei jungen Kindern war eine entwicklungsbegleitende Arbeit möglich. Entwicklungsprozesse konnten damit in den Kinderanalysen live beobachtet, beschrieben und untersucht werden. 1937 gründeten Anna Freud und Dorothy Burlingham eine experimentelle Kindergartengruppe mit Krabbelkindern, die aus Wiener Familien der Unterschicht stammten. Diese Kindergartengruppe sollte dazu dienen, den psychoanalytisch geschulten Betreuern und Beobachtern Informationen über die psychische Entwicklung im 2. Lebensjahr zu liefern. Ein Jahr später wurde das Zentrum von den Nazis geschlossen. Anna Freud und Dorothy Burlingham gründeten nach dem Umzug nach London Kindergärten, in denen verwaiste und von ihren Familien getrennte Kinder und später Kinder, die in KZs überlebt hatten, betreut wurden. Sie wurden Zentren für die psychoanalytische Kinderbeobachtung, wo viel Material über kindliches Verhalten durch genaue, psychoanalytisch-teilnehmende Beobachtungen gesammelt wurde.

In der Tradition von Anna Freud nutzte Rene Spitz (1965) nach dem zweiten Weltkrieg die Methode der direkten Beobachtung von Kindern, um schwere Psychopathologien zu untersuchen. Er beobachtete körperlich hinreichend gut versorgte, aber psychisch deprivierte Kinder in Waisenhäusern und Gefängnissen und dokumentierte seine Befunde erstmals 1947 in Filmen. Als Ergebnisse seiner Arbeit, die vor allem auf der direkten Beobachtung von Kindern beruhten, sollen hier nur schwere Psychopathologien von deprivierten Säuglingen genannt werden, die Spitz mit dem Begriff der anaklitischen Depression beschrieben hat, sowie sein Konzept der psychischen Organisatoren, mit denen er die Ich-Entwicklung im 1. Lebensjahr beschrieb.

Das auch eng mit Anna Freud zusammenarbeitende Ehepaar Robertson beschäftigte sich ebenfalls mit dem Phänomen des psychischen Hospitalismus, d. h. mit den Reaktionen kleinerer Kinder in Heimen, die längere Trennungen von ihren Müttern durchmachen mußten. Diese Kinder reagierten regelmäßig in drei aufeinanderfolgenden Phasen:

**1) Phase des Protestes:** Das Kind schreit, ist unruhig und erregt, verfolgt alle Zeichen in der Umgebung, die auf ein Wiedererscheinen der Mutter hindeuten könnten.

**2) Phase der Verzweiflung:** Das Kind beginnt zu resignieren, verliert die Hoffnung, wird traurig und gerät in einen Zustand depressiver Passivität.

**3) Phase der Verleugnung, Ablösung:** Das Kind versucht, sein quälendes Verlangen nach der Mutter zu verdrängen, wendet sich der neuen Umgebung zu. Wenn die Mutter wiederkommt, braucht es oft eine längere Anlaufzeit, bevor es überhaupt Wiedererkennen und Freude zeigen kann.

Diese Thesen der Robertsons lieferten die Grundlage für Bowlbys Bindungstheorie (Bowlby 1969). Bowlby und die Robertsons arbeiteten ab 1965 eng an der Londoner Tavistock-Klinik zusammen.

In einer weiteren Studie untersuchten die Robertsons (1971), ob die Phasen von Protest, Verzweiflung und Verleugnung generell bei jeder Trennung von der Mutter auftreten oder ob sie durch spezifische streßauslösende Faktoren bei der Heimunterbringung ausgelöst und modifiziert werden. Sie stellten ein Modell der Heimpflege und ein Modell der Familienpflege einander gegenüber und filmten ihre direkten Beobachtungen.

Die Folgen vorübergehender oder dauerhafter Trennung eines Kindes von seiner Bezugsperson hängen in hohem Maße von der Qualität des Ersatzmilieus ab, in welchem das Kind nach der Trennung lebt. Kinder, die eine oder beide Hauptbezugspersonen verlieren, können sich bei ausreichend guter Ersatzpflege im kognitiven und sozial-emotionalen Bereich weitgehend normal entwickeln. Das war bei den von Spitz und Bowlby untersuchten Kindern nicht der Fall. Sie kamen nach dem Verlust der Mutter meist in Heime, die wenig kognitive Anregung boten und durch häufigen Personalwechsel und/oder durch schlecht ausgebildete Betreuungspersonen keine stabile emotionale Zuwendung boten.

Eine weitere Forscherin, die in der Tradition Anna Freuds und Rene Spitz' die direkte Beobachtung von Kindern für die Entwicklung psychoanalytischer Theorien nutzte, war Margaret Mahler. Anfang der 60er Jahre startete sie ein Projekt zur Untersuchung von Separation und Individuation im 1. und 2. Lebensjahr. In einer Kleinkindgruppe wurden Mütter mit ihren Kindern betreut, die sich über mehrere Jahre hinweg vormittags trafen. Durch eine Einwegscheibe wurden die Aktionen der Kinder und die Interaktionen zwischen Kindern und zwischen Kindern und Müttern gefilmt. Aus diesen Beobachtungen entwickelte Mahler das bekannte Konzept des Individuations- und Separationsprozesses, wobei sie zunächst normalen Autismus und normale Symbiose als Vorbedingungen für den Beginn des normalen Loslösungs- und Individuationsprozesses ansah (Mahler et al. 1985). In der zweiten Hälfte des 1. Lebensjahres beginnt der Loslösungs- und Individuationsprozeß mit der ersten Subphase der Differenzierung, die mit der sogenannten Fremdenangst zusammenfällt. Es folgt die sogenannte Übungsphase, in der das Kleinkind zunehmend motorische Fähigkeiten entwickelt und sich von der Mutter räumlich zu trennen beginnt. Dieser Phase folgt die sogenannte Wiederannäherungsphase, in der sich das Kind des psychischen Getrenntseins von der Mutter bewußt wird. Insgesamt lieferte Margret Mahler beeindruckendes Material zur psychischen Entwicklung im 2. Lebensjahr. Es ist ihr jedoch nicht gelungen, ähnlich schlüssig einen Zugang zur psychischen Welt des Säuglings im 1. Lebensjahr zu finden. Eine systematische Untersuchung des ersten Lebensjahres blieb den sogenannten „Babywatchern" überlassen. Martin Dornes schreibt dazu: „Für die Erforschung der präsymbolischen Zeit (die ersten 1½ Lebensjahre) ist Direktbeobachtung unerläßlich. In der Spieltherapie, der Kinderanalyse und den verbalen Assoziationen der Erwachsenenanalyse erscheint das Material in einer symbolisch organisierten Gestalt und die Vermutungen, die daraus bezüglich des präsymbolischen Erlebens abgeleitet werden können, sind unsicher. Konsequenterweise haben sich Psychoanalytiker deshalb schon früh mit der Direktbeobachtung kleiner und kleinster Kinder befaßt.

Trotz einer beeindruckenden Tradition auf diesem Gebiet ist der Säugling in der psychoanalytischen Theorie bis in die jüngste Zeit hinein nicht genug verstanden worden. Überwiegend wurde von ihm das Bild eines passiven, undifferenzierten und seinen Trieben ausgelieferten Wesens gezeichnet, das in einem langen und traumatischen Kampf die Schrecken dieser Zeit der Hilflosigkeit und Abhängigkeit bewältigen muß. Obwohl diese Sichtweise ihre Berechtigung hat, ist sie einseitig und gibt einen Teil der Säuglingserfahrung als ihr Ganzes aus. Deshalb ist es angebracht, einen neuen Blick auf den Säugling zu werfen. Das Ergebnis dieses Perspektivenwechsels ist eine veränderte Sicht der ersten 1½ Lebensjahre mit beträchtlichen Konsequenzen für die psychoanalytische Theoriebildung. Der Säugling erscheint nun als aktives, differenziertes und beziehungsfähiges Wesen mit Fähigkeiten und Gefühlen, die weit über das hinausgehen, was die Psychoanalyse bis vor kurzem für möglich und wichtig gehalten hat. Als Kurzcharakterisierung für diese neue Sicht hat sich die Rede vom kompetenten Säugling eingebürgert. In ihr kommt die Überzeugung zum Ausdruck, daß der Säugling nicht in einer blühenden summenden Verwirrung, wie William James meint, lebt, sondern daß er mittels noch zu schildernder Fähigkeiten die Welt und sich von Anfang an eher als geordnet denn als Chaos empfindet." (Dornes 1998, 18).

Ab Anfang der 80er Jahre haben Psychoanalytiker mit der systematischen Integration dieser Ergebnisse begonnen. Einen wesentlichen Beitrag zu dieser veränderten Sichtweise hat Daniel Stern (1985) beigetragen. Im Zentrum seiner Untersuchungen steht die Erforschung des Selbstempfindens als das organisierende Prinzip, aus dem heraus der Säugling sich selbst und die Welt erfährt. Das Selbstempfinden entwickelt sich in Stufen. Nach Daniel Stern gibt es im 1. Lebenshalbjahr kein differenziertes Selbst bzw. Objekt, es gibt aber auch kein verschmolzenes Selbst und Objekt. Er stellt damit den Symbiosebegriff im Sinne Margaret Mahlers in Frage. Nach Dornes besteht der Hauptunterschied zwischen beiden Theorien darin, daß für Mahler die Verschmelzung (Symbiose) das Primäre ist, und sich daraus die Separation entwickelt, während für Stern die Getrenntheitsempfindung das Primäre ist und auf dieser Basis Gemeinsamkeitserlebnisse mit dem anderen möglich sind, die aber nicht das Gefühl auslöschen, ein separates Individuum zu sein.

Die Bindungstheorie, die von John Bowlby Ende der 50er Jahre entwickelt wurde, beschreibt systematisch ein von sexuellen und aggressiven Triebbedürfnissen relativ unabhängiges Motivationssystem. Die Pionierarbeiten von Bowlby und Ainsworth haben zahlreiche Anstöße für weiterreichende Untersuchungen gegeben, wobei aktuelle und fruchtbare Beiträge zum Verständnis entwicklungspsychologischer und behandlungstechnischer Zusammenhänge gerade in jüngerer Zeit publiziert wurden.

## Literatur

Ainsworth, M., Blehar, M., Waters, E., Wall, (1978): Patterns of Attachment. A Psychological Study of the Strange Situation. Erlbaum, Hillsdale, NJ
Bowlby, J. (1959/60): Über das Wesen der Mutter-Kind-Bindung. Psyche, 13, 415–456.
– (1961/62): Die Trennungsangst. Psyche 15, 411–464
– (1969): Attachment. Basic Books, New York (dt. 1975: Bindung. Kindler, München)
– (1995): Mutterliebe und kindliche Entwicklung. 3. Aufl. Ernst Reinhardt, München/Basel
Dornes, M. (1993): Der kompetente Säugling. Fischer, Frankfurt/M.
– (1998): Die frühe Kindheit. Fischer, Frankfurt/M.
Freud, A. (1968): Wege und Irrwege in der Kinderentwicklung. Klett-Cotta, Stuttgart
Freud, S. (1905): 3 Abhandlungen zur Sexualtheorie. London 1941.
– (1909): Analyse der Phobie eines fünfjährigen Knaben, G. W., Bd.7, Frankfurt/M.
– (1920): Jenseits des Lustprinzips. Gesammelte Werke XIV, 111-205. Fischer, Frankfurt/M.
Köhler, L. (1995): Bindungsforschung und Bindungstheorie aus der Sicht der Psychoanalyse. In: Spangler, G., Zimmermann, P. (Hrsg.): Die Bindungstheorie – Grundlagen, Forschung und Anwendung, 67–85. Klett-Cotta, Stuttgart
Mahler, M. S., Pine, F., Bergman, A. (1985): Die psychische Geburt des Menschen. Fischer, Frankfurt/M.
Robertson, J. (1971): Reaktionen kleiner Kinder auf kurzfristige Trennungen von der Mutter im Lichte neuerer Beobachtungen. Psyche 29, 626–665
Spitz, R. (1965): Vom Säugling zum Kleinkind. Naturgeschichte der Mutter-Kind-Beziehungen im ersten Lebensjahr. Klett-Cotta, Stuttgart 1974
Stern, D. (1985): Die Lebenserfahrung des Säuglings. Klett-Cotta, Stuttgart 1992
Tyson, P., Tyson, R. (1997): Lehrbuch der psychoanalytischen Entwicklungspsychologie. Kohlhammer, Stuttgart

# Die Eltern der Bindungstheorie: Biographisches zu John Bowlby und Mary Ainsworth

Von Martin Dornes

Theorien werden von Menschen entwickelt. Oft, wenn nicht immer, sind sie tief mit der Biographie des betreffenden Theoretikers verwoben und bringen etwas zur Sprache, das ihn aus sehr persönlichen Gründen interessiert. Häufig sind sie auch Lösungsversuche für persönliche Konflikte und stellen einen Aspekt in den Vordergrund, der eine lebenspraktisch unerfüllte Sehnsucht in der Theorie als erfüllbar darstellt. Wie bekannt, litt Margret Mahler unter der schlechten Beziehung zu ihrer Mutter und machte (u. a. deshalb) das Thema der Symbiose zu ihrem Lebensthema (Mahler 1988). Bowlby litt unter der Trennung von seinen Eltern, und entsprechend wurde Trennung sein Lebensthema. Diese Bemerkungen sind sicher vereinfacht, weil theoretische Interessen immer überdeterminiert sind. Sie hängen auch von anderen als persönlichen Faktoren ab. Bei Bowlby spielte beipielsweise eine Rolle, daß – in der Zeit, in der er sich für Trennungen zu interessieren begann – dieses Thema gewissermaßen in der Luft lag. Nach dem ersten Weltkrieg, und noch mehr nach dem zweiten, gab es viele Kriegswaisen und selbst in den Fällen, in denen die Eltern noch vorhanden waren, war es im Rahmen von Evakuierungen zu häufigen Trennungen gekommen. Trennung war also eine soziale Realität ersten Ranges (Newcombe/Lerner 1982).

Im folgenden möchte ich das komplexe Ineinander von persönlichen und anderen Faktoren im Prozeß der Theoriebildung nicht weiter vertiefen, sondern dem Leser einfach einen knappen Überblick über die Lebensgeschichte der beiden Gründungsfiguren der Bindungstheorie – John Bowlby und Mary Ainsworth – geben. Er mag dann selbst entscheiden, ob er Querverbindungen zwischen Leben und Theorie ziehen will oder nicht.

## John Bowlby

John Bowlby[1] wurde am 26. Februar 1907 als viertes von sechs Kindern in London geboren. Sein Vater war ein erfolgreicher, vielbeschäftigter Arzt; die Mutter entstammte einer dem ländlichen Leben verbundenen Pfarrersfamilie. Den damaligen Gepflogenheiten folgend wurden die Kinder überwiegend von Hausangestellten erzogen. Über die Familienatmosphäre im Hause Bowlbys gibt es unterschiedliche Versionen. Bowlby selbst beschrieb sie knapp als „streng, nicht zu streng, aber doch ziemlich streng..." (Holmes 1993, 16), die jüngste Schwester Evelyn erinnert sich an eine eher freudlose, etwas zwanghafte Stimmung, während Tony, der Drittälteste, seine Kindheit als glücklich beschreibt. Mit acht Jahren kam Bowlby in ein Internat außerhalb von London. Angeblich sollten er und die anderen Kinder vor den befürchteten Bombenabwürfen auf London während des Ersten Weltkrieges in Sicherheit gebracht werden (Hunter 1991, 5 und 8). Bowlby war dort ziemlich unglücklich und hat später einmal gesagt: „Ich würde keinen Hund mit acht ins Internat schicken" (Rayner 1995).

Nach dem Krieg ging er in die Marineschule in Dartmouth, war aber, trotz bester Zeugnisse, mit der dort herrschenden engen intellektuellen Atmosphäre unzufrieden. 1925 schrieb er sich für Medizin in Cambridge ein. Die Liebe zur Medizin war nicht besonders groß. Nach den vorklinischen Semestern unterbrach er das Studium, um an einer Schule für verhaltensgestörte Kinder zu hospitieren. Die Erfahrungen, die er dabei sammelte, waren von großer Bedeutung für seinen weiteren Werdegang (Hunter 1991, 5). Als einen bleibenden Eindruck aus dieser Zeit beschreibt er einen adoleszenten Jungen, der ihm auf Schritt und Tritt folgte, ohne ihn genauer zu kennen (Bowlby 1981 in: Holmes 1993, 18). Der Junge war unehelich geboren, als Kind nie recht umsorgt und wegen wiederholten Diebstahls von einer Schule verwiesen worden. Er war unfähig zu tieferen Bindungen, psychisch erheblich gestört, aber wahrscheinlich der erste, der Bowlby auf den Zusammenhang zwischen (früh)kindlicher Deprivation und (späterer) abweichender Persönlichkeitsentwicklungen aufmerksam machte. Dies wurde eines seiner großen Lebensthemen.[2]

1929 wechselte Bowlby nach London, 1933 beendete er dort sein Medizinstudium. Er wollte Kinderpsychiater werden, ließ sich aber zunächst als Erwachsenenpsychiater ausbilden. 1936 ging er an die Londoner Child Guidance Clinic. Seine psychoanalytische Ausbildung absolvierte er zwischen 1933 und 1937, die Lehranalyse bei Joan Riviere, einer Kleinianerin. Über die Gründe für diese Wahl ist nichts bekannt, aber sie stellte sich als nicht besonders glücklich heraus: „Es waren die fünf schlimmsten Jahre meines Lebens", hat er im Rückblick geäußert (Rayner 1995; ähnlich Kahr 1996, 65). Die Supervision bei Ella Sharpe (die später der Middle-Group nahestand) sagte ihm mehr zu; die anschließende Kontrolle seiner kinderanalytischen Ausbildung bei Melanie Klein (ab 1937/38) eher weniger. Die Unterschiede in ihren Auffassungen traten bei der Behandlung eines dreijährigen hyperaktiven Kindes zutage, dessen Mutter offensichtlich schwer gestört war. Bowlby wollte ihr Hilfe anbieten, Klein lehnte das ab. Kurze Zeit später wurde die Mutter nach einem Zusammenbruch in ein psychiatrisches Krankenhaus eingeliefert. Klein wollte nicht sehen, daß der Zustand der Mutter für die Probleme des Kindes mitverantwortlich war, sondern sorgte sich nur wegen der dadurch bedingten Unterbrechung der Analyse des Kindes (Grosskurth 1986, 509). Dennoch war Bowlby in diesen Jahren nicht antikleinianisch eingestellt, sondern hielt seine Auffassung mit einer gewissen Naivität für eine Ergänzung der Kleinianischen Theorie: „Damals war mir noch nicht klar, daß mein Interesse an Erfahrungen und Situationen des wirklichen Lebens der Kleinschen Sichtweise so fremd war; im Gegenteil, ich hielt meine Ideen für vereinbar mit den ihren. Im Rückblick auf die Jahre 1935 bis 1939 glaube ich, daß ich die Verschiedenheit nicht erkennen wollte. Das wurde mir erst nach dem Krieg kristallklar, besonders, da mich ihre unnachgiebige Haltung immer mehr schockierte." (zit. in: Grosskurth 1986, 508).

Die Bedeutung der Rolle der Umwelt bei der Genese psychischer Störungen, die der Hauptstreitpunkt mit den Kleinianern war, wurde zum Thema seines ordentlichen Mitgliedsvortrags vor der Britischen Psychoanalytischen Gesellschaft. In dieser Arbeit warnt Bowlby (1940) nachdrücklich vor den negativen Folgen längerer Mutter-Kind-Trennungen. Dieses Thema arbeitete er in einem weiteren Aufsatz mit dem Titel „44 jugendliche Diebe: ihre Charaktere und Familienhintergründe" genauer aus (Bowlby 1944). Der Aufsatz trug ihm den Spitznamen „Ali Bowlby und die 44 Räuber" ein (Holmes 1993, 21), immerhin ein Hinweis darauf, daß es in der britischen Psychoanalyse trotz der bekannten Kämpfe zwischen Freudianern und Kleinianern, die damals auf dem Höhepunkt waren, nicht gänzlich humorlos zuging.

Während und nach der Kriegszeit war Bowlby in der Britischen Psychoanalytischen Gesellschaft aktiv und wurde zwischen 1944 und 1961 mit den verschiedensten organisatorischen Aufgaben betraut. Außerdem begründete er zusammen mit Esther Bick das Ausbildungsprogramm für Kinderpsychotherapie an der Tavistock Clinic, machte sich stark für eine Mitarbeit bei der Gründung des National Health Service und entschloß sich, die Folgen der Trennung von Mutter und Kind nunmehr systematischer zu untersuchen.

Die Gelegenheit, diesen Plan in die Tat umzusetzen, bot sich mit einer Anfrage der Weltgesundheitsorganisation, die einen Bericht über die seelische Gesundheit heimatloser Kinder wünschte. Das Ergebnis seiner Studien machte Bowlby mit einem Schlag zu einem berühmten Mann. Die Populärfassung seiner für die Weltgesundheitsorganisation geschriebenen Monographie „Maternal Care and Mental Health" (Bowlby 1951) erzielte eine Auflage von einer halben Million Exemplare in englischer Sprache und wurde in zehn weitere übersetzt. In dieser Monographie beschreibt Bowlby die nachteiligen Folgen, die entstehen, wenn Kinder ohne ihre Mütter in Institutionen aufwachsen, in denen ihre emotionalen und kognitiven Bedürfnisse nur unzureichend befriedigt werden. Nach dem Erscheinen der Monographie ist zu diesem Thema viel geforscht worden. Bowlbys Aussagen wurden relativiert und modifiziert (zusammenfassend Rutter 1979, 1991), aber als grundlegende Einsicht bleibt, daß die langandauernde Trennung von der Mutter bei ungenügendem Ersatz ein erstrangiger Risikofaktor für die weitere gesunde seelische Entwicklung ist.

Wie bei anderen Psychoanalytikern (z. B. Spitz und Mahler) verlagerte sich auch bei Bowlby im Laufe der Zeit das Interesse vom Studium der pathologischen Entwicklung zu dem der normalen. Nach Fertigstellung der erwähnten Monographie lautete seine Grundfrage: Wenn die Unterbrechung des Bandes zwischen Mutter und Kind durch Trennung oder Verlust so gravierende Auswirkungen hat – was ist die Natur dieses Bandes? Auf der Suche nach einer Antwort geriet Bowlby Anfang der 50er Jahre in Kontakt mit der Ethologie. Tinbergens Instinktlehre war gerade erschienen (1951), ebenso die englische Übersetzung einiger Arbeiten von Konrad Lorenz. Bowlby präsentierte seine ethologisch inspirierte Revision der psychoanalytischen Theorie in konziser Form erstmals in drei kurz hintereinander erschienenen Aufsätzen (1958, 1960a, b), die später zu Büchern ausgearbeitet wurden (1969, 1973, 1980).

Im ersten Aufsatz beschäftigt er sich mit dem Wesen der Mutter-Kind-Beziehung und kommt zu dem Schluß, daß die Triebtheorie keine hinreichende Erklärung für die Objektbezogenheit des Säuglings ermöglicht. Er relativiert die Bedeutung oraler Bedürfnisse für das Entstehen von Beziehungen und postuliert ein davon unabhängiges Bindungsbedürfnis. Das Kind bindet sich an Objekte nicht (nur) wegen der von ihnen vermittelten Trieblust, sondern weil sie Sicherheit und Kontakt bieten. Damit formuliert er eine ethologische Version der sich zehn Jahre später entwickelnden Narzißmustheorien, die ebenfalls die Triebbedürfnisse zugunsten von Sicherheits- und Selbstbedürfnissen relativieren.

Im zweiten Aufsatz gibt er einen Überblick über die verschiedenen Theorien zur Trennungsangst und schlägt als Hypothese vor, daß Trennungsangst dann entsteht, wenn Bindungsbedürfnisse aktiviert werden, aber die Bindungsperson nicht zugänglich ist. Er lehnt Freuds Theorie ab, derzufolge erhöhte Trennungsangst auf Verzärtelung des Kindes zurückzuführen oder eine Form von Triebangst ist und vertritt die Auffassung, sie habe eher mit realen Trennungsdrohungen der Eltern zu tun.

Im dritten Aufsatz geht es um Kummer und Trauer kleiner Kinder als Reaktion auf einen andauernden Verlust. Bowlby beschreibt erstmals die Ähnlichkeiten zwischen den Reaktionen Erwachsener und kleiner Kinder auf Verluste und skizziert verschiedene Stadien des Trauerprozesses (Protest, Verzweiflung und Rückzug).

Diese Arbeiten, die er zwischen 1957 und 1959 vor der Britischen Psychoanalytischen Gesellschaft vortrug, sorgten für Unruhe und Mißbehagen. Winnicott erregte sich, wußte aber nicht so recht warum, war er doch von Bowlby immer fair zitiert worden. Die Kleinianer waren ebenfalls aufgebracht, weil ihnen die ganze Richtung zu mechanistisch war. Anna Freud, in praktischen Dingen mit Bowlby fast immer einig, war auch unzufrieden, vor allem wegen der Relativierung der infantilen Sexualität/Oralität; ein ungenannter Analytiker soll sogar ausgerufen haben: „Bowlby? Wir wollen Barabbas!" (Grosskurth 1986, 514). Zur Kreuzigung kam es nicht, aber Bowlby hat – obwohl er im Gegensatz zu Rycroft, Meltzer, Laing und Lomas nie aus der psychoanalytischen Gesellschaft austrat – danach keinen weiteren Vortrag mehr vor den englischen Kollegen gehalten. Er suchte und fand sein Publikum anderswo.

In psychoanalytischen Kreisen gab es für Bowlby wenig Zustimmung. Die Rezensionen seiner drei Hauptwerke[3] in den führenden psychoanalytischen Zeitschriften waren überwiegend kritisch (z.B. Engel 1971; Rochlin 1971; Roiphe 1976; Bernstein 1981). Dafür gibt es verschiedene Gründe: 1. Seine Kritik der Triebtheorie, insbesondere die Relativierung libidinöser/sexueller Bedürfnisse zugunsten von Bindungsbedürfnissen; 2. seine Favorisierung der Tierverhaltensforschung als Hauptquelle einer Motivationstheorie, sie wurde von vielen als mechanistisch und trocken empfunden; 3. seine Marginalisierung der Bedeutung des Ödipuskomplexes; 4. seine Ablehnung der Metapsychologie, die er als ungeeigneten Theorierahmen für die Organisierung seiner Daten und als hoffnungslos veraltet ansah; 5. seine Einbeziehung außerpsychoanalytischer Disziplinen wie Kontrolltheorie und kognitive Psychologie, die den meisten Psychoanalytikern unvertraut waren; 6. sein starker Akzent auf interpersonelle Interaktion, statt auf intrapsychische Dynamik, die dem traditionellen psychoanalytischen Denken fremd war; 7. sein Interesse an Forschung und sein (relatives) Desinteresse an klinischer Kasuistik, das ihn Theorien nicht aus Einzelfällen ableiten ließ, sondern aus systematischen, prospektiven, kontrollierten Untersuchungen an Hand großer Fallzahlen. Der damit verbundene methodische und statistische Aufwand war vielen Psychoanalytikern nicht geheuer. Insgesamt schien es, als habe er die Poesie aus der Psychoanalyse vertrieben (Grosskurth 1986, 514) – und die Phantasie!

An dieser Kritik ist sicher ein Körnchen Wahrheit, aber auch viel Übertreibung. Ich werde darauf weiter unten ausführlicher eingehen und beschränke mich an dieser Stelle vorerst auf die etwas holzschnittartige Wiedergabe seiner Grundposition. Bowlby hatte in den Debatten der 40er und 50er Jahren den Eindruck gewonnen, daß insbesondere die Kleinianer die Bedeutung der Umwelt und des Realtraumas nicht hinreichend anerkannten und diesbezüglich allenfalls Lippenbekenntnisse ablegten (Bowlby in: Hunter 1991, 14). Im Kern gingen (und gehen) die Kleinianer davon aus, daß autoplastisch erzeugte Phantasien die Realitätswahrnehmung und -verarbeitung bestimmen und daß reale Erfahrungen „innerlich" entstandene Phantasien nur modifizieren können. Bowlby hingegen war der Auffassung, daß die Inhalte von Phantasien überwiegend von Erfahrungen mit der Außenwelt geprägt sind. Seiner Abneigung gegen die – wie er es nannte – „exzessive" Betonung der Phantasie ist er bis an sein Lebensende treu geblieben. Behaviorist ist er dennoch nie gewesen oder geworden: „Ich interessiere mich für die innere Welt ebenso wie jeder andere, aber ich betrachte sie als ziemlich genaue Widerspiegelung dessen, was eine Person in der äußeren Wirklichkeit erlebt hat" (Bowlby et al. 1986, 43 f.). Mit dieser „realistischen" Position wurde Bowlby zum Kompromißkandidaten für alle diejenigen, die die Psychoanalyse für zu unwissenschaftlich und zu spekulativ, aber den Behaviorismus für zu langweilig hielten.

## Die Bindungstheorie

Eine der zentralen Aussagen von Bowlbys Theorie ist, daß der menschliche Säugling die angeborene Neigung hat, die Nähe einer vertrauten Person zu suchen. Fühlt er sich müde, krank, unsicher oder allein, so werden Bindungsverhaltensweisen wie Schreien, Lächeln, Anklammern und Nachfolgen aktiviert, welche die Nähe zur vertrauten Person wieder herstellen sollen. Das Bindungssystem ist relativ unabhängig von sexuellen und aggressiven Triebbedürfnissen. Es stellt ein eigenständiges Motivationssystem dar, das mit anderen Motivationssystemen interagiert, nicht aber aus ihnen abgeleitet werden kann. Bindungsverhaltensweisen existieren als Teil des evolutionären Erbes von Geburt an und werden im Verlauf des ersten halben Jahres immer spezifischer auf eine oder mehrere Hauptbezugspersonen gerichtet. Das „räumliche" Ziel dieser Verhaltensweisen ist Nähe, das Gefühlsziel ist Sicherheit. Aus den interaktiven und kommunikativen Erfahrungen, die der Säugling mit seinen Betreuungspersonen im Laufe des ersten Lebensjahres macht, resultiert schließlich ein Gefühl der Bindung oder Gebundenheit, das, je nach Erfahrung, verschiedene „Färbungen" annehmen kann, die als unterschiedliche Qualitäten von Bindung betrachtet werden.

Ainsworth et al. (1978) haben die mütterliche Feinfühligkeit in bezug auf die Signale ihres Säuglings als entscheidende Determinante der mit einem Jahr feststellbaren Qualität der Bindung herausgearbeitet. Reagiert die Mutter feinfühlig, d. h. schnell und angemessen auf die Signale ihres Kindes, so wird es mit einem Jahr wahrscheinlich **sicher gebunden** sein. Reagiert die Mutter eher zurückweisend auf seine (Bindungs-)Bedürfnisse, so resultiert ein eher

**unsicher-vermeidender Bindungsstil** beim Kind. Sind mütterliche Antworten auf kindliche Signale eher inkonsistent und wenig vorhersagbar, dann entwickelt das Kind eine sogenannte **unsicher-ambivalente Bindung**. Dem Beitrag des Kindes zur Interaktion wurde – im Verhältnis zu dem der Mutter – bei der Entstehung der Bindungsqualität eine zweitrangige Rolle zugeschrieben. Neuerdings zeichnet sich jedoch ab, daß auch angeborene Temperamentsunterschiede/Verhaltensdispositionen eine gewisse Rolle beim Zustandekommen unterschiedlicher Bindungsstile spielen (Spangler 1995; Spangler et al. 1996).

Entscheidend für die Art der mit einem Jahr erreichten Bindung ist nicht die Quantität, sondern die Qualität der Interaktion im ersten Lebensjahr. Auch Kinder berufstätiger Eltern können sichere Bindungsbeziehungen entwickeln.[4] Je nach Erfahrung werden verschiedene Bindungsmuster zu verschiedenen Personen hergestellt. Ein Kind kann z. B. sicher an die Mutter, aber unsicher an den Vater gebunden sein und umgekehrt. Zunächst existieren die unterschiedlichen Bindungsmuster nebeneinander her; im Verlauf der weiteren Entwicklung werden sie allmählich hierarchisch organisiert.

Wie aber wird die Bindungsqualität festgestellt? Mary Ainsworth, eine kanadische Psychologin, die Bowlby in den 50er Jahren kennengelernt hatte, entwickelte Ende der 60er Jahre (Ainsworth/Wittig 1969) eine ingeniöse Prozedur, mit deren Hilfe dieser zentraler Aspekt der Mutter-Kind-Beziehung „gemessen" werden kann. In der ausgearbeiteten Fassung ihrer Theorie gehen Ainsworth et al. (1978) davon aus, daß man die Qualität der Bindung bei ein- und eineinhalbjährigen Kindern an ihren Reaktionen auf kurze Trennungen von der Mutter und, vor allem, an der Art und Weise, wie sie die Mutter nach ihrer Rückkehr begrüßen, ablesen kann. Sie haben eine Standardprozedur zur Untersuchung dieses Trennungs- und Begrüßungsverhaltens entwickelt, die sogenannte „Fremde Situation", die für die Bindungstheorie eine ähnliche Rolle spielt, wie die Couch für die Psychoanalyse. Sie soll deshalb gleich etwas ausführlicher dargestellt werden. Aber zunächst einige Informationen zur Person von Ainsworth.

## Mary Salter Ainsworth

Mary Ainsworth[5] wurde 1913 in Ohio geboren und studierte in den 30er Jahren Psychologie in Toronto. Dort wurde sie maßgeblich von William Blatz beeinflußt, der die sogenannte Sicherheitstheorie vertrat. „Einer der wichtigsten Lehrsätze der Sicherheitstheorie besagt, daß Säuglinge und Kleinkinder Sicherheit und Vertrauen zu den Eltern entwickeln müssen, bevor sie bereit sind, sich in unbekannte Situationen zu begeben, in denen sie alleine zurechtkommen müssen" (Bretherton 1992, 30). Kenner der späteren Theorie ahnen hier bereits den Zusammenhang zwischen sicherer Bindung in der Kindheit und der damit verknüpften Fähigkeit zu unabhängiger Exploration und bemerken eine erste Andeutung der Hypothese, daß sichere Bindung die Ablösung von den Eltern fördert.

Nach ihrer Promotion bei Blatz 1939 arbeitete Ainsworth zunächst an der Universität Toronto. Drei Jahre nach Kriegsbeginn (1942) trat sie als Freiwillige in das Frauencorps der kanadischen Armee ein. Dort war sie vor allem mit psychologischer Beratung, Tests und Interviews befaßt. Diese eher klinische Tätigkeit setzte sie nach dem Krieg noch kurze Zeit fort und kehrte dann an die Universität zurück, wo sie einen Lehrauftrag für Persönlichkeitsdiagnostik erhielt. In diesen Jahren entstand ein Buch über Rorschach-Diagnostik, das sie zusammen mit dem Ehepaar Klopfer und dem späteren Psychoanalytiker Robert Holt verfaßte.[6]

Ainsworth heiratete 1950 und ging mit ihrem Mann nach London. Dort war sie zunächst arbeitslos, bewarb sich dann auf eine Anzeige hin an der Tavistock-Klinik und wurde eingestellt. Sie sollte – unter der Leitung von Bowlby – die Auswirkungen früher Mutter-Kind-Trennungen auf die Persönlichkeitsentwicklung untersuchen. In dieser Zeit lernte sie James Robertson, einen psychiatrischen Sozialarbeiter und damaligen Mitarbeiter von Bowlby kennen. Ihm verdanken wir berühmte Filme wie „A two-year-old goes to hospital" und „Young children in brief separations", in denen die Folgen mehrtägiger Mutter-Kind-Trennungen bei gleichzeitiger ungenügender Ersatzbetreuung eindrücklich dokumentiert werden. Robertson hatte während des Krieges – er war Kriegsdienstverweigerer – in der Hampstead-Klinik als Hausmeister gearbeitet. Auf Anna Freuds Anweisung waren damals alle Angestellten gehalten, Kinderbeobachtungen detailliert zu protokollieren. Ainsworth war von Robertsons akribischen schriftlichen Aufzeichnungen so beeindruckt, daß sie beschloß, diese Methode bei der nächsten Gelegenheit zu verwenden. Bretherton (1992, 32) bemerkt dazu treffend: „Wir haben es also Anna Freud und nicht nur der Ethologie zu verdanken, daß die Bindungstheorie auf Beobachtungen im Alltagsleben beruht."

Die Gelegenheit, solche Direktbeobachtungsmethoden „im Feld" zu verwenden, ergab sich Ende 1953, als Ainsworth mit ihrem Mann nach Uganda übersiedelte. Sie inaugurierte dort ein Forschungsprojekt über Mutter-Kind-Beziehungen im ersten Lebensjahr, in dem sie, Robertsons Anregungen folgend, die Mutter-Kind-Beziehung längsschnittlich und unter natürlichen Bedingungen untersuchte.

1957 zogen die Ainsworths nach Baltimore. Mary arbeitete zunächst als klinische Psychologin in einem Krankenhaus, ab 1958 an der Johns Hopkins-Universität. Die ersten Auswertungen der Ergebnisse des Uganda-Projekts erschienen 1963, das diesbezügliche Buch „Infancy in Uganda" 1967. Ainsworth hatte in Uganda eine Skala zur Messung mütterliche Feinfühligkeit entworfen, die für ihre zukünftige Forschung von außerordentlicher Bedeutung werden sollte. Auch eine erste Klassifizierung einjähriger Kinder in sicher gebundene, unsicher gebundene und noch nicht gebundene wurde vorgenommen. Diese Klassifizierung basierte auf den Verhaltensweisen der Kinder in ihrer natürlichen Umgebung. Das Schreiverhalten der Kinder wurde als Indikator ihrer Bindungsqualität betrachtet. Als sicher gebunden wurden Kinder angesehen, die wenig schrien, als unsicher die Vielschreier und als noch nicht gebunden diejenigen, die kein spezifisches Bindungsverhalten der Mutter gegenüber zeigten, d.h. sich zum Beispiel von einer fremden Person genauso gut trösten ließen wie von der Mutter. Die Analyse des kindlichen Schreiverhaltens wurde in einigen weiteren Publikationen fortgeführt (z.B. Bell/Ainsworth 1972).

Dieses Thema ist insofern interessant, als es zu einer Kontroverse mit den Behavioristen führte. Ainsworth war der Auffassung, daß Kinder, deren Eltern prompt und angemessen auf ihr Schreien reagieren, ein basales Sicherheitsgefühl entwickeln, das dazu führt, daß sie im weiteren Verlauf der Entwicklung **weniger** (d.h. kürzer) schreien. Die Behavioristen vertraten die gegenteilige Auffassung: wenn die Mutter auf das Schreien ihres Kindes prompt reagiert, stellt dies eine „Belohnung" dar, was dazu führt, daß die Kinder in der Folge **mehr** (d.h. länger) schreien. Beide Seiten konnte harte Daten für die Richtigkeit ihrer Auffassung ins Feld führen. Psychoanalytiker sympathisieren wahrscheinlich mehr mit der Position von Ainsworth, und es ist deshalb erfreulich, daß Hubbard/van Ijzendoorn (1987) in einer Metaanalyse sämtlicher verfügbarer Studien nachweisen konnte, daß die Mehrzahl dieser Studien zeigt, daß Kinder, deren Schreien im ersten Jahr angemessen beantwortet wird, in der Folgezeit kürzer schreien, wobei die Angemessenheit der Reaktion wichtiger ist als die Promptheit, denn ständiges promptes Reagieren kann auch unangemessen sein und das Kind überstimulieren (Hubbard/van Ijzendoorn 1991, 310). Zu ähnlichen Ergebnissen kommt Smyke (1997) in einem neueren Literaturüberblick.[7]

Während Ainsworth' Uganda-Aufenthalt war der Kontakt zu Bowlby vorübergehend dünner geworden. Das änderte sich in den 60er Jahren, als sie von Bowlby mehrfach nach London eingeladen wurde. Dort traf sich regelmäßig eine internationale Forschungsgruppe von Leuten unterschiedlicher theoretischer Ausrichtung. In ihr waren so bekannte Leute wie Jack Gewirtz, Hanus Papoušek, Harriet Rheingold, Louis Sander, Peter Wolf, Harry Harlow und Robert Hinde vertreten. Ursprünglich war Ainsworth eher skeptisch gegenüber Bowlbys zunehmend ethologischer Orientierung. Sie fürchtete – nicht ganz zu unrecht – er würde damit seinen Ruf bei den Psychoanalytikern ruinieren. Nach und nach schloß sie sich aber seiner Sichtweise an. Die Direktbeobachtung an kleinen Kindern in ihrer natürlichen Umgebung schien ihr ein so informatives Forschungsinstrument, daß sie sich bald kein anderes mehr vorstellen konnte (Ainsworth/Marvin 1995, 7).

Bald nach der erneuten Zusammenarbeit mit Bowlby begann Ainsworth ihr neues Projekt in Baltimore, das sie berühmt machen sollte. Die Baltimore-Studie basiert auf der Analyse von siebenundzwanzig Eltern-Kind-Paaren, deren Interaktionsgeschichte anhand von Direktbeobachtungen im elterlichen Haushalt untersucht und dokumentiert wurde. Für jede Familie existieren ca. 72 Beobachtungsstunden Material. Die Familien wurden im Abstand von drei bis vier Wochen jeweils drei bis vier Stunden lang beobachtet. Thematisch war die Studie weit gespannt. Untersucht wurden: die face-to-face-Interaktion, die Häufigkeit kindlichen Weinens, der kindliche Gehorsam, das Begrüßen der Mutter, das Nachfolgen bei Trennungen usw. Für alle diese Verhaltensweisen ergaben sich signifikante Unterschiede in Abhängigkeit von der mütterlichen Feinfühligkeit. Es wurde z. B. festgestellt, daß sicher gebundene Kinder, die feinfühlige Mütter hatten, wesentlich kooperativer waren als unsicher gebundene. Die sicheren Kinder leisteten in 84% der Fälle den mütterlichen Wünschen Folge, während die unsicher gebundenen das nur in ca. 38% taten. Diese Befunde beruhen, ebenso wie die oben erwähnten zum Schreien, auf Beobachtungen in der natürlichen Umgebung des Kindes. Ainsworth ergänzte diese Untersuchungen durch ein quasi-experimentelles Setting, die sogenannte Fremde Situation, die in der Folge für die Bindungstheorie eine enorme Bedeutung gewann. Ursprünglich war die Fremde Situation von Ainsworth/Wittig (1969) konzipiert worden, um den Einfluß, den die An- oder Abwesenheit der Mutter oder eines Fremden auf die Exploration einjähriger Kinder hat, zu untersuchen. Die diesbezüglichen Ergebnisse bestätigten die Erwartungen, nämlich daß Kinder in Anwesenheit der Mutter mehr explorieren als in ihrer Abwesenheit und auch mehr als in Anwesenheit eines Fremden. Besonders aufschlußreich waren die Verhaltensweisen, die Kinder zeigten, wenn die Mutter den Raum verließ oder wenn sie zurückkehrte. Die Analyse dieser Verhaltensweisen ist der Kern der Fremden Situation, die nun kurz dargestellt werden soll.

## Die Fremde Situation

Die Fremde Situation besteht aus acht jeweils drei Minuten langen Episoden. Sie wird in einer fremden Umgebung, z. B. dem entwicklungspsychologischen Untersuchungsraum, durchgeführt. In der ersten Episode werden Mutter/Vater und Kind vom Versuchsleiter begrüßt, danach werden sie in einen Raum geführt, der mit Spielzeug, (versteckten) Kameras und zwei Stühlen ausgestattet ist. Mutter und Kind sind jetzt allein im Raum und akklimatisieren sich (Episode 2). In der Regel beginnt das Kind ein wenig zu explorieren. Nach drei Minuten betritt eine Fremde den Raum (Episode 3), setzt sich erst schweigend auf einen Stuhl, plaudert dann mit der Mutter und versucht schließlich, mit dem Kind Kontakt aufzunehmen. Die Mutter verläßt nun unauffällig den Raum (Episode 4) und kehrt nach drei Minuten (oder früher, wenn das Kind sehr weint) wieder zurück (Episode 5); die Fremde verläßt den Raum nach dem Eintritt der Mutter, die jetzt allein mit dem Kind ist. Nach drei Minuten verläßt die Mutter das Kind erneut. Das Kind ist jetzt allein (Episode 6). Kurze Zeit später (Episode 7) betritt die Fremde wieder den Raum und macht ein Spiel- oder Trostangebot. Dann kommt die Mutter zurück (Episode 8), und die Fremde geht. Die Reaktion des Kindes auf die Wiederkehr der Mutter, also das Verhalten in den Episoden 5 und 8, wird als maßgeblicher Indikator für die Bindungsqualität betrachtet.

Ainsworth und Mitarbeiter haben drei typische Verhaltensmuster in diesen Situationen beobachtet. Es gibt Kinder, die Zeichen von Kummer zeigen, wenn die Mutter den Raum verläßt. Sie unterbrechen ihr Spiel und suchen gelegentlich aktiv nach ihr. Von der Fremden lassen sie sich nur ungern trösten, aber manchmal zur Neuaufnahme des Spiels überreden. Sie suchen Nähe und Körperkontakt wenn die Mutter zurückkommt, begrüßen sie freudig und beginnen nach kurzer Zeit wieder zu spielen. Diese Kinder sind **sicher gebunden** (B). Eine zweite Gruppe von Kindern (A) ignoriert den Weggang der Mutter. Sie setzen ihr Spiel fort, wie wenn nichts geschehen wäre, und spielen mit der Fremden oft lebhafter als mit der Mutter. Auch die Rückkehr der Mutter wird ignoriert. Die Kinder vermeiden den Blickkontakt, begrüßen sie nicht oder nur flüchtig, und suchen kaum ihre Nähe. Sie wirken ruhig, aber physiologische Messungen zeigen, daß sie stark unter Streß stehen (Spangler/Grossmann 1993; Spangler/Schieche 1995). Ainsworth nennt sie **unsicher vermeidend gebundene** Kinder[8]. Eine dritte Gruppe, die **unsicher ambivalent Gebundenen** (C), wird unruhig und weint, wenn die Mutter den Raum verläßt. Sie lassen sie nur ungern gehen und sich von der Fremden nicht recht trösten. Sie begrüßen die Mutter nach der Rückkehr zwar und suchen ihre Nähe, zeigen aber gleichermaßen Zeichen von Verärgerung. Sie beruhigen sich kaum, weisen Spielzeug zurück, klammen sich an die Mutter, werden durch den Kontakt aber nicht wirklich beruhigt und wollen im nächsten Moment wieder losgelassen werden. Es herrscht eine unzufriedene, quengelige Grundstimmung. Bei manchen ist sie eher ärgerlich-aggressiv (C1), bei anderen stark passiv (C2) getönt.[9]

In Ainsworth' Baltimore-Studie waren 68% der Kinder sicher gebunden, 20% vermeidend und 12% ambivalent. Interkulturelle Untersuchungen in Deutschland, Japan und Israel haben ergeben, daß die Häufigkeitsverteilung in anderen Kulturen anders sein kann. Es lassen sich jedoch auch erhebliche Unterschiede zwischen verschiedenen Stichproben aus ein und derselben Kultur feststellen (Überblick bei van Ijzendoorn/Kroonenberg 1988; van Ijzendoorn et al. 1990; van Ijzendoorn/Sagi 1999).

Von Anfang gab es Kinder, die sich nicht gut in die drei Gruppen (A, B, C) einfügen ließen. Main/Weston (1981) beschrieben als eine der ersten einige Kinder (ca. 13% ihrer Mittelschichtpopulation), die sich in der Fremden Situation eigenartig benahmen und mit dem Ainsworth-System schlecht klassifizierbar waren. Manche näherten sich der Mutter (wie sichere), drehten dabei aber den Kopf zur Seite (wie vermeidende); andere zeigten extreme Vermeidung (wie A-Kinder), aber untypischerweise zugleich viel offenen, unberuhigbaren Kummer (wie ambivalente C-Kinder); oder sie benahmen sich in Episode 5 wie sichere, in Episode 8 aber wie vermeidende. Auch Bewegungsstereotypien, plötzliches Weinen auf dem Schoß der Mutter oder plötzliches Hinfallen bei der Annäherung waren zu beobachten (ausführlich dazu Main/Solomon 1986; 1990; Main 1995; Lyons-Ruth/Jacobvitz 1999; Solomon/George 1999). Ihre forcierte Klassifizierung ins Ainsworth-System ergab, daß die meisten als sicher eingestuft werden mußten, eine Minderheit als vermeidend. Eine erneute Untersuchung sämtlicher schwer klassifizierbarer Fälle führte zur Entwicklung einer neuen Kategorie. Kinder mit den oben beschriebenen Verhaltensweisen wurden nun als **desorganisiert/desorientiert gebunden** (D) bezeichnet. Die bisher forciert klassifizierten Fälle wurden noch einmal gesichtet und zum großen Teil der D-Gruppe zugeordnet. Gemeinsam ist diesen Kindern, daß sie über keine konsistente Bindungsstrategie verfügen wie die Kinder der anderen Gruppen (A, B, C). Sie zeigen starkes Konfliktverhalten, das oft mit Furcht vor der Bindungsperson zu tun zu haben scheint. So sind z. B. ca. 80% von Kindern, die mißhandelt wurden, desorganisiert gebunden (ausführlicher dazu Dornes 1997, Kap. 8).[10]

Aus der Verbindung von Beobachtungen zu Hause und Beobachtungen in der Fremden Situation leitete Ainsworth als empirisch untermauerte Aussage ab, daß die verschiedenen Verhaltensweisen der Kinder in der Fremden Situation das Ergebnis der Interaktionsgeschichte im ersten Lebensjahr sind und auf bestimmte Eigenarten der Mutter-Kind-Beziehung in dieser Zeit zurückgeführt werden können. Als wichtigste erklärende Kategorie gilt mütterliche Feinfühligkeit. Diese beinhaltet vier Merkmale (Grossmann et al. 1989, 40): 1. Die Wahrnehmung der Verhaltensweise des Säuglings; 2. die zutreffende Interpretation seiner Äußerungen; 3. die prompte Reaktion darauf; 4. die Angemessenheit der Reaktion. „Das zweite und vierte Merkmal grenzen Feinfühligkeit gegen Überbehütung ab, bei der die Feinabstimmung von kindlichen Signalen und mütterlichen Antworten nicht gegeben ist" (S.40).[11] Der zentrale Befund von Ainsworths Untersuchung war nun (wie oben bereits erwähnt) der: Mütter, die auf die Signale ihres Kindes im ersten Jahr feinfühlig – d. h. prompt und angemessen – reagierten, erhielten Kinder, die mit einem Jahr in der Fremden Situation sicher gebunden waren; solche, die manchmal angemessen, manchmal aber zurückweisend oder überbeschützend (also insgesamt inkonsistent) reagieren, hatten eher ambivalente Kinder; eine dritte Gruppe von Müttern, die mit Kummer und Trostbedürfnissen eher zurückweisend umgehen, hatten vorwiegend vermeidende Kinder.

## Naturalistische Beobachtungen zum Bindungsverhalten Einjähriger

Nach der Veröffentlichung von Ainsworths Baltimore-Studie (Ainsworth et al. 1978) wuchs die Zahl der Untersuchungen von Kindern in der Fremden Situation lawinenartig an. Man kann mit Fug und Recht behaupten, daß fast alle Arten von Kindern – von A wie Autisten bis Z wie Zwillinge – mittlerweile in der Fremden Situation untersucht worden sind. Dabei wurde gelegentlich übersehen, daß die Ergebnisse der Fremden Situation nur dann angemessen interpretierbar sind, wenn man sie in bezug zur Interaktionsgeschichte im ersten Lebensjahr setzen kann. Deshalb ist eine Ergänzung solcher Laborstudien durch Interaktionsbeobachtungen in der Familie wünschenswert, auch um das zentrale Postulat zu überprüfen, daß das Verhalten der Kinder in der Fremden Situation mit einem Jahr die Feinfühligkeit der Mutter während des ersten Jahres widerspiegelt. Ainsworth hat in letzter Zeit die Fremde-Situationslastigkeit der Bindungsforschung beklagt und mehr naturalistische und längsschnittliche Beobachtungen angemahnt (Ainsworth/Marvin 1995, 12). Diese sind jedoch zeit- und geldaufwendiger und deshalb seltener und weniger beliebt.

In jüngster Zeit sind jedoch neue Methoden entwickelt worden, mit denen die Bindungsqualität und das Bindungsverhalten von kleinen Kindern **in der häuslichen Umgebung** untersucht werden können. Eine davon ist die sog.

Q-Sort-Methode. Ich erspare mir ihre ausführliche Darstellung (Colin 1996, 58 ff.; Vaughn/Waters 1997). Es genügt zu sagen, daß mit ihrer Hilfe die Mutter oder geschulte Beobachter anhand einer Liste von 70 bis 90 Items sogenannte bindungsrelevante Verhaltensweisen der Kinder dokumentieren und so diese Kinder in eine der drei Klassen (sicher, vermeidend, ambivalent) einordnen können. Mittlerweile gibt es eine Reihe guter Beschreibungen von kindlichen Bindungsverhaltensweisen in der häuslichen Umgebung. Sie ähneln dem Verhalten der Kinder in der Fremden Situation (Überblick bei Vaughn/Waters 1990; Fremmer-Bombik/Grossmann 1993, 87 ff.; Pederson/Moran 1995, 1996). In der Regel korrelieren die auf der Basis von Hausbesuchen vorgenommenen Klassifizierungen der Kinder zufriedenstellend mit denen, die man in der Fremden Situation erhält (Ausnahme: Seifer et al. 1996).

Dennoch ist die Befundlage in bestimmter Hinsicht nicht so eindeutig, wie das aus der Sicht der Bindungstheorie wünschenswert wäre. Insbesondere Ainsworth' zentraler Befund, daß die mütterliche Feinfühligkeit im ersten Lebensjahr die Hauptdeterminante der Bindungsqualität ist, wurde Gegenstand erheblicher, bis heute andauernder Kontroversen. Diese darzustellen würde weit in subtile theoretische Debatten hineinführen, deren Behandlung nicht Gegenstand des vorliegenden Aufsatzes sein kann (s. dazu z. B. Dornes 2000, Kap. 2). Ich begnüge mich daher mit der abschließenden Bemerkung, daß die diesbezüglich recht heterogene Datenlage sich etwas vereinfacht so zusammenfassen läßt: Im großen und ganzen kann Ainsworth' Befund über den Zusammenhang zwischen mütterlicher Feinfühligkeit während des ersten Lebensjahres und sicherer Bindung mit zwölf Monaten als bestätigt gelten (De Wolff/van Ijzendoorn 1997). Ebenso – in Maßen – der Zusammenhang zwischen einem eher zurückweisenden Interaktionsstil und vermeidender Bindung bzw. einem inkonsistenten Interaktionsstil und ambivalenter Bindung. Die Zusammenhänge sind allerdings häufig nicht so deutlich ausgeprägt wie erwartet und am geringsten für den Zusammenhang zwischen elterlicher Inkonsistenz und kindlicher Ambivalenz (Cassidy/Berlin 1994). Ein Einfluß väterlicher Feinfühligkeit auf die Bindungsqualität ist ebenfalls nachweisbar, aber er ist schwächer als derjenige der Mutter (van Ijzendoorn/De Wolff 1997). Warum das so ist, ist derzeit noch weitgehend unklar.

Der Einfluß von Bowlby und Ainsworth auf die Entwicklung ihres „Kindes" – der Bindungstheorie – entspricht jedoch nicht diesem empirischen Befund. Die „Mutter" hatte hier keinen größeren Einfluß als der „Vater". Beide zusammen und jeder auf seine Art haben eine Theorierichtung begründet, der man attestieren kann, daß sie zu den derzeit wohl einflußreichsten auf dem Gebiet der Persönlichkeitsentwicklung gehört. Sie wird, wie jede große Theorie, z. B. die Psychoanalyse oder die genetische Epistemologie von Piaget, voraussichtlich ein langes Leben haben und noch oft widerlegt werden. Theorien sind nämlich – zumindest in den Geistes- und Sozialwissenschaften – nicht deshalb bedeutend, weil ihre Antworten, sondern weil ihre Fragen Bestand haben.

## Literatur

Ainsworth, M. (1967): Infancy in Uganda. Infant Care and the Growth of Love. John Hopkins Univ. Press, Baltimore
–, Wittig, B. (1969): Attachment and exploratory behavior of one-year-olds in a strange situation. In: B. Foss (Hrsg.): Determinants of Infant Behavior, Vol. 4. Methuen, London, 111–136
–, Marvin, R. (1995): On the shaping of attachment theory and research. An interview with Mary Ainsworth. In: Waters et al., 3–21
–, Blehar, M., Waters, E., Wall, S. (1978): Patterns of Attachment. A Psychological Study of the Strange Situation. Erlbaum, Hillsdale, NJ
Barton, M., Williams, M. (1993): Infant day care. In: Zeanah, C. (Hrsg.): Handbook of Infant Mental Health. Guilford Press, New York/London, 445–461
Bell, S., Ainsworth, M. (1972): Infant crying and maternal responsivness. Child Development 43, 1171–1190
Bernstein, I: (1981): Review of Attachment and Loss, Vol. 3: Loss. Sadness and Depression by John Bowlby. Psychoanalytic Quarterly 50, 418–422
Bowlby, J. (1940): The influence of early environment in the development of neurosis and neurotic character. International Journal of Psycho-Analysis 21, 154–178
— (1944): Forty-four juvenile thieves: Their characters and home life. International Journal of Psycho-Analysis 25, 19–53 and 107-128
— (1951): Maternal Care and Mental Health. WHO, Genf. Columbia Univ. Press, New York. (dt. 1973: Mütterliche Zuwendung und geistige Gesundheit. Kindler, München)
— (1958): The nature of the child's tie to his mother. Int. Journal of Psycho-Analysis 39, 1–23. (dt. 1959/60: Über das Wesen der Mutter-Kind-Bindung. Psyche 13, 415–456)
— (1960a): Separation anxiety. Int. Journal of Psycho-Analysis 41, 89–113. (dt. 1961/62: Die Trennungsangst. Psyche 15, 411–464)
— (1960b): Grief and mourning in infancy and early childhood. Psychoanalytic Study of the Child 15, 9–52
— (1969): Attachment. (dt. 1975: Bindung. Eine Analyse der Mutter-Kind-Beziehung. Kindler, München)
— (1973): Separation: Anxiety and Anger. Hogarth Press, London. (dt. 1976: Trennung. Psychische Schäden als Folgen der Trennung von Mutter und Kind. Kindler, München)
— (1979): The making and breaking of affectional bonds. Tavistock Publ., London.

(dt. 1982: Das Glück und die Trauer. Herstellung und Lösung affektiver Bindungen. Klett-Cotta, Stuttgart)
- (1980): Loss. Sadness and Depression. Hogarth Press, London. (dt. 1983: Verlust. Trauer und Depresssion. Fischer; Frankfurt/M.)
-, Figlio, K., Young, R. (1986): An interview with John Bowlby on the origins and reception of his work. Free Assocations 6, 36–64
Bretherton, I. (1992): The origins of attachment theory: John Bowlby and Mary Ainsworth. Developmental Psychology 28, 759–775
- (1995a): Die Geschichte der Bindungstheorie. In: Spangler, G., Zimmermann, P. (Hrsg.): Die Bindungstheorie. Grundlagen, Forschung und Anwendung. Klett-Cotta, Stuttgart, 27–49
- (1995b): A communication perspective on attachment relationships and internal working models. In: Waters et al., 310–329
Brisch, K.-H. (1999): Bindungsstörungen. Von der Bindungstheorie zur Therapie. Klett-Cotta, Stuttgart
Buchheim, A., Brisch, K.-H., Kächele, H. (1998): Einführung in die Bindungstheorie und ihre Bedeutung für die Psychotherapie. Psychotherapie, Psychosomatik, medizinische Psychologie 48, 128–138
Cassidy, J. (1999): The nature of the child's ties. In: Cassidy, J., Shaver, P. (Hrsg.): Handbook of Attachment. Theory, Research, and Clinical Implications. Guilford, New York/London, 3–20
-, Berlin, L. (1994): The insecure/ambivalent pattern of attachment: Theory and research. Child Development 65, 971–991
-, Shaver, P. (1999): (Hrsg.): Handbook of Attachment. Theory, Research, and Clinical Implications. Guilford, New York/London
Chisholm, K. (1998): A three year follow-up of attachment and indiscriminate friendliness in children adopted from romanian orphanages. Child Development 69, 1092–1106
Colin, V. (1996): Human Attachment. Temple Univ. Press, Philadelphia
De Wolff, M., van Ijzendoorn, M. (1997): Sensitivity and attachment: A meta-analysis on parental antecedents of infant attachment. Child Development 68, 571–591 (mit Diskussion, ebd., 592–609)
Dornes, M. (1993): Der kompetente Säugling. Die präverbale Entwicklung des Menschen. Fischer, Frankfurt/M (10. Aufl. 1999)
- (1997): Die frühe Kindheit. Entwicklungspsychologie der ersten Lebensjahre. Fischer, Frankfurt/M (4. Aufl. 2000)
- (2000): Die emotionale Welt des Kindes. Fischer, Frankfurt/M
Engel, G. (1971): Attachment behavior, object relations, and the dynamic-economic point of view. Critical review of Bowlby's Attachment and Loss, Vol. 1. International Journal of Psycho-Analysis 52, 183–196
Erikson, E. (1950): Kindheit und Gesellschaft. Klett, Stuttgart, 1974
Fremmer-Bombik, E., Grossmann, K. E. (1993): Über die lebenslange Bedeutung früher Bindungserfahrungen. In: Petzold, H. (Hrsg.): Frühe Schädigungen – späte Folgen? Psychotherapie und Babyforschung, Band 1. Junfermann, Paderborn, 83–110

Grosskurth, P. (1986): Melanie Klein. Ihre Welt und ihr Werk. Verlag Internationale Psychoanalyse, Stuttgart, 1993
Grossmann, K. E., August, P., Fremmer-Bombik, E., Friedl, A., Grossmann, K., Scheuerer-Englisch, H., Spangler, G., Stephan, C., Suess, G. (1989): Die Bindungstheorie: Modell und entwicklungspsychologische Forschung. In: Keller, H. (Hrsg.): Handbuch der Kleinkindforschung. Springer, Berlin u.a., 31–55
Hédervári, É. (1995): Bindung und Trennung. Frühkindliche Bewältigungsstrategien bei kurzen Trennungen von der Mutter. Deutscher Universitäts-Verlag, Wiesbaden
Hoffmann, S. O. (1986): Die Ethologie, das Realtrauma und die Neurose. Versuch einer Würdigung des Beitrags John Bowlbys zum Verständnis der Entwicklung seelischer Störungen. Zeitschrift für psychosomatische Medizin und Psychoanalyse 32, 8–26
Holmes, J. (1993): John Bowlby and Attachment Theory. Routledge, London
– (1995): „Something there is that doesn't love a wall": John Bowlby, attachment theory, and psychoanalysis. In: Goldberg, S., Muir, R., Kerr, J. (Eds.): Attachment Theory: Social, Developmental, and Clinical Significance. The Analytic Press, Hillsdale, NJ, 19–43
Hubbard, F., van Ijzendoorn, M. (1987): Maternal unresponsivness and infant crying: A critical replication of the Bell & Ainsworth study. In: Tavecchio, L., van Ijzendoorn, M. (Hrsg.): Attachment in Social Networks. Elsevier, North-Holland, 339–375
–, (1991): Maternal unresponsiveness and infant crying across the first 9 months: A naturalistic study. Infant Behavior and Development 14, 299–312
Hunter, V. (1991): John Bowlby – ein Gespräch mit Virginia Hunter. In: J. Bowlby (1988): Elternbindung und Persönlichkeitsentwicklung. Therapeutische Aspekte der Bindungstheorie. Dexter, Heidelberg 1995, 1–16
Kahr, B. (1996): D. W. Winnicott. A Biographical Portrait. Karnac Books, London
Karen, R. (1994): Becoming Attached. First Relationships and How They Shape our Capacity to Love. Oxford Univ. Press, New York/Oxford 1998
Laewen, H.-J. (1994): Zum Verhalten und Wohlbefinden von Krippenkindern. Psychologie in Erziehung und Unterricht 41, 1–13
Lamb, M. (1998): Nonparental childcare: Context, quality, correlates, and consequences. In: W. Damon (Hrsg.): Handbook of Child Development, Vol. 4. Wiley, New York u.a., (5 th. ed.), 73–133
–, Weßels, H. (1997): Tagesbetreuung. In: Keller, H. (Hrsg.): Handbuch der Kleinkindforschung. Huber, Bern u. a., (2. vollst. überarb. Aufl.), 695–717
Lyons-Ruth, K., Jacobvitz, D. (1999): Attachment disorganization: Unresolved loss, relational violence, and lapses in behavioral and attentional strategies. In: Cassidy, J., Shaver, P. (Hrsg.): Handbook of Attachment. Theory, Research, and Clinical Implications. Guilford, New York/London, 520–554
Mahler, M. (1988): Mein Leben, mein Werk. Herausgegeben von P. Stepansky. Kösel, München 1989
Main, M. (1995): Desorganisation im Bindungsverhalten. In: Spangler, G., Zimmermann, P. (Hrsg.): Die Bindungstheorie. Grundlagen, Forschung und Anwendung. Klett-Cotta, Stuttgart, 120–139
– (1999): Mary D. Salter Ainsworth: Tribute and Portrait. Psychoanalytic Inquiry 19, 682–736

–, Weston, D. (1981): The quality of the toddler's relationship to mother and to father: Related to conflict behavior and to readiness to establish new relationships. Child Development 52, 932–940

–, Solomon, J. (1986): Discovery of an insecure-disorganized/disoriented attachment pattern. In: Brazelton, B., Yogman, M. (Hrsg.): Affective Development in Infancy. Ablex, Norwood, 95–124

–, – (1990): Procedures for identifying infants as disorganized/disoriented during the Ainsworth strange situation. In: Greenberg, M., Cicchetti, D., Cummings, E. (Hrsg.): Attachment in the Preschool Years. Theory, Research, and Intervention. Univ. of Chicago Press, Chicago, 121–160

Matte-Blanco, I. (1971): Review of Attachment and Loss, Vol. 1 by John Bowlby. International Journal of Psycho-Analysis 52, 197–199

Newcombe, N., Lerner, J. (1982): Britain between the wars: The historical context of Bowlby's theory of attachment. Psychiatry 45, 1–12

NICHD (1997): The effects of infant child care on infant-mother security: Results of the NICHD study of early child care. Child Development 68, 860–879

Pederson, D., Moran, G. (1995): A categorical description of infant-mother relationships in the home and its relation to Q-Sort measures of infant-mother interaction. In: Waters et al. (1995), 111–132

–, – (1996): Expressions of the attachment relationship outside of the strange situation. Child Development 67, 915–927

Rayner, E. (1995): Some beginnings: Winnicott and Bowlby. Vortrag auf der 3. RIM Pacific Conference der World Association for Infant Mental Health am 21./22.4.1995 in Sidney. Audiotape

Rochlin, G. (1971): Review of Attachment and Loss, Vol. 1 by John Bowlby. Psychoanalytic Quarterly 40, 504–506

Roggman, L., Langlois, J., Hubbs-Tait, L., Rieser-Danner, L. (1994): Infant day care, attachment, and the „file drawer problem". Child Development 65, 1429–1443

Roiphe, H. (1976): Review of Attachment and Loss, Vol. 2 by John Bowlby. Psychoanalytic Quarterly 45, 307–309

Rutter, M. (1972): Bindung und Trennung in der frühen Kindheit. Juventa, München 1978

– (1979): Maternal deprivation. New findings 1972-1978. Child Development 50, 283–305

– (1991): A fresh look at ‚maternal deprivation'. In: Bateson, P. (Ed.): The Development and Integration of Behavior. Cambridge Univ. Press, Cambridge, 331–374

Seifer, R., Schiller, M., Sameroff, A., Rosnick, S., Riordan, K. (1996): Attachment, maternal sensitivity, and infant temperament during the first year of life. Developmental Psychology 32, 12–25

Slade, A., Aber, L. (1992): Attachment, drives, and development: Conflicts and convergences in theory. In: Baron, J., Eagle, M., Wolitzky, D. (Hrsg.): Interface of Psychoanalysis and Psychology. American Psychological Association, Washington DC, 154–185

Smyke, A. (1997): Theories of spoiling and fear of spoiling: Historical and contemporary perspectives. The Signal. Newsletter of the World Association for Infant Mental Health, Vol. 5, No. 4: 1–9

Solomon, J. und George, C. (1999): (Eds.): Attachment and Disorganization. New York/London, Guilford
Spangler, G. (1995): Die Rolle kindlicher Verhaltensdipositionen für die Bindungsentwicklung. In: Spangler, G., Zimmermann, P. (Hrsg.): Die Bindungstheorie. Grundlagen, Forschung und Anwendung. Klett-Cotta, Stuttgart, 178–190
–, Grossmann, K. E. (1993): Biobehavioral organization in securely and insecurely attached infants. Child Development, 64, 1439–1450
–, Schieche, M. (1995): Psychobiologie der Bindung. In: Spangler, G., Zimmermann, P. (Hrsg.): Die Bindungstheorie. Grundlagen, Forschung und Anwendung. Klett-Cotta, Stuttgart, 297–310
–, Fremmer-Bombik, E., Grossmann, K. (1996): Social and individual determinants of attachment security and disorganization. Infant Mental Health Journal 17, 127–139
Sroufe, A. (1986): Appraisal: Bowlby's contribution to psychoanalytic theory and developmental psychology. Attachment, Separation, Loss. Journal of Child Psychology and Psychiatry 27, 841–849
Tinbergen, N. (1951): Instinktlehre. Vergleichende Erforschung angeborenen Verhaltens. Parey, Berlin und Hamburg 1953
van Ijzendoorn, M., Kroonenberg, P. (1988): Cross cultural patterns of attachment: A meta-analysis of the strange situation. Child Development 59, 147–156
–, De Wolff, M. (1997): In search of the absent father. Meta-analysis of infant-father attachment: A rejoinder to our discussants. Child Develompent 68, 604–609
–, Sagi, A. (1999): Cross-cultural patterns of attachment: Universal and contextual determinants. In: Cassidy/Shaver, 713–734
–, –, Takahashi, K., Grossmann, K. E., Main, M., Hinde, R., LeVine, R. (1990): Special topic: Cross-cultural validity of attachment theory. Human Development 33, 2–80
–, Goldberg, S., Kroonenberg, P. und Frankel, O. (1992): The relative effects of maternal and child problems on the quality of attachment in clinical samples. Child Development 63, 840–858
Vaughn, B., Waters, E. (1990): Attachment behavior at home and in the laboratory: Q-sort observations and strange situation classifications of one-year-olds. Child Development 61, 1965–1973
–, – (1997): (Eds.): Patterns of Secure Base Behavior: Q-Sort Perspectives on Attachment. Erlbaum, Hillsdale, NJ
Waters, E., Vaughn, B., Posada, G., Kondo-Ikemura, K. (Eds.) (1995): Caregiving, Cultural, and Cognitive Perspectives on Secure-Base Behavior. New Growing Points of Attachment Theory and Research. Univ. of Chicago Press, Chicago
Zeanah, C., Mommen, O., Lieberman, A. (1993): Disorders of attachment: In: C. Zeanah (Hrsg.): Handbook of Infant Mental Health. Guilford, New York/London, 332–349

---

[1] Der folgende Abschnitt stützt sich im wesentlichen auf das vorzügliche Buch von Holmes (1993, Kap. 2) und Holmes (1995). Für weitere Details siehe das ebenso informative Buch von Karen (1994). Beide Bücher sind zugleich ausgezeichnete Einführungen in die Bindungstheorie. Einen enzyklopädischen Überblick für Fortgeschrittene bieten Cassidy/Shaver (1999).

[2] Das unterschiedslose „Sich-Hängen" an **irgendeinen** Erwachsenen wird in der

neueren Bindungstheorie als promiskuöses oder „indiscriminate" attachment bezeichnet. Es ist – anders als die unten ausführlich beschriebenen verschiedenen Qualitäten von Bindung – ein Zeichen für das **Fehlen** einer persönlichen Beziehung, ein Symptom, das häufig auf Vernachlässigung oder Verwahrlosung zurückzuführen ist (Zeanah et al. 1993; Brisch 1999; relativierend Chisholm 1998, 1104).

3 Der Inhalt der drei Bände kann hier nicht referiert werden. Gute Kurzdarstellungen findet der Leser bei Hoffmann (1986), Sroufe (1986), Slade/Aber (1992) und Bretherton (1995b); eine ausführliche Darstellung geben Holmes (1993, Kap. 3, 5) und Cassidy (1999). Eine der wenigen uneingeschränkt positiven Rezensionen stammt von Matte-Blanco (1971), der selbst eher ein Außenseiter in der psychoanalytischen Gemeinschaft war.

4 Literaturüberblicke bei Dornes (1993, S. 219 ff.), Barton/Williams (1993), Laewen (1994), Roggman et al. (1994) Karen (1994, Kap. 22), Colin (1996, Kap. 10), NICHD (1997) Lamb/Weßels (1997), Lamb (1998) und Dornes (2000, Kap. 3).

5 Der folgende Abschnitt ist im wesentlichen eine kondensierte Zusammenfassung von Bretherton (1992, 1995a). Für weitere biographische Informationen s. Karen (1994, Kap. 11, 12, 28), Ainsworth/Marvin (1995) und Main (1999).

6 Ainsworth hat, nach ihrer Scheidung Anfang der 60er Jahre, auch selbst eine Psychoanalyse absolviert (Karen 1994, 208).

7 Selbst wenn es keinen Zusammenhang zwischen Schreidauer und elterlicher Reaktion gäbe, ließe sich daraus nicht die Empfehlung ableiten, Kinder schreien zu lassen. (Diese Empfehlung wird heute, im Unterschied zu damals, auch von niemandem mehr vertreten.) Ein Kind, dessen Schreien von den Eltern nicht beantwortet wird, mag in der Zukunft zwar weniger schreien, aber das ist Ausdruck seiner Resignation und Verzweiflung, nicht seiner Zufriedenheit. Die Dauer des Schreiens allein kann also kein zuverlässiger Indikator kindlicher Zufriedenheit sein. Ainsworth' Einstellung und Ergebnisse zu diesem Problem befinden sich in Übereinstimmung mit der psychoanalytischen Theorie, etwa der von Erikson (1950), in der das kindliche „Urvertrauen" in die Welt und sich selbst auf die verläßliche Beantwortung seiner Bedürfnisse zurückgeführt wird.

8 Eine Untergruppe dieser Kinder (A2) protestiert gelegentlich gegen die Trennung, aber der Protest ist oft abgekürzt, und die Bereitschaft, nach der Trennung Kontakt mit der Mutter zu suchen, nur gering ausgeprägt.

9 Für jede Gruppe existieren – wie angedeutet – noch Untergruppen, um feinere Differenzen zwischen den Kindern zu erfassen. Die vermeidend Gebundenen werden in zwei Untergruppen (A1 und A2) aufgeteilt, die sicheren in vier (B1, B2, B3, B4) und die ambivalenten ebenfalls in zwei (C1 und C2). Ich verzichte an dieser Stelle auf detaillierte Ausführungen und verweise den Leser auf die ausführliche deutschsprachige Darstellung der Subgruppen bei Hédervári (1995).

10 Van Ijzendoorn et al. (1992) kommen in einer Metaanalyse aller verfügbaren Studien zu folgender Häufigkeitsverteilung bei **nicht-klinischen** Populationen: 55% sicher gebundene, 23% vermeidende, 8% ambivalente und 15% desorganisierte.

11 Daß kindliche Signale zutreffend interpretiert und angemessen beantwortet werden, läßt sich in der Regel an den kindlichen Reaktionen auf die mütterlichen Antworten ablesen.

# Die Entwicklung von Bindungsqualität und Bindungsrepräsentation

Auf der Suche nach der Überwindung psychischer Unsicherheit

Von Klaus E. Grossmann

Die Bindungstheorie hat ihre Wurzeln in der Psychoanalyse. Sie wurde von dem Psychoanalytiker John Bowlby formuliert. Bowlby hielt bereits in den vierziger Jahren die hermeneutische Selbstbeschränkung seiner Zunft für unzeitgemäß, weil sie sich dadurch dem heutigen wissenschaftlichen Anspruch nach empirischer Überprüfung entzieht. Die Grundbehauptung der Psychoanalyse, die auch im Mittelpunkt der Bindungstheorie steht, ist der frühe Einfluß von Müttern auf die psychologische Entwicklung ihrer Kinder vom Säuglingsalter, von der Geburt an und vielleicht sogar vorgeburtlich. Eine solche Hypothese ist nicht leicht zu prüfen. Dies muß einmal prospektiv – vorhersagend – und nicht retrospektiv – nachträglich erklärend – geschehen. Zum anderen ist es außerordentlich schwer, geeignete Methoden zu finden, die frühe Einflüsse mütterlichen Verhaltens über den gesamten Lebenslauf nachzuweisen imstande wären. Bowlby versuchte es mit zwei Ansätzen: 1. der klassischen Verhaltensbiologie oder Ethologie seiner Zeit, die im Nobelpreis für Konrad Lorenz, Niko Tinbergen und Karl von Frisch im Jahre 1973 gipfelte, und 2. der Kybernetik und Kontrolltheorie von Norbert Wiener, die bei uns mit dem Namen Bernhard Hassenstein verbunden ist. Auf diesen beiden theoretischen Grundlagen wurden Verhaltensbeobachtungen an Kindern in verschiedenen Situationen wie Heimen, Familien, Pflegefamilien usw. durchgeführt. Bowlbys Mitarbeiter James und Joyce Robertson haben diese Phase in sehr sehenswerten, mit Preisen ausgezeichneten Filmen dokumentiert. Es waren diese Arbeiten, die Anfang der fünfziger Jahre die Grundlage für die ersten systematischen Beobachtungen zur Bindungsentwicklung durch Mary Ainsworth legten.

Mit der augenblicklichen Popularität der Bindungstheorie und -forschung konzentrieren sich vor allem junge Forscher, die nicht immer mit dem theoretischen Hintergrund hinreichend vertraut sind, auf die wenigen verfügbaren Methoden, vor allem die Fremde Situation für das Bindungsverhalten und das Erwachsenen-Bindungsinterview (AAI) für die Bindungssprache. Für die Prüfung der Bindungsqualität von einjährigen Kleinkindern hat Mary Ainsworth die „Fremde Situation" konzipiert, das wohl inzwischen bekannteste Verfahren (vgl. das Einführungskapitel in diesem Buch, S. 10 f.). Die Fremde Situation kann aber nur bis etwa 18 Monate prüfen, was der Säugling dauerhaft und zuverlässig in der Interaktion mit der Mutter zuvor erlebt hat. Ähnliche Verhaltensmuster mit Personen, zu denen das Kind keine oder nur eine labile Bindung entwickelt hat, sind deshalb ohne Bedeutung für die Forschung und ganz sicher auch für gutachterliche Entscheidungen und therapeutische Interventionen etwa bei Sorgerechtsentscheidungen, Kindesvernachlässigung und -mißhandlung usw. Den frühkindlichen Bindungserfahrungen werde ich mich in Teil I „Bindungsverhalten" in Form von vier Grundaussagen zuwenden.

Teil II konzentriert sich auf „Bindungssprache". Der Säugling ist ein Wesen des Mittelhirns, genauer des limbischen Systems. Unterschiedliche Bindungsqualitäten zwischen dem Säugling und seinen jeweils besonderen Bindungspersonen stellen verschiedene Organisationen von Gefühlen dar. Sie entstehen in einer frühen Lebensphase, an die sich das Kind später bewußt sprachlich nicht erinnern kann (frühkindliche Amnesie). George, Kaplan & Main haben 1984 das sogenannte „Adult Attachment Interview" entwickelt, und seither gibt es diese Methode zur Erfassung von Bindungsrepräsentationen bei Erwachsenen. Verschiedene Untersuchungen haben Zusammenhänge zwischen Bindungsrepräsentationen von Eltern und Bindungsqualitäten ihrer Kinder ihnen gegenüber festgestellt. Dies ist allerdings oft mißverstanden worden als Beweis für eine Kontinuität von Bindungsqualität, gemessen mit 12 Monaten, und Bindungsrepräsentation im Erwachsenenalter als Ausdruck eines Internalen Arbeitsmodells von Bindung bei ein und derselben Person über den Lebenslauf. Der Prozeß von frühkindlichen Bindungsmustern zu Mustern von Bindungsrepräsentation bei Erwachsenen – worüber und wie sie über ihre Bindungsgefühle sprechen, was sie darüber wissen, und wie sie im Zusammenspiel mit der sozialen Wirklichkeit planen und entscheiden können – ist dabei für Forscher und Kliniker gleichermaßen von großem Interesse. Hier bedarf es theoretischer Klärung. In 6 weiteren Kernsätzen soll dieses Thema behandelt werden.

Die ersten 4 meiner 10 Thesen betreffen die Kleinkindzeit. Obwohl manches darüber inzwischen bekannt ist, werde ich die anthropologisch wichtigen Gesichtspunkte erläutern, um sie mit den restlichen 6 Thesen der späteren Kindheit bis ins Erwachsenenalter zu vergleichen.

## Bindungsverhalten

**These 1:** „Die Qualität mütterlichen Reagierens auf Signale kindlicher Bedürfnisse, vor allem nach Nähe, beeinflußt die Entwicklung unterschiedlicher Bindungsqualitäten."

Das zentrale Konzept ist die Feinfühligkeit gegenüber den Signalen des Kindes: Die Mutter weiß, was das Kind will, obwohl das Kind natürlich noch kein „erkennendes" Lebewesen ist und selbst – in diesem „kognitiven Sinne" – natürlich selbst nicht bewußt weiß, was es will. Die Möglichkeit zum Ausdruck seiner Bindungsbedürfnisse nach Nähe ist dem Säugling evolutionsbiologisch in die Wiege gelegt. Darauf basiert die allmähliche Integration des verhaltensbiologisch vorgegebenen Repertoires an Mitteilungen innerer Zustände in eine allmählich sich entwickelnde Individualität.

Mütter reagieren unterschiedlich auf die Signale ihrer Kinder. Ainsworth hat in über 80 Stunden für jede einzelne Mutter-Kind-Paar Beobachtung während des gesamten ersten Lebensjahres die mütterliche Feinfühligkeit, aber auch ihre Verfügbarkeit für das Kind und ihre Kooperation beobachtet. In unserer Längsschnittuntersuchung waren wir in jedem Vierteljahr einmal 3-4 Stunden bei den Familien. Feinfühligkeit zeichnet sich aus durch die Wahrnehmung der kindlichen Signale, ihre richtige Interpretation, und ihre prompte und angemessene Beantwortung. Angemessen ist die Antwort dann, wenn sie den kindlichen Bedürfnissen entspricht. Die Bindungsperson muß also da sein und eine niedrige Wahrnehmungsschwelle haben. Sie muß die kindlichen Signale richtig interpretieren, also nicht spielen, wenn das Kind hungrig ist, und nicht füttern, wenn das Kind satt ist. Dabei muß sehr genau und präzise beobachtet werden, welche der möglichen mütterlichen Anworten der Absicht des Kindes am ehesten entspricht. Bowlby spricht vom gesetzten Ziel des Kindes („set-goal"). Ein weinendes Kind z. B. mit einer lauten Rassel zu besänftigen, wenn es sehr erregt ist, ist weniger angemessen als es auf den Arm zu nehmen und sein Köpfchen in die Halsmulde einkuscheln zu lassen. Schließlich muß im Rahmen der Feinfühligkeit prompt reagiert werden, weil die Gedächtnisspanne des Kindes relativ kurz ist. Je komplexer ein Reiz ist, desto schneller muß der Abstand zwischen dem Signal des Kindes und der feinfühligen Reaktion erfolgen, damit sich eine Assoziation, eine Erinnerungsspur zwischen der kindlichen Verhaltensäußerung und der Reaktion der feinfühligen Betreuungsperson darauf ausbilden kann. Dies kann ein aufwendiger Lernprozeß für die Mutter sein, ganz bestimmt aber für den forschenden Beobachter. Es genügt dabei in keiner Weise, etwa nur einige Minuten lang Mutter-Kind-Interaktion beim Spiel zu beobachten, weil dabei selten kindliches Bindungsverhalten auftritt und deshalb auch keine Feinfühligkeit gegenüber den kindlichen Bindungsbedürfnissen festgestellt werden kann. Wiederholte Beobachtungen sind nötig, um Tagesschwankungen auszugleichen.

Die Zusammenhänge sind allerdings nicht ganz so eindeutig, wie man sich das wünschen würde, weil auf der Seite des Kindes dispositionelle Faktoren eine Rolle spielen. Auch bekommt man zu Hause oft die Schokoladenseite des Verhaltens zu sehen. Man weiß bei kurzen Beobachtungen nie genau, ob das interaktive Verhalten auch langfristig besteht. Trotz allem, im wesentlichen bildet die mütterliche Feinfühligkeit, vor allem die sog. „tender loving care", wie Mary Ainsworth zu sagen pflegte, also der freie Zugang zur Mutter als liebevolle sichere Basis, als „secure base", die Ausgangsbasis der Entwicklung von Bindungsqualitäten.

**These 2:** „Bindungsqualitäten reflektieren verschiedene Organisationsarten von Gefühlen und Verhalten."

Das Verhalten einjähriger Kinder als Folge von Unterschieden menschlicher Feinfühligkeit wird in der mittlerweile berühmten „Fremden Situation" erforscht. Grundlage der Bindungsentwicklung ist die Feinfühligkeit der Bindungsperson. Die Fremde Situation dient lediglich ihrer Überprüfung. Sie ist kein Bindungstest. Die Bindungsqualität bezeichnet die Art und Weise, wie das Kind reagiert, wenn die Mutter nach den besagten zwei kurzfristigen Trennungen zurückkehrt. Das kindliche Ausdrucks- und Verhaltensmuster reflektiert, wie seine Gefühle und sein Verhalten organisiert sind. Die Bindungsforschung spricht in diesem Zusammenhang von einem Konstrukt der Organisation von Gefühlen und Verhalten, die sich in drei Grundmustern zeigen: einem sicheren, einem unsicher-vermeidenden und einem unsicherambivalenten Bindungsmuster.

Das sichere Kind („B") kann frei zwischen sicherer Basis – der Bindungsperson – und Exploration pendeln. Es verfügt über den gesamten Raum, den objektiven Raum, aber auch den psychischen Raum, der als internales Arbeitsmodell des Kindes dahintersteht. Wenn das Bindungssystem aktiviert ist, geht das Kind zur Mutter, findet dort meist kurz Beruhigung und wendet sich dann wieder ebenso konzentriert, wie es sich auf die Mutter als sichere Basis orientiert, der Exploration zu.

Ein unsicher-ambivalentes Muster („C") ist demgegenüber das Muster eines Kindes, das die Erfahrung gemacht hat, daß die Reaktionen der Bindungsperson auf seine Bindungs- und Explorationswünsche unvorhersagbar sind. Das Kind weiß nicht, ob sie, wenn erforderlich, als Sicherheitsbasis zur Verfügung steht oder nicht. Aus diesem Grunde beobachtet das Kind mit gespannter Aufmerksamkeit beständig die Mutter, um den Augenblick, in dem sie zugänglich ist, nicht zu verpassen. Das aber hat zur Folge, daß ihm viele Orientierungsmöglichkeiten auf die zu erkundenden Spielsachen verloren gehen, vor allem immer dann, wenn das Bindungssystem aktiviert ist, und das ist bei unsicher-ambivalent gebundenen Kindern in der Fremden Situation (und oft auch außerhalb) sehr häufig der Fall. Man spricht deswegen von einer „Hyperaktivierung" des Bindungssystems bei den ambivalent gebundenen Kindern, sie sind „hypervigilant". Sie lassen sich kaum beruhigen, sie sind hin- und hergerissen, sie können sich nicht entscheiden, ob sie z. B. herunter wollen vom Arm der Mutter oder lieber oben bleiben wollen. Auch wenn sie auf dem Arm getragen werden, also nahe bei der Bindungsperson sind, bleiben sie erregt. Manche sind eher passiv, manche Kinder ärgerlich und haben kaum Aussicht auf eine Lösung.

Das Muster der vermeidend-unsicher gebundenen Kinder („A") ist in folgender Hinsicht eingeschränkt: Sie vermeiden oft den Zugang zur Mutter und geben vor, ganz vom Spiel absorbiert zu sein; sie spielen aber weniger konzentriert als sicher gebundene Kinder. Sie haben erfahren, daß sie oft zurückgewiesen werden, wenn sie den Wunsch nach Nähe zeigen. Die Zurückweisung muß keineswegs feindselig sein, sondern kann durchaus beiläufig geschehen. Z. B. kann eine Bindungsperson, wenn ein Kind Trost braucht, es ohne Ankündigung feinfühlig von hinten nehmen und wortlos wieder zu den Spielsachen setzen. Für das Kind ist dies eine Zurückweisung, weil seine Bedürfnisse nicht angemessen beantwortet wurden. Solche Kinder zeigen dann überwiegend neutrale oder freundliche Gesichter. Bei Kummer und Leid dagegen lernen sie, ihr Gesicht abzuwenden. Bereits mit einem Jahr haben sie gelernt, in solch kritischen Situationen ein Pokergesicht aufzusetzen.

Innere Erregungszustände können mit physiologischen Methoden gemessen werden, z. B. Herzschlagfrequenz oder Kortisolbestimmung. Mein ehemaliger Mitarbeiter Gottfried Spangler konnte nachweisen, daß vermeidende Kinder bei Trennungen physiologisch genauso erregt sind wie sichere. Der Unterschied liegt in einem eingeschränkten Zugang zur Mutter als sichere Basis. In der Balance zwischen Exploration und Bindung ist bei den vermeidenden Kindern die Bindung beeinträchtigt, bei den ambivalenten die Exploration, während die sicher gebundenen Kinder Zugang zu beiden Seiten haben. Auf die Rolle der Exploration werde ich später eingehen, weil dies im Erwachsenenalter, wo es vor allem um „mentales" Explorieren geht, die Grundlage für die Entwicklung neuer Internaler Arbeitsmodelle ist.

Wenn sich später herausstellt, daß Internale Arbeitsmodelle von Bindungen während der Entwicklung ungeeignet sind, um sich an eine gegebene kritische Herausforderung anzupassen, dann wäre eine Neustrukturierung, eine neue „Wahr"-nehmung der Situation erforderlich. Das kann nur dann geschehen, wenn man das entsprechende Wissen und die entsprechenden Kompetenzen zu mentalen Explorationen hat. Die mentale Exploration des Erwachsenen hat ihre Vorläufer im tatsächlichen Explorieren des Kindes, ebenso wie die Bindungsrepräsentation im Erwachsenenalter, die sich aus den Bindungserfahrungen während der gesamten Zeit der Unreife entwickelt.

**These 3:** „Besondere Veranlagungen und/oder Erfahrungen können zusätzlich zu den ‚klassischen' Bindungsmustern (B, A, C) zu Desorganisation und Desorientierung (D) in der Bindungsorganisation führen."

Es gibt Kinder, die keine Strategie haben, oder die einen Zusammenbruch einer Strategie bei bindungsrelevanten Überforderungen erkennen lassen. Wenn ihr Bindungssystem erregt ist, stehen solchen Kindern keine der drei genannten Strategien – sicher, vermeidend oder ambivalent – vollständig zur Verfügung. Zwar läßt sich in den meisten Fällen hinter den Anzeichen von Desorganisation und Desorientierung eines der drei klassischen Grundmuster erkennen, aber es bricht im entscheidenden Moment zusammen. Die Kinder schwanken hin und her oder sie haben kurze Absencen, oder sie legen sich flach auf den Boden, decken ihre Augen mit den Ärmchen zu und zeigen viele andere ihre Zielorientierung störenden Verhaltenselemente. Das desorganisierte Kind läuft sozusagen ins Leere, starrt Löcher in die Luft, spielt geistesabwesend mit irgendwelchen Dingen ohne Augen-Hand-Koordination und vieles mehr.

Für klinische Implikationen hat sich gerade das „D"-Muster in der letzten Zeit empirisch als besonders vorhersagekräftig erwiesen, z. B. für die Rollenumkehr, wenn die Kinder Fürsorgefunktionen übernehmen, die altersunangemessen sind. Oft stehen Merkmale von Desorganisation im Zusammenhang mit bestimmten Merkmalen der Mütter, z. B. unverarbeitete Trauer, traumatische Erfahrungen, die die Mütter selbst oft in einen Zustand von geistiger Abwesenheit oder Dissoziation bringen und die dann die Kinder ängstigen. Manchmal handelt es sich auch um Belastungen während der Schwangerschaft. In unseren eigenen Untersuchungen haben wir z. B. gefunden, daß der Organisationszustand von Neugeborenen in der ersten Woche eine gewisse Vorhersagekraft hat für das Auftreten von Anzeichen von Desorganisation und Desorientierung in der Fremden Situation. Es muß sich dabei nicht um genetische Einflüsse handeln, sondern möglicherweise um physiologischen Streß der Mutter während der Schwangerschaft. Bei Rhesus-Affen ist ein solcher Einfluß während der Entwicklung des Embryos in der intra-uterinen Umwelt auf unterschiedlichen Organisationsqualitäten nachgewiesen.

**These 4:** „Die elterliche Feinfühligkeit greift an verschiedenen Punkten der Bindungs-Explorations-Balance an."

Zahlreiche Forschungsteams, auch wir, haben den Vater parallel zur Mutter mit der Fremden Situation untersucht. Es zeigten sich aber nur schwache oder auch gar keine Zusammenhänge, wenn man verglich, welche Aussagekraft das Verhalten eines Kindes gegenüber der Mutter als Konsequenz ihrer Feinfühligkeit in der Fremden Situation hatte. Viele Forscher haben gefunden, daß die Bindungsqualitäten, d. h. die Typologien des kleinkindlichen Verhaltens in der Fremden Situation gegenüber Mutter und Vater statistisch praktisch voneinander unabhängig sind. Dasselbe Kind kann unterschiedliche Bindungsqualitäten mit seinen beiden Eltern haben, aber die Aussagekraft von Vaterbindung im Vergleich zur Mutterbindung war schwächer.

Wir haben die Bindungs-Explorations-Balance in zwei verschiedene Perspektiven eingeteilt.

Die erste Perspektive (These 4a) ist: „Sichere oder unsichere Kind-Mutter-Bindungsmuster sagen längsschnittlich verschiedene Umgangsformen mit bindungsrelevanten Belastungen voraus."

Die „secure base", die Sicherheitsbasis, die die Mutter aufgrund ihrer Feinfühligkeit für das Kind in der Fremden Situation darstellt, ist ein Schutzfaktor. Sie gewährt in belastenden, in herausfordernden Situationen psychische Sicherheit. Dies ist keine Impfung, keine Immunisierung, sondern eine adaptive Verhaltensstrategie, die einen bestimmten Entwicklungsstand darstellt, der sich im Rahmen der jeweiligen späteren Möglichkeiten und Zusammenhänge, die dem Kind gewährt werden, weiterentwickelt. Das wichtigste dabei ist das Trösten. Es gewährleistet einen Zustand psychischer Sicherheit bei Erregung durch die Orientierung auf eine Person, von der das Kind weiß, daß sie seine Hoffnung auf Sicherheit erfüllt.

Die zweite Perspektive (These 4b) ist: „Vergleichbare längsschnittliche Zusammenhänge für Kind-Vater-Beziehungen zeigen sich in der Qualität feinfühlig-kooperativer Herausforderung im Zusammenspiel mit ihren zweijährigen Kindern", d. h. in der väterlichen Feinfühligkeit während kindlicher Exploration.

Wir haben das „sichere oder unsichere Qualität der Exploration" genannt. Exploration gehört an sich nicht zum engeren Bindungssystem. Bindung und Exploration sind, sowohl in der Überzeugung von John Bowlby als auch von Mary Ainsworth, getrennte Systeme. Wenn Kliniker mit Kindern oder mit Erwachsenen oder mit Jugendlichen arbeiten, dann ist die psychische Sicherheit in jedem Falle das primäre System. Allerdings gibt es keine Lösungen psychischer Verunsicherungen ohne Strategien neuer adaptiver Leistungen, neuer Anpassungsleistungen. Neue Internale Arbeitsmodelle aber können nur mit Hilfe des kognitiven Apparates, der Erkenntnisfähigkeit, durch bewußtes Wissen und Erkennen zustande kommen. Neustrukturierung, Nachdenken oder Reflexion, neue Erfahrung, Zugang zu Vorstellungen bedeutsamer Mitmenschen, der Aufbau neuer Diskurse usw. unterliegen solchen adaptiven Prozessen. Unsere Forschungsergebnisse legen folgendes nahe: Es gibt nicht nur eine kindliche Balance zwischen Bindung und Exploration, sondern es gibt dabei auch eine Rollenteilung der Eltern in diesem System.

Für die Exploration und für die Bindung haben wir Daten sowohl für Mütter als auch für die Väter im Zusammenspiel mit ihren Kindern. Für die Bindung im engeren Sinne sind es aber im wesentlichen die Mutter-Kind-Daten (Feinfühligkeit über das erste Jahr hinaus), welche die weitere Entwicklung der Kinder beeinflussen und vorhersagen. Für den Spiel- oder Explorationsteil dagegen sind es im wesentlichen die Vater-Daten aus einer Spielsituation, als die Kinder zwei Jahre alt waren. Die Mütter spielten zwar genauso gut wie die Väter mit ihren Kindern, aber dies zeigte im Vergleich mit der Qualität des väterlichen Zusammenspiels keine statistische Wirkung.

Der Vater spielt, wenn er es feinfühlig-herausfordernd tut, so, daß er dem Kind die Grundlage für ein Gefühl von Autonomie und Freude am Tun legt. Ein Vater z. B., der weniger feinfühlig ist und der das erste Mal mit Knetmasse konfrontiert wird, um es dem Kind beizubringen, spielt selbstvergessen, formt einen schönen Hund und verlangt vom Kind die Bewunderung seines eigenen Werkes. Das Interesse des Kindes läßt währenddessen allmählich nach; schließlich zwickt das Kind unvorhergesehen den Schwanz des Hundes ab und läßt ihn auf den Teppich fallen, und während sich der Vater danach bückt, wirft es die Ohren hinterher.

Dieser Vater hat es schließlich gemerkt und hat sich danach dem Kind feinfühlig-herausfordernd zugewandt: Als das Kind eine Kugel formt und sie auf eine Knetstange steckt, wurde ein Baum daraus. Im Sinne der Zone der nächsten Entwicklung (Wygotsky), regte er seinen zweijährigen Sohn dazu an, nun ganz alleine auch einen ganzen Wald zu machen. Der Stolz des Kindes über seinen Wald ist „autonom". Es hat ihn selbst gemacht, daran gibt es keinen Zweifel, es freut sich und ist zu weiteren Taten bereit. Es hat die Aufmerksamkeit des Vaters und dankt es ihm: Es bewundert schließlich seinen Hund!

Diese Art herausfordernder Feinfühligkeit von Vätern können wir oft auf Spielplätzen beobachten. Wenn ein Kind eine Rutsche herunterkommt und das Kind sich dabei den Kopf stößt, dann wird die Mutter das Kind meistens trösten. Die Väter dagegen tun etwas, was die Mütter seltener tun: Sie trösten zwar auch, aber nicht selten schnappen sie das Kind, laufen zum Start der Rutsche herauf und rutschen mit dem Kind noch einmal zusammen die Rutsche herunter. Oder sie loben das Kind, das vielleicht noch verunsichert ist, mit den Worten „toll hast Du das gemacht", um es zum Weitermachen zu animieren. Wie gesagt, beide Eltern können und tun das. Die Väter tun es aber häufiger als die Mütter; sie haben offenbar ihre Rollenteilung. Selbst wenn beide Eltern in gleicher Weise trösten und spielen, zeigen unsere Daten langfristig eine besondere Wirkung der Mütter eher hinsichtlich ihrer Feinfühligkeit auf Bindungssignale des Kindes, und der Väter eher hinsichtlich ihrer Feinfühligkeit auf Explorationssignale des Kindes. Beide Feinfühligkeiten beeinflussen die psychische Sicherheit des Kindes in den nachfolgenden Jahren.

Wir können also für das Bindungsverhalten abschließend sagen: Die Bindungsperson ermöglicht Gefühle der Sicherheit, die offene Kommunikation von Signalen fördert und eine sichere Basis bietet. Ist das nicht der Fall, dann entwickeln sich vermeidende oder ambivalente Bindungsqualitäten. Darüber hinaus tragen verschiedene Umstände zur Entwicklung von Desorganisation oder Desorientierung bei. Eine Person, die Sicherheit der Exploration ermöglicht, bietet über die engere Bindungssicherheit hinaus die Chance einer angstfreien Vertrautheit mit vielen Aspekten der weiteren Erfahrungswelt. Mütter und Väter scheinen sich diese beiden Rollen zu teilen und beeinflussen jeder auf seine besondere Weise die weitere Bindungs- und Explorationsentwicklung des Kindes.

## Bindungssprache

**These 5:** „Mit drei Jahren beginnt die zielkorrigierte Partnerschaft, die sich bis ins späte Jugendalter entwickelt."

Zielkorrigiert heißt, daß Bindungserfahrungen allmählich diskursiv und qualitativ unterschiedlich sprachlich bewußt integriert werden. Die bewußte Wahrnehmung der Wirklichkeit anderer ist mit den eigenen Gefühlen in Einklang zu bringen. Das Gelingen einer Kohärenz von inneren Gefühlen und äußeren Ereignissen führt zu sicheren, das Mißlingen dagegen zu unsicheren Bindungsrepräsentationen. Das Kind beginnt mit Hilfe von ihm zugewandten Bindungspersonen allmählich seinen Gefühlen sprachliche Bedeutung zu verleihen.

Paul Harris aus England, der über Erkenntnis (Kognition) von Gefühlen arbeitet, erklärt den Prozeß des kognitiven Umgangs mit Gefühlen an folgendem Beispiel. Er kündigte seinem 7jährigen Sohn an, daß der Sohn demnächst alleine zu einem Skiurlaub zu seinen Verwandten in die Schweiz fliegen würde. Die Angst des Sohns vor dieser Trennung war zunächst groß. Er wolle das nicht, es war ihm unheimlich, das komme für ihn nicht in Frage! In den folgenden vier Wochen wurde darüber gesprochen. Danach war die mentale Repräsentation des bevorstehenden Fluges in die Schweiz des 7jährigen Jungen eine andere geworden. Anstatt wie anfangs mit Angst und Ablehnung zu reagieren, war er nun stolz, alleine mit dem Flugzeug in die Schweiz zu fliegen, um dort Ski zu fahren. Als die Eltern ihn am Abend nach dem Flug anriefen, war im Flugzeug ein anderes Kind so interessant gewesen, daß ihm Trennungsangst gar nicht in den Sinn gekommen war.

Diese neue Repräsentation einer Trennung, die auch mit 7 Jahren durchaus verunsichernd sein kann, kennzeichnet den wichtigen Schritt von der emotionalen Repräsentation der Bindungsgefühle des Kleinkindes zur sprachlichen Repräsentation der Bedeutung von Bindungsgefühlen. Solche Neustrukturierung grundlegender Erfahrungen und der Organisation der Gefühle kann nur mit Hilfe besonderer sprachlicher Diskurse gelingen, mit besonderen Personen, die sich in die Lage des Kindes oder des Jugendlichen hineinversetzen können. Eine neue Deutung von Vergangenheit, Gegenwart und Zukunft wird geschaffen, und die Angst vor der zunächst unreflektiert erwarteten Unsicherheit kann entweder der Vorfreude auf die nunmehr erwarteten neuen Erfahrungen weichen oder das Erlebnis kann – ohne Diskurs – unverändert bedrückend bleiben. Bowlby spricht von neuen Internalen Arbeitsmodellen, die sich ein Individuum angesichts neuer Herausforderungen schaffen muß, um nicht Sklave seiner alten unadaptiven Internalen Arbeitsmodelle zu bleiben.

In der Bindungsforschung wissen wir noch nicht genau, unter welchen Umständen z. B. verunsichernde emotionale Erfahrungen im Kleinkindalter in eine kohärente sprachliche Darstellung, die Sicherheit durch Einsicht und neue Perspektiven vermittelt, überführt werden kann. Diese Frage steht im Mittelpunkt einer jeden klinisch-therapeutischen Arbeit. Sicherlich wissen wir, daß gravierende traumatische kleinkindliche Erfahrungen wie Mißhandlung, sexueller Mißbrauch, grobe Vernachlässigung usw. sehr viel intensivere sprachliche Diskurse brauchen als z. B. die Trennungsangst des 7jährigen, um zu einer kohärenten Deutung der Gefühle im Einklang mit einer verletzenden Wirklichkeit zu gelangen. Wir wissen auch, daß in sicheren Bindungsbeziehungen häufiger eine solche Kohärenz zwischen den vorsprachlichen Bindungs- und Explorationserfahrungen und den sprachlichen Deutungen vorliegt als bei unsicheren Bindungserfahrungen. Mütter mit sicheren Bindungsrepräsentationen haben meist Kinder, die in der Fremden Situation und auch als 6jährige das sichere Bindungsmuster zeigen. Leider wissen wir nicht, wie der Prozeß der sprachlichen Integration von alten, vor allem bindungsunsicheren oder gar traumatischen Erfahrungen in neue, sprachlich repräsentierte abläuft. Es gibt darüber natürlich naheliegende Vermutungen und klinische Lehrmeinungen. Sie sind aber aus empirisch-experimenteller Sicht zunächst nur „anmutungsstarke" Spekulationen.

**These 6:** „Die Kohärenz sicherer Bindungsrepräsentationen reflektiert den verbal oder bewußt frei zugänglichen Umgang mit eigenen Gefühlen, Erinnerungen, Motiven, Absichten und dem auch diskursiv erfahrenen Wissen über andere."

Dies nennt die englische Psychologin Elizabeth Meins „mind-mindedness". Es bedeutet: Vieles, was die Bindungsperson tut oder sagt, berücksichtigt den geistigen Zustand, also Erwartungen, Gesinnung, Meinung, Gedanken, Aussichten, Urteile, Gefühle des Kindes. Wenn z. B. eine Mutter, deren Kind mit dem Bauklotz auf den Stuhl trommelt, sagt, „das ist doch keine Trommel", dann wäre dies weniger „mind-minded" als eine Mutter, die dem Kind sagt, „Du denkst wohl, das ist eine Trommel". Eine Mutter, deren Kind weint und protestiert, wenn sie weggeht, versetzt sich weniger in seine Lage, wenn sie sagt: „Stell Dich nicht so an, ich muß doch zur Arbeit!" Sie fördert die kindliche Einsicht in seine Gefühle eher, wenn sie sagt: „Du willst nicht, daß ich weggehe und möchtest, daß ich bei Dir bleibe. Ich würde auch gern bleiben, aber ich muß zur Arbeit und Tante Iris spielt auch ganz lieb mit Dir!"

Solche Perspektiven sind es, die sprachlich zu stiftende Bedeutungszusammenhänge, die Möglichkeiten neuer Vorstellungen und Bindungsrepräsentationen eröffnen und dadurch neue Internale Arbeitsmodelle ermöglichen. Mütter, die beim Gespräch mit dem Interviewer über ihre einjährigen Kinder, und im direkten Gespräch mit ihren Kindern Absichten und Wünsche ihres Kindes in ihre Darstellungen eines Sachverhaltes einbeziehen – was es will, was es mag, was es kann, was es beabsichtigt, warum es wie reagiert, wie es sich fühlt – haben signifikant häufiger eine sichere Bindungsbeziehung mit ihren Kindern. Solche Kinder handeln später adaptiver, benutzen mehr referenzielle Worte und versetzen sich selbst besser in die Lage anderer Kinder. Sie argumentieren und handeln aus diesem Wissen heraus. Z. B. entwickeln taube Kinder, deren Eltern keine etablierte Zeichensprache beherrschen, Verständnis für das Denken und Wollen anderer sehr viel langsamer als taube Kinder, deren Eltern sie verwenden, weil Zeichensprache, wie z. B. ASLAN, die American Sign Language, in diesem Sinne die wesentlichen sprachlichen Qualitäten der gesprochenen Sprache enthält.

Eines der wichtigsten Merkmale im Erwachsenen-Bindungsinterview (AAI) ist die sprachliche Kohärenz. Kohärente Transkriptionen deuten meist auf eine sichere Bindungsrepräsentation hin, inkohärente dagegen auf unsichere. Sprachliche Kohärenz meint hier zweierlei: Einmal die Stimmigkeit dessen, was die Person sagt, die „Stimmigkeit des Diskurses" oder auch linguistische Kohärenz. Zum andern die Stimmigkeit des Gesagten mit dem Gefühlten, mit der Organisation der Gefühle im Hinblick auf das Erlebte bei der vorsprachlichen Entwicklung. Die Sprachpsychologin Katherine Nelson geht dabei von einem evolutionsbiologischen Ansatz aus, den sie von Merlin Donald übernommen hat. Danach besteht das menschliche Gehirn aus verschiedenen Ebenen, die sich evolutionär ausgebildet haben. Das Bindungsverhalten des Kleinkindes in den ersten zwei oder drei Jahren spielt sich, wie bereits erwähnt, im wesentlichen auf der Ebene des limbischen Systems ab. Die sprachliche Integration vorsprachlicher Erfahrungen kommt erst später mit Beginn der zielkorrigierten Partnerschaft etwa ab dem dritten Lebensjahr durch sprachliche Diskurse zustande. Ab dann werden Bedeutung von Erfahrungen mit Worten verhandelt, wie der Sprachforscher George A. Miller sagt. Der Sprung vom Mittelhirn zur Hirnrinde bedarf des sprachlichen Diskurses mit klügeren und weiseren Erwachsenen. Es gibt keinen Weg, auf dem das limbische System ohne Einfluß von außen seine Impulse solitär kortikal versprachlichen und interpretieren könnte. Bedeutungen können nur sprachlich diskursiv gelernt werden. Wenn solche sprachlichen Diskurse über vorsprachliche und außersprachliche Gefühle und die dafür verantwortlichen Ereignisse nicht oder verfälscht stattfinden, hat das negative Folgen. Dies führt zur nächsten These.

**These 7:** „Inkohärente sprachliche Repräsentationen weisen auf Defizite im Zugang zu Gefühlen und Erinnerungen, in der zeitlichen Zuordnung und in der metakognitiven Selbstkontrolle hin."

Mängel in der metakognitiven Selbstkontrolle sind Schwächen in der geistigen Monitorfunktion über das Gesagte. Sprachliche Inkohärenzen in der Bindungsentwicklung sind zu erwarten, wenn z. B. die Eltern überhaupt nicht oder unrichtig über die Erfahrung des Kindes sprechen. Ein Einklang zwischen Gefühlen, Erlebtem und Sprache ist dann nicht gegeben. Inkohärenz heißt, daß die linguistischen Anteile, die Details, nicht zum Gesamtbild passen, und das Gesamtbild nicht zu den Gefühlen.

Die sprachliche Repräsentanz von Erfahrungen spielt eine große Rolle bei der Rekonstruktion von Erlebnissen aus der Kindheit, auch solchen, die in die Zeit der frühkindlichen Amnesie fallen. Die Deutung frühkindlicher Erfahrungen in manchen psychoanalytischen Fallgeschichten durch Therapeuten ist allerdings für Außenstehende nicht immer ohne weiteres nachvollziehbar. Es können nämlich durch falsche oder unbegründete Diskurse sogar feste Überzeugungen konstruiert werden, denen die faktische Grundlage fehlt. Mary Target, die eine damit befaßte Forschungsgruppe am Anna-Freud-Institut in London leitet, schließt nicht aus, daß z. B. die Überzeugung von erwachsenen Patienten, als Kleinkind sexuell mißbraucht worden zu sein, nachträglich therapeutisch konstruiert werden kann, obwohl den emotionalen Erinnerungen u. U. lediglich ein chirurgischer Eingriff zugrunde liegt. Auch Freuds Patienten haben etwas „geahnt", aber sagen konnten sie es nicht. Was sie dann aber in der Therapie zu sagen lernen, muß nicht unbedingt ihre Ahnung bestätigen.

**These 8:** „Den Bindungsrepräsentationen liegen ‚Internale Arbeitsmodelle' (IWM) zugrunde. Sie sind Schemata (Organisationsstrukturen) von Gefühlen, Verhalten und mentalen Vorstellungen, die mit unterschiedlichen Qualitäten gelungener psychologisch konstruktiver Anpassung in Zusammenhang stehen."

Wie Eltern oder andere vertraute Personen mit den Kindern über ihre emotionalen Erfahrungen sprechen, bestimmt im wesentlichen, wie sie ihre Erfahrung interpretieren. Eine wichtige Frage dabei ist: Welche Erwachsenen sind es, die sich so einfühlsam in die Lage des Kindes versetzen, daß das Kind emotionale Repräsentationen im Einklang mit seinen Erfahrungen zu deuten und darüber zu sprechen lernt? Dazu muß der Diskurspartner sowohl das Ausdrucksverhalten des Kindes als auch die Situation, in der sich das Kind befindet, erfassen. Die Zusammenhänge müssen klar sein, und der sprachliche Diskurs darüber darf nicht durch negative Gefühle wie Angst, Unsicherheit, Schuldgefühle oder auch Teilnahmslosigkeit verhindert werden. Es gibt viele Erwachsene, deren Kindheit kaum geeignet war, eine sichere Bindung zu entwickeln. Ihnen ist es trotzdem gelungen – wir wissen noch nicht genau, wie – sprachlich kohärente, sichere Bindungsrepräsentationen zu entwickeln. Sie werden in der Literatur „earned secure" – erworbene Sicherheit – genannt. Vielfach stören auch aktuelle Erfahrungen von Trennung, traumatischen Einflüssen usw. das Gesamtbild von Bindung und Bindungsrepräsentation.

In einer Untersuchung von Birgit Böhm aus unserem Arbeitsteam haben wir z. B. die sprachlichen Äußerungen von 9- bis 14jährigen Buben 2 Jahre nach der Scheidung ihrer Eltern untersucht und mit gleichaltrigen Buben von nicht geschiedenen Eltern verglichen. Scheidung und alles, was ihr vorausgeht, sind gravierende Trennungserfahrungen. In allen sprachlichen Analysen – seien es die von Mary Main, auf der Grundlage des Adult Attachment Interviews, seien es die des Sprachphilosophen Grice in bezug auf sprachliche Qualität, Quantität, Art und Weise, Relevanz – wurden signifikante bis hochsignifikante Unterschiede gefunden, was den gravierenden Einfluß der elterlichen Trennung und der sicher vorausgegangenen Streitigkeiten auf die Qualität der Bindungsrepräsentation drastisch verdeutlicht. Wir gehen davon aus, daß Eltern oder andere selten mit den Kindern über ihre Gefühle im Zusammenhang mit der Scheidung sprechen. Es fehlt den Kindern also der Diskurs über ihr Erleben. Sie können deshalb weder klar über ihre Gefühle und Motive sprechen, noch eine realistische Perspektive entwickeln.

**These 9:** „Neue herausfordernde Situationen, besonders in zwischenmenschlichen Beziehungen verlangen flexible oder neue Internale Arbeitsmodelle."

Wie sich Kinder in schwierigen Lebenssituationen – Scheidungskinder beispielsweise – verhalten, hängt davon ab, welche Bindungssicherheit oder -unsicherheit sie bis zu diesem Zeitpunkt entwickelt haben, von den zusätzlich belastenden Umständen und welche Bedeutung ihnen im sprachlichen Diskurs zuerkannt wird. Sagt die Mutter z. B. wiederholt, „der Vater war ein Schweinehund und wir sind froh, daß wir ihn los sind", dann ist das eine andere mentale Repräsentation, die das Kind verarbeiten muß, als wenn die Mutter traurig darüber ist, daß der Vater des Kindes sie verlassen hat, und sie ihn als Vater, wenn auch nicht als Partner, trotzdem wertschätzt, was allerdings selten vorkommt. Einigen Eltern gelingt das, auch im Interesse ihrer gemeinsamen Kinder. Dies zu erreichen ist nicht nur in bindungstheoretischer Sicht ein hohes Ziel der Scheidungsvermittlung durch professionelle Mediatoren.

**These 10:** „Die klinische Bindungsforschung erkundet Wege, wie Personen anstelle unsicherer, wirklichkeitsfremder und daher fehlangepaßter Internaler Arbeitsmodelle sichere, wirklichkeitskonforme und daher psychologisch angepaßte oder adaptive Internale Arbeitsmodelle entwickeln können."

Wir nennen das die Herstellung von „internaler Kohärenz und externaler Korrespondenz". Robert Sternberg, ein moderner Intelligenzforscher, definiert intelligentes Verhalten genau so. Für Bindungsforscher beinhaltet die internale Kohärenz vor allen Dingen die Organisation der Gefühle. Die Gefühle stellen, da sie bedeutungsvolle Aspekte der Wirklichkeit repräsentieren, ein sehr wertvolles Signal- und Informationssystem dar, vorausgesetzt, sie sind zugänglich und werden richtig gedeutet. Eine wesentliche Aufgabe der Psychologischen Therapie besteht gerade darin, die äußeren Anlässe – externale Korrespondenzen – die zu bestimmten, vor allen Dingen negativen Gefühlen führen und geführt haben – internale Kohärenzen –, in der früheren, gegenwärtigen und auch zukünftigen Wirklichkeit zu erkunden. Das Ziel ist, Gefühle und Realität miteinander in Einklang zu bringen. Dazu gehört auch, keine falschen Deutungen der Gefühle oder der Wirklichkeit zu konstruieren, die zu unlösbaren Konflikten führen können.

Wie Kinder ihre Eltern erleben und wie sich Eltern gegenüber ihren Kindern verhalten, macht das Wechselspiel zwischen Bindungsverhalten, Organisation von Bindung und Exploration, Organisation der Gefühle und ihrer sprachlichen Repräsentation aus. Mütterliche Feinfühligkeit und väterliche feinfühlige Herausforderungen legen die Grundlagen für psychische Sicherheit in den Bereichen Bindung und Exploration. Auf dieser Basis entwickeln sich Internale Arbeitsmodelle, die Gefühle und Erfahrungen sprachlich verfügbar machen und in einen kohärenten Einklang mit der sowohl deutbaren als auch erfahrbaren Wirklichkeit bringen. Aus der Sicht der Bindungstheorie ist das Verständnis der Bindungsperson, ihr Wissen um die Mentalität des Kindes für viele Jahre der wichtigste Aspekt einer psychisch sicheren Entwicklung. Wenn dies nicht gegeben war, dann bleibt der (therapeutische) sprachliche Diskurs der einzige Weg zu einer Kohärenz von Gefühlen und Deutungen der individuell erfahrenen und erfahrbaren Wirklichkeit.

Feinfühligkeit und Diskursqualität stehen im Zentrum der Bindungsforschung. Die Fremde Situation und das AAI sind Fenster, die erste wichtige ausschnitthafte Momentaufnahmen ermöglicht haben. Diese sind wohl weitgehend ausgereizt. Vielleicht wird dadurch der Weg frei für die Erforschung der Bedingungen, unter denen neue adaptive Internale Arbeitsmodelle auch bei widrigen Bindungserfahrungen möglich werden. Aber auch das muß empirisch-experimentell überprüft werden.

## Literatur zum Thema

Die folgenden Quellen vertiefen die Ausführungen und enthalten Referenzen. Manuskripte der noch unveröffentlichten Arbeiten sind erhältlich beim Autor (s. Anhang S. 178)

Grossmann, K., Grossmann, K. E., Fremmer-Bombik, E., Kindler, H., Scheuerer-Englisch, H., Zimmermann, P. (in Vorb.): The uniqueness of the child-father attachment relationship: Fathers' sensitive and challenging play as the pivotal variable in a 16-year longitudinal study.
–, –, Zimmermann, P. (1999): A Wider View of Attachment and Exploration: Stability and Change During the Years of Immaturity. In: Cassidy, J., Shaver, P. R. (Eds.): Handbook of Attachment: Theory, Research, and Clinical Applications. Guilford Press, New York, 760–786
Grossmann, K. E. (1997): Bindungserinnerungen und adaptive Perspektiven. In: Lüer, G., Lass, U. (Hrsg.): Erinnern und Behalten. Wege zur Erforschung des menschlichen Gedächtnisses. Vandenhoeck & Ruprecht, Göttingen, 321–337
– (im Druck): Bindungsqualität und Bindungsrepräsentation über den Lebenslauf. In: Röper, G.; Noam, G., von Hagen, C. (Hrsg.): Entwicklung und Risiko. Perspektiven einer Klinischen Entwicklungspsychologie. Kohlhammer, Stuttgart
– (1999): Old and new Internal Working Models of Attachment: The organisation of feelings and language. Attachment and Human Development, 1, 253–269.
–, Grossmann, K., Winter, M., Zimmermann, P. (im Druck): Attachment Relationships and Appraisal of Partnership: From Early Experience of Sensitive Support to

Later Relationship Representation. In: Pulkkinen, L., Caspi, A. (Eds.): Personality in the Life Course: Paths to Successful Development. Cambridge University Press, Cambridge

Spangler, G., Grossmann, K. (1999): Individual and Physiological Correlates of Attachment Disorganization in Infancy. In: Solomon, J., George, C. (Eds.): Attachment Disorganization. Guilford Press, New York, 95–124

# Praktische Anwendungen der Bindungstheorie

Von Karin Grossmann

Eltern und alle sozialen Berufe sind in ständigen Interaktionen mit Personen – ihren Kindern, alten Eltern oder belasteten, verunsicherten Menschen –, die Hilfe zur Bewältigung ihrer Lebensanforderungen brauchen. Die Bindungstheorie ist eine sehr nützliche Grundlage für das Verständnis der Gefühle und Verhaltensweisen dieser schwächeren, hilfsbedürftigen Menschen.

In diesem Beitrag werden anfangs die wesentlichen Grundannahmen der Bindungstheorie und ihr Bild vom seelisch gesunden Menschen in Auszügen dargestellt. Es folgen einige psychobiologische Forschungsergebnisse über die körperlichen Auswirkungen von Bindung und Trennung aus der Tierforschung, um die stammesgeschichtlichen Wurzeln des menschlichen Wunsches nach Liebe und Fürsorge zu untermauern. Im dritten Teil, gemäß dem Motto: *Nichts ist so praktisch wie eine gute Theorie,* wird die Rolle von Bindungsprozessen in einigen angewandten Bereichen erläutert, die zwischenmenschliche Belastungen betreffen: 1. Reaktionen auf Trennung von der Bindungsperson, was dem Trauerprozeß gleich kommt, und der Aufbau einer neuen Bindung am Beispiel von Kleinkindern, der aber auch auf andere Fürsorge-Verhältnisse übertragen werden kann; 2. Belastende Kindheitserlebnisse, die die Bidungstheorie als Risiko hinsichtlich seelischer Gesundheit ansieht; 3. Verhaltensauffälligkeiten von Kindern wie Eifersucht, Depression, Gedeihstörungen, „Machos und Püppchen" im Kindergarten, und übermäßige Ängstlich-keit aus der Sichtweise der Bindungstheorie; 4. Das Phänomen Gewalt in der Familie, die doch der Hort der Geborgenheit sein sollte; und 5. Das Dilemma vieler Scheidungskinder hinsichtlich ihrer Bindungen an beide Eltern.

## Grundannahmen der Bindungstheorie und ihr Bild vom seelisch gesunden Menschen

Der Mensch ist von Natur aus ein soziales Wesen, dessen soziale Bindungen die Grundlage seiner Sozialstrukturen sind, wie bei allen gemeinschaftlich lebenden Säugetieren. Der Gruppenzusammenhalt und besonders das Fürsorgeverhalten von Eltern erhöhten in der Urzeit die Überlebenschancen eines jeden Individuums und damit der ganzen Art. Die Bindungstheorie, wie sie von John Bowlby (1975, 1976, 1983) formuliert wurde, baut auf dieser Erkenntnis auf. Sie postuliert, daß es für den Menschen aufgrund seiner Stammesgeschichte charakteristisch ist, zu einer stärkeren und weiseren vertrauten Person zu streben, wenn er unsicher, unglücklich, ängstlich oder krank ist. Dieses Streben drückt sich in Verhaltensweisen wie Suchen, Rufen, evtl. Weinen, Anklammern und Protest beim Verlassenwerden aus. Diese Verhaltensweisen, die dazu dienen, die schützende Nähe zu einer besonderen Person herzustellen, werden Bindungsverhaltensweisen genannt. Weinen, Rufen und Anklammern lösen meist Fürsorglichkeit aus, Suchen und Protest beim Verlassenwerden sollen verhindern, in unbekannter Umwelt allein gelassen zu werden.

Bindungsverhaltensweisen sind naturgemäß besonders deutlich und häufig während der Kleinkindzeit beobachtbar, aber sie bleiben bedeutsam, wie Bowlby sagt, *von der Wiege bis zum Grabe*. Mit zunehmendem Alter, mehr Erfahrung und besseren sozialen Fähigkeiten nehmen zwar die Bindungsverhaltensweisen an Häufigkeit und Intensität ab, aber der menschliche Wunsch nach Liebe und Fürsorge bleibt ein Leben lang ein wichtiger Bestandteil der menschlichen Natur. Mit wachsenden geistigen Fähigkeiten nehmen sie eher symbolische Formen an, z. B. Seufzen statt Weinen, Telefonieren statt Rufen, sich an gemeinsame Verabredungen erinnern statt Suchen, dem Jugendlichen den Ausgang verbieten statt sich anzuklammern, und statt wie ein Kleinkind gegen eine Trennung zu protestieren, können z. B. Alte ihrem erwachsen Kind Schuldgefühle machen, wenn sie allein gelassen werden.

Viele der intensivsten Gefühle treten während der Entstehung (Schwangerschaft, erstes Jahr mit dem Baby, sich verlieben), der Aufrechterhaltung (der Liebe), dem Abbruch (Trennung und Tod) und der Erneuerung (Wiedersehen, sich wieder versöhnen) von Bindungsbeziehungen auf. Zu jedem Alter lösen Ereignisse, die von der Person nicht bewältigt werden können, die Angst oder Trauer hervorrufen, den Wunsch nach Schutz und Fürsorge, d. h. Bindungsverhalten aus. Die speziellen Bindungsverhaltensmuster, die ein Individuum zeigt, hängen allerdings zum Teil von seinem Alter, seinem Geschlecht und den besonderen Umständen ab, und zum Teil auch von den Erfahrungen, die die Person mit früheren Bindungspersonen in seinem Leben gemacht hat.

Die Bindungstheorie erfordert demgemäß, entgegen dem puritanischen Ethos der Unabhängigkeit des Individuums, daß das Bestreben, jemandem nah sein zu wollen, respektiert, wertgeschätzt und unterstützt werden soll, weil es die Person im Zweifelsfalle stärkt, anstatt ein solches Bestreben abzuwerten als ein Zeichen von innerer Schwäche.

Bowlby definiert seelische Gesundheit wie folgt (1991, 296): *In sehr widrigen Situationen, die Ärger, Angst oder Trauer hervorrufen, kann ein seelischer Zusammenbruch geschehen... Die Fähigkeit oder Unfähigkeit, in solchen Situationen seine Gedanken und Gefühle anderen zu zeigen und bei ihnen Trost und Hilfe zu suchen, hat sich als zentrale Variable für seelische Gesundheit erwiesen.* (Meine Übersetzung).

Gleichermaßen betont die Bindungstheorie aber auch die Notwendigkeit von Erkundung, Lernen und altersgemäßer Kompetenzentwicklung im Schutz und unter Anleitung zunächst der Bindungspersonen, später auch von Lehrern und Mentoren. Bowlby schreibt: *Ebenso wichtig wie die Achtung der Eltern vor den Bindungswünschen ihres Kindes ist ihre Achtung vor seinem Wunsch, seine Umwelt zu erkunden und allmählich Beziehungen sowohl zu Gleichaltrigen als auch zu anderen Erwachsenen aufzunehmen.* Die Bindungstheorie bewertet Bindungsverhalten und Explorationsverhalten als die beiden Enden eines ausgewogenen und notwendigen Verhaltensspektrums. Bei Distress wird das Bindungsverhalten überwiegen, bei Wohlbefinden das Explorationsverhalten. Nach Ansicht der Bindungstheorie sind Menschen aller Altersstufen am glücklichsten und können ihre Talente am besten entfalten, d. h. sie zeigen die wesentlichsten Merkmale für seelische Gesundheit, wenn sie wissen, daß eine oder mehrere Personen hinter ihnen stehen, denen sie vertrauen können, und die ihnen zu Hilfe kommen, wenn Schwierigkeiten auftreten sollten. Sigmund Freuds kürzere Definition von seelischer Gesundheit war: *lieben und arbeiten können.*

## Psychobiologie der Bindung und Trennung

Physiologische Untersuchungen an Tieren lassen einige Rückschlüsse auch auf den psychobiologischen Mechanismus von Bindung und Trennung beim Menschen zu. Myron Hofer beschreibt diese Mechanismen der Koppelung von Körperfunktionen und Verhalten bei Ratten und Affen ausführlich (Polan/Hofer 1999). Die Verhaltensweisen von Rhesusaffenkindern sind für jeden leicht interpretierbar, sie zeigen die Hauptphänomene der Bindungstheorie. Wenn ein Affenkind Angst hat, klammert es sich an den Bauch seiner Mutter, und das Muttertier bedroht den Angreifer oder beseitigt den ängstigenden Gegenstand. Dies beobachtet das Äffchen aus seiner sicheren Position am schützenden Körper der Mutter und lernt so die Gefahren seiner Umwelt kennen. Bei vielen Affenarten sind es auch die Männchen, die dem Jungen Schutz gewähren. Sie setzen sich wie ein Schutzschild hinter das Jungtier und halten so Gefahr von hinten fern, sie halten dem Äffchen *den*

*Rücken frei*. Das Jungtier kann sich aus solch sicherer Position zunächst das Unbekannte anschauen. Mit einem verteidigungsbereiten wehrhaften Männchen als Rückendeckung traut sich ein Affenkind viel mehr zu, z. B. andere ranghöhere oder stärkere Affenjugendliche anzugreifen oder ihnen zu drohen, als ohne den Schutz im Rücken.

In den Laboruntersuchungen von Harry F. Harlow (1959) wurden Rhesusaffen-Säuglinge an Stoff-Attrappen aufgezogen. Sie entwickelten eine Bindung zur Stoff-Attrappe und ein Sicherheitsgefühl bei ihr, obwohl die Attrappe nicht auf sie reagierte und nicht einmal die Nahrungsquelle der Äffchen war. Nahm man den Äffchen die Stoff-Attrappe weg, konnten sie nicht spielen, waren nicht neugierig auf neue Sachen, hatten deutlich Angst, umklammerten sich selbst und entwickeln Bewegungs-Stereotypien. Die ersten Bilder aus den schlechtesten der rumänischen Waisenhäuser haben diese Befunde leider wieder aktuell gemacht. Steven Suomi (1999) hat diese Äffchen und viele mehr über deren Leben lang weiter untersucht und darüber ausführlich berichtet.

Die Forschergruppe um Martin Reite (Reite/Field 1985) hat die physiologischen Prozesse im Körper der Äffchen, die mit Bindung und Trennung vom Muttertier einher gehen, genauer untersucht. Die Assoziationen zu einigen psychosomatischen Störungen beim Menschen sind unübersehbar. Werden Rhesus-Affenkinder von ihren Müttern getrennt, dann läßt sich zunächst eine gesteigerte Aktivität der Jungen beobachten. Sie suchen und rufen intensiv nach ihrer Mutter. Dauert die Trennung länger an, zeigt sich folgende Entwicklung: Nach dem zweiten Tag läßt die Aktivität merklich nach, und am dritten Tag hören sie auf zu rufen und zu suchen und werden passiv. Aber in dem Moment, wo sie aufhören zu rufen und zu suchen, steigt ihr Cortisolspiegel dramatisch an. Dieser Anstieg des Streß-Hormons wird so interpretiert, daß der junge Körper mit der physiologischen Notfallfunktion reagiert, wenn das Verhalten nicht zum Ziel führt, d. h. wenn es nichts mehr tun kann, um zum Muttertier zu gelangen.

Auch bei Kleinkindern läßt sich dieses Wechselspiel zwischen zielgerichtetem Verhalten in Streßsituationen und physiologischer Reaktion nachweisen. Nach zwei kurzen, dreiminütigen Trennungen von der Mutter in einem fremden Spielzimmer – in der Fremden Situation nach Ainsworth (Kurzerklärung s. S. 10 f.) – hat Gottfried Spangler (Spangler/Grossmann 1993) von den 12 Monate alten Kindern in seiner Längsschnittuntersuchung Speichelproben genommen, um dieses Wechselspiel auch bei Kindern zu untersuchen. Diejenigen Kleinkinder, die protestierten, während der Trennung weinten und nach der Rückkehr der Mutter zu ihr liefen und getröstet werden wollten, zeigten am Ende der Untersuchungszeit kein erhöhtes Cortisolniveau.

Bei denjenigen Kleinkindern allerdings, die beim Trennen und Wiedersehen mit ihrer Mutter ruhig blieben, fand sich im ihrem Speichel ein wesentlich erhöhtes Cortisolniveau. Auch sie hatten die Trennung als Belastung erlebt, hatten aber keine Verhaltensstrategie entwickeln können, um damit fertig zu werden. So zeigte sich die Belastung als physiologische Streßreaktion. Es wäre aus der Sicht von Überlebensstrategien zwar unsinnig, wenn ein einjähriges Kind keine Angst beim Verlassenwerden empfinden würde – es ist nunmal auf Fürsorge angewiesen – unter bindungstheoretisch günstigen Bedingungen muß es aber auch dann nicht zu körperlichen Belastungsreaktionen kommen.

Die Untersuchungen an Rhesusjungen im Labor von Reite haben noch viele andere Begleiterscheinungen einer Trennung vom Muttertier feststellen können, etwa Herzrhythmusstörungen, Störungen des circadianen Rhythmus, d. h. des Tag/Nacht-Wach- und Schlafmusters und eine vorübergehende Steigerung mit anschließender Hemmung des Wärmemetabolismus. Myron Hofer (1994) spricht von den verborgenen Regulatoren des kindlichen Körpers und meint damit die Regulationsfunktion des Muttertieres. Die Frühgeborenen-Forscherin Heideliese Als (1986) benutzt das Bild einer Eisenbahn für diese Koppelung von elterlichen und kindlichen physiologischen Regulationen. Sie spricht von *entrainment*, d. h. der Kreislauf, die Atmung, die Wärmeregulation des Säuglings wird wie ein Eisenbahnwagen an den elterlichen Körper angekoppelt, so daß im Körperkontakt, besonders beim gemeinsamen Schlafen, gemeinsam geatmet wird, gemeinsam die Wärme produziert und gehalten wird und durch Bewegungen im Schlaf anscheinend auch gemeinsam die Tiefphasen des Schlafes überwunden werden, so daß der Kreislauf des Säuglings nicht zu sehr abfällt. Es zeigte sich, daß das Schubsen und Ruckeln, die Laute und der elterliche Geruch den Säuglingen einen besseren Schlaf ermöglichte als der Tiefschlaf.

Hinsichtlich des gestörten Wärmemetabolismus wissen Kinderärzte um das Phänomen Trennungsfieber. Ohne eine Infektion bekommt das Kind plötzlich Fieber. Oft stellt sich heraus, daß das Kind bei anderen Leuten untergebracht ist, oder die Eltern vorhatten, allein zu verreisen.

Bei den getrennten Äffchen hat die Gruppe um M. Reite außerdem veränderte EEG-Muster festgestellt sowie eine Reduzierung des Wachstumhormons Somatotropin. Dieses ist sehr wahrscheinlich eine Mitursache für Gedeihstörungen auch bei Kindern. Die schon berichtete Erhöhung des Cortisolspiegels während Trennungen führt dazu, daß die Äffchen nicht mehr mit erhöhtem Cortisolausstoß auf neuerlichen Streß reagieren können. Ihre Reaktionsbereitschaft auf Streß ist erschöpft, und sie werden dadurch anfälliger für Infekte. Behandlungen durch erhöhte Cortisongaben kennen Allergiker.

Sie können damit ihre Abwehrreaktion gegen Pollen o. ä. herabsetzen. Allerdings macht sie das auch anfälliger für Infekte.

Andere Untersuchungen aus dem Labor von Gary Kraemer (1992) fanden weitere negative Begleiterscheinungen von Mutter-Trennung bei Rhesusaffen. Die Ausschüttung des Hormons Noradrenalin wird durch Trennung beeinträchtigt. Dieses Hormon trägt zur Regulation der Feinabstimmung innerhalb der Verhaltenssysteme bei, z. B. aufhören zu essen, wenn man satt ist, und nur so viel trinken, bis der Durst gelöscht ist. Noradrenalin spielt eine große Rolle bei der Steuerung von Aggression (sie können nicht aufhören zu kämpfen, außer sie werden handlungsunfähig gemacht), der Steuerung ihrer Feinmotorik und beim Lernen. Die Aufregung, etwas Neues zu erleben, können länger getrennte Äffchen nicht so wirksam steuern, daß die Neugier anhält und die Aufregung nicht desorganisierend wirkt. Die notwendige Adrenalin-Ausschüttung funktioniert bei getrennten Äffchen weniger angemessen. Die negativen Auswirkungen der Mutter-Trennung kann man bei Rhesusjungen durch spätere gemeinsame Aufzucht mit anderen ebenfalls getrennten Jungen mildern. Jedoch bleibt der Unterschied in der Hormonausschüttung im Vergleich zu Jungen, die von der Mutter aufgezogen werden, sehr groß. Zusätzlich hat man festgestellt, daß alle möglichen Enzyme weniger angemessen ausgestoßen werden, so daß einige innere Organe Funktionsstörungen entwickeln. Viele dieser Prozesse bei Jungtieren sind reversibel, wenn man die Jungtiere wieder zu ihren Müttern läßt.

Für die Behandlung von Drogenabhängigen ist die Forschung von Jaak Panksepp (Panksepp et al. 1985) wichtig: Körperkontakt stimuliert im Gehirn das körpereigene Opiat Endorphin. Viele haben davon im Zusammenhang von Extrem-Sportarten gehört, die Gefahr würde einen „Kick" oder „High"-Zustand produzieren. Jüngst hat auch Massage als Therapieform im Rahmen der alternativen Medizin wieder eine Renaissance erlebt. Die hirneigene Endorphinausschüttung bei Körperkontakt von jungen Säugetieren wird durch Trennung vom Muttertier nicht nur nachhaltig gestört, sie ist auch durch externe Opiate nur unvollkommen ersetzbar. Man kann den Verlust von hirneigenen Endorphinen zwar durch externe Opiate ausgleichen, aber externe Opiate bewirken z. B. nicht, wie die Forschung von Saul Shanberg (1994) an Ratten zeigte, daß auch das Wachstumshormon Somatotropin ausgeschüttet wird. Man kann also das hirneigene Opiat ersetzen, aber all die anderen Funktionen, die damit zusammen hängen, lassen sich nicht ersetzen. Werden Fremdopiate gegeben, so verliert das Jungtier die Fähigkeit, auf Körperkontakt mit dem Muttertier mit Endorphinen zu reagieren.

Eine Studie an Hühnerküken machte den Prozeß deutlich. Wenn Küken von ihren Hennen getrennt werden, piepsen sie normalerweise, laufen suchend umher und sind sehr aktiv. Wenn man ihnen während der Trennung ein Opiat gibt, zeigen sie diese Verhaltensweisen nicht mehr sondern bleiben passiv. Sie scheinen nicht zu leiden. Andererseits gab es folgendes Ergebnis: Beließ man Küken bei den Hennen, gab ihnen jedoch den Opiatblocker Naxalon, dann piepsten sie unruhig und liefen suchend umher, als ob sie getrennt wären. Jaak Panksepp schloß aus diesen Untersuchungen, daß Hirnopiate für den Bindungsprozeß sehr wichtig sind. Anscheinend löst normalerweise Kontakt mit dem beschützenden Muttertier körpereigene Opiate aus. Fremdopiate stören diesen Prozeß. Die Befunde von Panksepp könnten ein Teil der Erklärung sein, warum es so schwer ist, Opiat-Abhängige wieder zu resozialisieren. Bei ihnen können eventuell die Glücksgefühle durch Kontakt, Gemeinsamkeit und Beschützt-Werden, d. h. die sozialen Belohner, nicht mehr wirksam sein.

Die dargestellten physiologischen Forschungsergebnisse verdeutlichen, was bei langen und unfreiwilligen Trennungen von geliebten Bindungspersonen im Körper des Zurückgelassenen vorgehen kann.

## Reaktionen auf die Trennung von der Bindungsperson und der Aufbau einer neuen Bindung

Viele psychische Prozesse lassen sich an kleinen Kindern besonders deutlich beobachten, denn sie verfügen noch nicht über die starke soziale Kontrolle ihrer Mimik, Gestik und ihrer Bewegungen wie ältere Kinder und Erwachsene. Kleinkinder sind generell sehr expressiv und müssen es sein, sonst könnte man ihre Wünsche nicht verstehen. Die vorsprachlichen Kinder führen uns ihren Wunsch nach Nähe und Fürsorge, aber auch ihren Wunsch nach frei bestimmtem Spiel und Erkundung mit ihren Beinchen, ihrer Stimme und mit ihren Körperbewegungen deutlich vor. Das läßt sich videographieren und in der Verhaltensforschung und Entwicklungspsychologie nutzen, indem man die Dokumente langsam und wiederholt auswertet. Film und Videographie haben seit René Spitz (1947–1951) und dem Ehepaar James und Joyce Robertson (1967–1971) mit ihren ausgezeichneten Filmen über den Trennungsprozeß die Untersuchung der psychischen Prozesse vorsprachlicher Kinder entscheidend beflügelt.

Mit der Sprachbeherrschung werden Kinder im Ausdruck reservierter, auch weil alle Kulturen Kindern Selbstbeherrschung in sozialen Interaktionen beibringen. Ein größeres Kind kann sich auch in seinem Verhalten, seiner Mimik und Gestik bis zu einem gewissen Grad verstellen oder sich höflich zurückhalten, und die Sprache ermöglicht auch Lügen.

Die psychischen Vorgänge, die eine längere Trennung von einer Bindungsperson auslöst, sind zwar zuerst an vorsprachlichen Kindern beschrieben worden, sie gelten aber auch allgemein als Beschreibung des Trauerprozesses und seiner Chancen für eine neue Bindung. Unvermittelte und unfreiwillige Trennung von der Bindungsperson löst eine Serie von Verhaltens-Reaktionsmustern aus, die von Bowlby (1960) schon Anfang der 60er Jahre in ihrer klassischen Abfolge Protest, Verzweiflung, Lösung zuerst verdeutlicht wurden. Eine längere Trennung über Tage und Wochen ist für das kleine Kind, das noch keine Zeitperspektive hat, gleichbedeutend mit Verlust. Ein Krankenhausaufenthalt z. B. brachte früher für kleine Kinder doppeltes Leid. Sie waren krank und fühlten sich schlecht, also waren sie besonders liebe- und zuwendungsbedürftig. In solchen widrigen Situationen ist die Tendenz, Bindungsverhalten zu zeigen, besonders aktiv. In der Bindungstheorie spricht man vom aktivierten Bindungssystem. Leider galten Eltern aus der Sicht des damaligen medizinischen Personals als Störenfriede, also durften Eltern ihr Kind nur selten oder gar nicht besuchen. Mit dem Verständnis um die physiologischen Begleiterscheinungen von Trennung war es nicht verwunderlich, daß Kinder im Krankenhaus häufig zusätzliche Infekte bekamen, da ihre Immunabwehr durch die Trennung besonders geschwächt war. Es ist Bowlby, den Robertsons und vielen Mitstreitern zu verdanken, daß man inzwischen in Kliniken Besuche von Bindungspersonen der Kinder großzügig zuläßt, oft sogar fördert.

In der ersten Phase nach einer Trennung, der Protestphase, äußern Äffchen und kleine Kinder gesteigertes Bindungsverhalten. Sie weinen, rufen und suchen. Die Kleinkinder wollen in dieser Phase von keinem anderen als ihrer geliebten Bindungsperson getröstet werden. Sie empfinden Sehnsucht nach ihr, und zunächst kann kein anderer sie ersetzen. In dieser Phase, die kürzer oder länger dauern kann, sind sie so verzweifelt, daß sie nicht spielen wollen und sich nur schwer ablenken lassen. Viele Kleinkinder entwickeln Schlaf- und Eßstörungen, bekommen Trennungsfieber und wohl auch Infekte, die man dann als Krankheit behandelt hat, ohne nach Trennungserfahrung des Kindes zu fragen. In dieser Phase kann man den Kindern kaum helfen, außer gut auf sie aufzupassen, damit sie sich nicht verletzen, nicht noch zusätzlich beunruhigt werden, und wenigstens ein bißchen Flüssigkeit und Nahrung aufnehmen.

In der zweiten Phase wird ihre Verzweiflung deutlich. Die getrennten Kinder haben gemerkt, daß durch ihr Weinen, Rufen und Suchen – ihr Bindungsverhalten – die Bindungsperson nicht wiederkommt. Es folgt Trauer. An Äffchen kann man messen, daß körperliche Metabolismen abnehmen, so als ob der Körper sich auf eine Art Abwartezustand einstellt, wie Winterschlaf, damit die vorhandenen Energien ausreichen, bis die fürsorgende Bindungsperson wiederkommt. An Kindern kann man die invasiven Metabolismus-Untersuchungen nicht machen, aber ihre Traurigkeit und Lustlosigkeit läßt sich eindeutig nachweisen. Einige Kinder verlängern ihren Schlaf, was gern bei kranken getrennten Kindern als Heilschlaf interpretiert wird. In der Verzweiflungsphase akzeptieren die Kinder immerhin Nahrung. In dieser Phase ist es zum ersten Mal möglich, daß sich eine möglichst beständige fremde Person dem Kind auch psychisch nähern darf. Sie akzeptieren jetzt Fürsorge und Trost. Sie haben zwar immer noch kaum Lust, sich zu beschäftigen, aber sie schauen wieder interessierter in ihre Umwelt. Über die Fürsorge und Unterhaltung kann in der Verzweiflungsphase eine neue Beziehung des Vertrauens aufgebaut werden.

In der dritten Phase, der Lösungsphase, scheint sich das Kind zu erholen. Es ißt und schläft wieder besser und es kann wieder spielen. Nur die wissende Beobachtung zeigt, daß zeitweilig immer noch Trauer aufkommt, meist in Form von Ärger, Widerborstigkeit, Ungehorsam und Zurückweisung von Hilfe. Noch hat das Kind seine Bindungsperson nicht wirklich vergessen, denn wenn sie in dieser Phase zurückkehrt, dann kümmert sich das Kind nicht darum, vermeidet spezifisch den Kontakt mit ihr, aber nicht mit anderen, z. B. der bekannten Großmutter. Es sieht so aus, als ob sich das Kind dagegen wehren würde, wieder verlassen zu werden und wieder Trennungsleid ertragen zu müssen. In dieser dritten Phase wird das Kind, ausgelöst durch die Fürsorgebereitschaft der neuen Betreuerin, immer mehr Bindungsverhalten an die neue Person richten und so eine neue Sicherheitsbasis erwerben. Es läßt sich trösten, es läßt sich anregen, es läßt sich füttern, es läßt sich zum Schlafen bringen, alles fürsorgende Aktivitäten, die das Kind als Entspannung vom Trennungsstreß erlebt. Die Person, die sich beständig um das Kind kümmert, die immer wieder Fürsorge anbietet, wird merken, daß das Kind im Laufe der Zeit die Fürsorge immer bereitwilliger annimmt. So entsteht eine neue Bindung, die die alte ablöst. Dies wird als gesunder Vorgang angesehen, der dem Kind sein Überleben sichert, z. B. wenn seine Mutter krank wird oder gar stirbt. Voraussetzung ist allerdings eine spezifische, liebevolle und beständige Fürsorge von einer Person, die bereit ist, die Sorge für das Kind langfristig zu übernehmen. Aus Längsschnittstudien weiß man, daß Kinder sich nicht an Verluste von Bindungspersonen **gewöhnen** können. Stattdessen macht jeder erneute Verlust das Kind sowohl sensibler in seinem Mißtrauen gegen dauerhafte Beziehungen als auch abgestumpfter gegen neue Bindungsangebote.

Kurzfristige Trennungen unterliegen nicht diesem dramatischen Prozeß. In einer guten Tagesbetreuung, den die Bindungsperson sanft einleitet, erwirbt das Kind eine neue Spielbeziehung und Sicherheitsbasis während der mütterlichen Abwesenheit. Es wird aber wahrscheinlich nicht eine neue physiologisch verankerte Bindung aufbauen. Wenn junge Mütter eifersüchtig grübeln, ob die Tagesmutter oder betreuende Großmutter zur bevorzugten Bindungsperson wird, können sie es leicht selbst prüfen. Leidet das Kind physisch mit Streßsymptomen, wie oben beschrieben, unter der Trennung von der neuen Betreuerin, dann hat sich eine Bindung entwickelt. Ist es im Gegensatz dazu aber froh, wenn das Wochenende kommt oder es nicht zur Tagesbetreuung **muß**, dann hat sich keine neue Bindung entwickelt, wenn auch vielleicht eine stützende Freundschaft. In Spiellaune mag ein Kind seine Spielpartner sehr vermissen, ein Test auf bestehende Bindungen ist aber im Wesentlichen, ob das Kind physisch unter der Trennung leidet. Eine neue Sicherheitsbasis in der Betreuerin gefunden zu haben, ist aber sehr wichtig. So leidet das Kind während der Abwesenheit der eigenen Bindungsperson wenig oder gar nicht. Tagesbetreuung unter dem Blickwinkel der Bindungstheorie wurde von Karin Grossmann (Grossmann/Grossmann; 1998, K. Grossmann 1999) ausführlich dargestellt.

## Belastende Kindheitserlebnisse, die die Bindungsforschung als Risiko für die seelische Gesundheit ansieht

Im dritten Buch seiner Trilogie über Bindung, Trauer und Verlust, im Band „Verlust", erläutert Bowlby (1983) ausführlich seelisch pathogene Kindheitserlebnisse aus der Sicht der Bindungstheorie. Er beschreibt viele Fälle, in denen die Patienten – oft uneingestanden – stark unter früheren Zurückweisungen, unfreiwilligen Trennungen und Verlusten von geliebten Personen litten. Aus der Sicht der Bindungstheorie wird Verlust der Bindungsperson in früher Kindheit oder Zurückweisung durch sie deswegen als Risiko für die Entwicklung seelischer Gesundheit oder psychischer Sicherheit gesehen, weil das Bindungsstreben des Kindes genauso wichtig für das Überleben ist wie Hunger und Durst. Wird das kleine Kind nicht durch Stärkere und Weisere versorgt, die ihm Nahrung, Schutz und Lernvorbilder geben, ist sein Überleben in Gefahr. Es weiß bis zum Alter von etwa 6 bis 7 Jahren nicht genug, um ohne Fürsorge derjenigen, die an seinem Überleben interessiert sind, zu Nahrung und Schutz vor Gefahren zu kommen. Aus diesem Grunde, so argumentiert Bowlby, ist das Streben nach Nähe zur Bindungsperson und das Vergewissern ihrer Zuwendung und Fürsorge eine evolutionsbiologisch angelegte Verhaltensdisposition des menschlichen Kindes. Die Sorge des Kindes um den Schutz durch seine Bindungsperson geht manchmal so weit, etwa im

Falle von krebskranken Kindern, daß sie ihr Wissen um den eigenen bevorstehen Tod ihren Eltern verschweigen, um sie nicht traurig und damit schwach zu machen.

Verlassenwerden aus der Sicht eines Kindes kann so verschiedenartige Ereignisse und Aussagen der Eltern umfassen, daß die Eltern oft gar nicht gewahr sind, welche Ängste vor dem Verlassenwerden ihr Tun oder ihre Drohung beim Kind auslöst. Wenn wir mit dem Wissen über den Wunsch der Kinder nach Liebe und Fürsorge den Eltern unserer Längsschnittuntersuchung zuhören, welche Strafmaßnahmen sie als Erziehungsmittel gebrauchen oder an welche früheren Aussprüche ihrer Eltern sie sich erinnern, dann wird sehr oft, vielleicht unwissentlich oder unbeabsichtigt, eine Trennung angedroht. Aus dieser Perspektive wird schnell klar, warum die Kinder mit Angst reagieren. Die meisten Kinder können sich nicht vorstellen, was aus ihnen wird, wenn die Eltern sie verlassen. Es wird z. B. viel zu leichtfertig gesagt *Wenn Du nicht versetzt wirst…,* oder *Mit einem schlechten Zeugnis brauchst Du gar nicht erst heim zu kommen,* oder *So unmöglich wie Du aussiehst, kenn' ich Dich nicht mehr, da muß ich mich ja vor allen schämen, so ein Kind zu haben.* Hinter all diesen Äußerungen steckt die Drohung, daß das Kind verstoßen würde, wenn es nicht den Ansprüchen der Eltern genügt. Schon die Drohung *Wenn du nicht sofort aufräumst, hab ich dich nicht mehr lieb,* bedeutet aus der Sicht mehr, als vielleicht gemeint war. Der Ausdruck *lieb haben* ist für die Kinder durchaus mit der Idee verbunden, überhaupt von den Eltern versorgt zu werden.

Ein Kind empfindet seine Eltern als sehr mächtig. Wenn Eltern beschließen, das Kind muß mit zehn Jahren oder noch früher von zu Hause fort, um zu arbeiten, in eine Kadettenanstalt, oder in ein Internat, dann kann ein Kind nichts dagegen tun. Historisch hatte der Familienvater das Recht, ein Kind zu töten oder als Sklave zu verkaufen. Auch Müttern wurde in einigen Kulturen das Recht zugesprochen, z. B. früher in Japan, ein Kind gleich nach der Geburt *zu den Göttern zurück zu schicken,* wenn die Mutter nicht gut für es sorgen können würde. Mit anderen Worten, die Geburtenkontrolle fand nach der Geburt statt. Das Menschenrecht eines Kindes wurde erst in unserem Jahrhundert zu einem allgemein gültigen Recht. Die tief sitzende Angst eines Kindes, von den Eltern verstoßen oder vielleicht sogar getötet zu werden, ist keineswegs unwahrscheinlich oder weit hergeholt. Ein Patient erzählte folgendes aus seiner Kindheit: Immer wenn er ungehorsam war, stellte seine Mutter ein Schild in den Garten mit der Aufschrift *Kind zu verkaufen.*

Ein weiteres pathogenes Kindheitserlebnis ist die Schuld, die einem Kind für die Krankheit, das Unwohlsein oder die Nervenkrankheit eines Elternteils gegeben wird. *Wenn ihr nicht ruhig seid, bekomme ich wieder meine Kopfschmerzen; wenn ihr abends immer so spät heimkommt, machen das Papas Nerven nicht mehr lange mit; ihr seid noch mal der Sargnagel zu meinem Sarg.* Manche Mutter hat wirklich unter der Geburt des Kindes gelitten oder ihre Talente wegen ihrer Familienpflichten nicht entwickeln können, aber daran hat das Kind keine Schuld, sondern es ist höchstens der Anlaß. Manche Kinder können auch ursächlich ein großes Unglück herbeigeführt haben, weil sie z. b. im Spiel einen Brand ausgelöst oder durch ihr Quengeln im Auto einen Unfall verursacht haben. Trotzdem ist es nicht ihre „Schuld". Sie hatten keine Absicht, ihre Eltern zu töten, sondern ihr Unwissen hat die Ereignisse ins Rollen gebracht. Mit einer solchen Schuldzuweisung zu leben, belastet einen Menschen ein Leben lang. Aus seiner Erfahrung als Psychotherapeut berichtet Bowlby, wie erschreckend häufig Mütter drohen, sich aus Enttäuschung das Leben nehmen zu wollen oder den Vater umbringen zu wollen. Streitende Eltern werfen sich oft Mordabsichten an den Kopf. Aus allem hört das Kind heraus, daß es den Eltern eine Last ist, oder daß vielleicht ein Elternteil bald nicht mehr da sein wird.

Manche Eltern oder fanatische Gruppen züchtigen das Kind, damit aus ihm ein anständiger Mensch wird. Das Kind empfindet die Schmerzen der Schläge, den Hunger beim Essensentzug, die Einsamkeit bei Isolation und die Scham bei Strafpredigten, aber alles wird so dargestellt, als ob es nur zum Wohle des Kindes geschieht. Mit dem Argument *es ist zu Deinem Besten* müssen Kinder allerlei Torturen und den Machtmißbrauch der Erwachsenen aushalten. Die Kinder lassen es geschehen, sie verleugnen lieber den eigenen Schmerz und akzeptieren das Argument der Eltern, um ja nicht verstoßen zu werden. Dies zeigt besonders deutlich, daß Bindungen nicht durch Lohn und Strafe entstehen oder aufrecht erhalten werden, sondern daß eine Bindungsbeziehung ein Grundbedürfnis des Kindes ist, das Vorrang hat vor Schmerzen und Mißhandlungen. Darauf wird später noch näher eingegangen.

Weitere pathogene Kindheitserlebnisse sind: das Kind wissen zu lassen, daß es sowieso nie erwünscht war, das Kind zum Sündenbock der Familie zu stempeln, das Kind als „schwarzes Schaf" zu behandeln und jede Form von Kindesmißhandlung. Alle diese Erfahrungen beinhalten eine Zurückweisung des Kindes, auch z. B., das Kind über seine Herkunft im Unklaren lassen. Wenn ein Kind nicht weiß, wer seine Eltern sind oder sein Vater, kann das aus der Sicht des Kindes bedeuten, daß die Eltern oder der Vater das Kind verstoßen haben. Es entsteht beim Kind, das alt genug ist, Kenntnisse über biologische Elternschaft zu haben, aus Unkenntnis der realen Ursachen der Freigabe der Eindruck, daß es nicht liebenswert genug war, um von den eigenen Eltern versorgt zu werden. Viele Pflege- und Adoptivkinder möchten wissen, warum ihre Mutter, ihr Vater sich nicht um sie gekümmert hat. Ihre Neugier verbergen sie jedoch häufig, um ihre Pflege- und Adoptiveltern nicht zu verletzen.

Wenn Eltern so hungrig nach Zuwendung und Fürsorge sind, daß sie ihr eigenes Kind zu ihrer Bindungsperson machen, wirkt sich das ebenfalls negativ auf die seelische Gesundheit des Kindes aus. Ein solches Kind hat keine andere Möglichkeit, Liebe und Zuwendung von dem Elternteil zu bekommen, als über den Weg, sich seinerseits fürsorglich um den Elternteil zu kümmern. Es wird also von dem Elternteil nur in seiner Funktion als Zuwendung-Gebender akzeptiert, nicht aber als Kind, das Schutz und Zuwendung verdient. So entsteht beim Kind ein Mangel an Liebe, den es unter ungünstigen Umständen später von seinem Kind einfordern wird.

Ein weiteres negatives Kindheitserlebnis sind lange Trennungen von den Eltern, gleich ob wegen Krankheit oder weil man dem Kind einen Urlaub in einem Ferienheim gönnen will, obwohl das Kind es selbst nicht wollte. Besonders jüngere Kinder können meist nicht begreifen, warum sie von den Eltern fort sollen. Haben die Eltern sie nicht mehr lieb? Die Frage stellen sie sich besonders dann, wenn ein Geschwister zu Hause bleiben darf. Eine 6jährige unserer Längsschnittuntersuchung antwortete auf eine entsprechende Frage folgendes: *Wenn meine Eltern immer abends weggehen, dann denk ich auch manchmal, sie haben mich nicht mehr lieb, die bleiben weg.* Ein gleichaltriger Junge sagte auf diese Frage: *Wenn die Eltern immer weggehen, ja dann haben sie das Kind vielleicht wirklich nicht mehr lieb.*

Wenn Androhungen des Verlassenwerdens zu häufig von den Eltern geäußert werden, stumpft das Kind anscheinend ab und es entsteht der Eindruck, als ob es ihm nichts mehr ausmacht. Dahinter steht aber trotzdem die Angst, denn Eltern haben ja tatsächlich die Macht, all das zu tun, was sie im Zorn oder aus Enttäuschung androhen. Unabhängig davon, wie sehr ein Kind solche Erfahrungen bagatellisiert, sie gelten im Rahmen der Bindungstheorie als Gefährdung der seelischen Gesundheit des Kindes.

Therapeutische Wege aus einer ungünstigen Kindheit, die auf Grund der Erfahrungen von Verlust oder Zurückweisung zu starker psychischer Verunsicherung führte und das gegenwärtige Leben beeinträchtigt, beschreibt Karl-Heinz Brisch (1999) in seinem anschaulichen Buch voller Fallbeispiele.

## Verhaltensauffälligkeiten von Kindern aus der Sicht der Bindungstheorie

Über störende Verhaltensweisen von Kindern, z. B. Säuglingsdepression, Eifersucht, „Machos und Püppchen" im Kindergarten und übermäßige Ängstlichkeit, ist oft geschrieben und nachgedacht worden. Diese Kenntnisse werde ich nicht aufgreifen, sondern nur einige Aspekte aus der Sicht der Bindungstheorie hinzufügen.

Zur Säuglingsdepression: Depression ist das Gegenteil von Expression, d. h. ein depressiver Mensch neigt u. a. dazu, seine Gefühle, Erwartungen und Absichten kaum in seiner Mimik und Gestik auszudrücken. Sein Ausdruck und seine Gefühle scheinen gedämpft, aber sein Streßniveau ist konstant hoch, was sich u. a. in seiner geringen Frustrationstoleranz zeigt. Der menschliche Säugling wird zwar mit der Kompetenz geboren, sein Befinden expressiv mitzuteilen, aber als soziales Wesen von Anfang an lernt er, ob seine Mitteilungen bei der betreuenden Person Resonanz finden. Für einen Säugling ist es unnatürlich, ein Gegenüber zu haben, das nicht reagiert. Der Forscher Colwyn Trevarthen (1987) schildert seine Forschungsergebnisse so: alle Nervenfasern des Säuglings, sein Wahrnehmungssystem und sein Verhalten sind darauf ausgerichtet, daß das Gegenüber ein Sozialpartner ist, der sich reagierend bewegt, spricht, Mimik zeigt, riecht und aktiviert oder beruhigt. Das löst im Säugling positive Gefühle, man könnte sagen, Freude aus. Schon drei Monate alte Säuglinge zeigen eine depressive Mimik und Gestik ohne Lächeln, Plappern, erwartungsvollem Anschauen, wenn sie unpersönlich von wechselnden Personen minimal versorgt werden.

Trennung von der vertrauten versorgenden Person ist die häufigste Ursache für Säuglingsdepressionen. Es wurde bereits erläutert, wie sehr allein das körperliche Funktionieren des Säuglings davon abhängt, daß die vertrauten Person „den Takt" angibt. Die deutsche Sprache benutzt sehr richtig das Wort „Stillen" für das Nähren mit der Brust. Dieses Stillen stillt nicht nur den Hunger, sondern die Wärme und der vertraute Geruch der Haut, der Rhythmus der Bewegung der Mutter, die warme Milch im Magen und der Halt in den Armen sind alle zusammen die besten beruhigenden Mechanismen, die es für einen Säugling gibt.

Säuglingsdepression kann allerdings auch ohne Trennung von der Mutter entstehen. Sechs Monate alte Säuglinge von depressiven Müttern, so beobachtete die Säuglingsforscherin Tiffany Field (1987), sind weniger expressiv als Säuglinge von intuitiv „richtig" reagierenden Müttern. Ihr Desinteresse an sozialer Kommunikation steckte sogar uninformierte Interaktionspartnerinnen an, die dann ihrerseits weniger differenziert mit dem Säugling kommunizierten. Ein Säugling lernt zum Glück nicht nur aus dem Zusammenwirken mit der Mutter die Effektivität seiner Kommunikation, sondern auch von anderen betreuenden Personen. Depression beim Säugling kann leicht z. B. durch einen liebevoll fürsorgenden Vater oder andere Person behoben werden.

In den Untersuchungen in England von Lynne Murray (1992) zu den Auswirkungen postnataler Depression bei Müttern auf die Entwicklung der Kinder fand sich hinsichtlich der Bindungsentwicklung einen sehr hohen Prozentsatz unsicherer Bindungen. Als Konsequenz müßte man einer Mutter mit einer postnatalen Depression helfen, für ihren Säugling einen freundlichen, liebevollen Interaktionspartner zu finden. Beiden wäre damit geholfen, der Säugling erlebt die erwartete Resonanz im Gegenüber, und die Mutter erlebt Beistand bei ihrer Aufgabe.

Andere trennungsähnliche Bedingungen sind plötzliche Vernachlässigung z. B. durch Krankheit, Alkohol/Drogenkonsum, das Ende oder der Beginn einer Partnerschaft oder eine neue Schwangerschaft. Unter all diesen Umständen ist es wichtig, daß das Kind wenigstens eine zweite Bindung, vor allem zum Vater, aufbaut, der zur Sicherheitsbasis und zum liebevollem sozialen Partner wird. Das Verständnis dafür beginnt zum Glück auch in der Arbeitswelt zu wachsen. Auch Großmütter, Nachbarinnen, Babysitter oder Teilnehmerinnen von Mütterkreisen kann man vielfach gewinnen. Besonders isolierte, überforderte, allein erziehende Mütter gewinnen für sich und ihr Baby durch einen solchen Beistand. Man braucht einem Kind auch seine drogenabhängige Mutter nicht wegzunehmen, wenn die Mutter eingebunden werden kann in eine Beziehung, in eine Freundschaft, in der das Kind die Chance hat, mit dieser anderen Person eine Bindung aufzubauen.

Für diejenigen, die Angst haben, daß vielleicht eine gleichgeschlechtliche Partnerschaft eines Elternteils schädigend für ein Kind sein könnte, gibt es bereits etliche Forschungsergebnisse über die Persönlichkeitsentwicklung von Kindern aus lesbischen Partnerschaften. Über den Einfluß von homosexuellen Männerpaaren auf die Entwicklung von Kindern ist dagegen bislang so gut wie nichts bekannt. Es gibt wohl zu wenige Männerpaare, die Kinder großziehen. Die Befunde zu lesbischen Frauenpaaren als Eltern von Kindern sind jüngst von Charlotte Patterson (1995) zusammengestellt wurden. Als Vergeichsgruppen dienten meistens Kinder geschiedener Eltern oder Adoptivkinder, da bei gleichgeschlechtlichen Paaren mindestens ein Erwachsener nicht mit dem Kind biologisch verwandt ist. Es muß allerdings berücksichtigt werden, daß lesbische Frauen, die Kinder groß ziehen, und die bereit sind, an langfristigen Untersuchungen teilzunehmen, besser gebildet sind, ein höheres Einkommen haben, in besserer Nachbarschaft leben und kulturell aufgeschlossener sind als der Durchschnitt der geschiedenen Frauen mit Kindern.

Die Untersuchungen wurden auch zum großen Teil an Kindern im Schulalter durchgeführt, da es in vielen Fällen um Sorgerechtsentscheidungen ging.

Die Forschungsergebnisse aus England und den USA konnten bis jetzt keine negativen Folgen für die Kinder nachweisen. Kinder, die mit lesbischen Müttern leben, zeigten keine andere Persönlichkeitsentwicklung als Kinder aus geschiedenen Ehen. In ihrer Geschlechtsentwicklung und sexuellen Orientierung neigten sie auch nicht häufiger zur gleichgeschlechtlichen Liebe als die Vergleichsgruppe. Ihre Intelligenzentwicklung war vergleichbar, ihre sozialen Beziehungen zu anderen Kindern und Erwachsenen waren normal, und mehr von ihnen hatten häufigere Besuchskontakte mit ihren Vätern als Kinder aus geschiedenen heterosexuellen Ehen. Sie waren natürlich aufgeklärter besonders über das Thema sexuelle Andersartigkeit. Das Fazit des jüngsten Überblicks über dieses Thema ist, daß die seelische Gesundheit der Mutter und ein unterstützendes Umfeld wichtiger waren für die Persönlichkeitsentwicklung des Kindes als die sexuelle Orientierung der Mutter.

Eine kindliche Verhaltensauffälligkeit, die ein häufiger Vorstellungsgrund in Familienberatungsstellen ist, ist aggressives, widerborstiges Verhalten aus Eifersucht. Eifersucht als Gefühl ist untrennbarer Teil einer Liebe, sei es zwischen Eltern und Kind, sei es zwischen Erwachsenen. Keine Eifersucht zu fühlen wäre gleichbedeutend mit einer Beliebigkeit dieser Beziehung, in der es dem einen Partner egal ist, wem der andere seine Zuwendung gibt. Eifersucht ist dagegen ein Zeichen, daß man um die Liebe, Aufmerksamkeit und Zuwendung des anderen kämpft, daß man Angst hat, die Liebe des Bindungspartners zu verlieren. Das eifersüchtige Kind möchte z. B. das Geschwister, den Rivalen um die Liebe der Mutter, vertreiben oder zunichte machen. Es will die Mutter bestrafen, wenn sie ihre Zuwendung dem Geschwister gibt, und es denkt sich besonders auf die Mutter gerichtete gute oder böse Taten aus, um die Mutter wieder auf sich aufmerksam zu machen. Wenn Eltern oder Liebespartner dieses oft aggressive Verhalten als Kampf um die bedrohte Liebe interpretieren, wird viel Konflikt und Gegenaggression vermieden. Diese Interpretation führt auch zu anderen Interventionen, nämlich Versichern der Liebe, anstatt das aggressive Verhalten durch Strafe unterbinden zu wollen. Strafen würden ein Kind nur darin bestärken, daß es von der Mutter nun nicht mehr geliebt wird. Wirkungsvoller ist es, die Angst des Kindes um den Verlust der Zuneigung der Mutter anzuerkennen, ihm aber auch zuzutrauen – aus Liebe zur Mutter – sich so zu beherrschen, daß er seine kämpferischen Gefühle nicht in Taten umsetzt.

Aggressive, laute, rüpelhafte Buben (Machos) und brave, schüchterne, rückzugsbereite Mädchen (Püppchen) fallen schon im Kindergarten auf. Eine Untersuchung in England von Patricia Turner (1991) konnte die Ge-

gensätzlichkeit zwischen Bindungssicherheit und übertrieben typisch männlichem und weiblichem Verhalten zeigen. Psychisch sichere Kinder, die einen guten Rückhalt in ihrer Familie hatten, waren kooperativ, hatten gute Spielideen, hatten Freunde und waren selbstbewußt aber nicht aggressiv in Konflikten. Darin waren sich bindungssichere Buben und Mädchen sehr ähnlich. Die Mädchen waren also überdurchschnittlich selbstbewußt und initiativ, und die Buben waren überdurchschnittlich kooperativ und einwilligungsbereit. Bindungsunsichere Buben dagegen agierten eher wie Machos und waren den Kindergärtnerinnen wegen ihrer Unkooperativität und herumkommandierenden, aggressiven Art unsympathisch. Bindungsunsichere Mädchen verhielten sich eher im Sinne des braven Püppchens ohne Protest, aber auch ohne eigene Ideen zu verwirklichen, was allerdings den Kindergärtnerinnen lieb im Sinne von bequem war. Es scheint, daß geschlechtsrollentypisches Verhalten um so mehr angenommen wird, je unsicherer sich das Kind seines eigenen Wertes ist. Das Selbstwertgefühl seinerseits entsteht zunächst in der Anerkennung durch seine Familie.

Angst um die Bindung und den Bindungspartner ist ebenfalls ein untrennbarer Bestandteil einer Bindungsbeziehung. Übermäßige Ängstlichkeit, aus dem Haus zu gehen, wie es manchmal im Rahmen von Schulangst bei Kindern vorkommt, kann auch ihre Ursache in Trennungsangst haben. Streitende Eltern, sehr kranke Familienmitglieder, beobachtete Selbstmordversuche können leicht im Kind die Angst wecken, daß ein Elternteil verschwindet, wenn das Kind aus dem Haus ist. Also möchte das Kind zu Hause bleiben, um eine endgültige Trennung zu verhindern.

## Gewalt in der Familie als übersteigerte Angstbindung

In diesem Abschnitt geht es nur um Gewalt zwischen zwei aneinander gebundene Personen innerhalb der Familie. Bowlby (1995a) hat diesem Thema ein ausführliches Kapitel (1995b) gewidmet. Es geht hier nicht um Gewalt gegen neu hinzugekommene Adoptiv-, Stief- und Pflegekinder oder Mitglieder der Schwiegerfamilie. Gewalttätige Beziehungen unter nicht verwandten Familienmitgliedern sind meist auf Grund ihrer Kurzfristigkeit keine Bindungsbeziehungen. Sie unterliegen eher dem Prinzip der Förderung der eigenen genetischen Nachkommen auf Kosten der genetisch fremden Personen, ein Gebiet, das von der Soziobiologie erforscht wird.

Bindungspartner, die aneinander hängen und die sich umeinander sorgen, fühlen häufig den Zwiespalt zwischen Angst und Ärger auf der einen Seite und der Liebe und Sorge auf der anderen. Der Wunsch, daß dem Anderen nichts Schlimmes geschehen solle oder daß man die Liebe des Anderen nicht verlieren will, aktiviert alle verfügbaren sozialen Verhaltensweisen vom Bitten über Drohen bis zur Aggression. Eifersucht z. B. gegenüber einem Geschwister, aber auch unter Liebes- und Ehepaaren bis ins hohe Alter hinein, wurde aus der Sicht der Bindungstheorie bereits erläutert. Allerdings kann ein Kind nur in einer liebevollen Beziehung lernen, seine Eifersucht zu beherrschen. Eltern können alle ihre Kinder lieben und möchten ihnen meistens gleich viel Zuwendung geben. Jedes einzelne Kind möchte aber, aus gesundem Egoismus, am liebsten die Liebe und Zuwendung der Eltern ganz für sich selbst haben. Nur in einer liebevollen Beziehung kann es jedoch lernen, daß sich Liebe durch Geben vermehrt, weil man meistens Liebe zurückbekommt. Das kann aber das kleine Kind nicht verstehen, also braucht es verständnisvolle Eltern, die ihm dieses Prinzip vorleben.

Die Kampfbereitschaft kann aber gesteigert oder gar übertrieben werden, wenn das Kind oder der Partner etwas Gefährliches tut und dadurch die Bindung gefährdet. Wenn Eltern z. B. ihren Kindern verbieten, per Autostop zu reisen, oder die Ehefrau ihrem Mann das Paragliding auszureden versucht, dann wird die Sorge um das Leben des anderen meist erkannt. Weniger deutlich ist die Eifersucht von Eltern, wenn sie ihren Kindern abraten, in einer fremden Stadt zu studieren oder den Liebespartner des Kindes abwerten.

Angst, Ärger und Eifersucht um den geliebten Anderen sind im normalem Rahmen ursprünglich sehr nützlich und haben eine schützende Funktion. Angst um jemanden erhöht die Aufmerksamkeit und tätige Schutzbereitschaft für ihn. Auch Ärger ist zunächst nützlich, denn indem man den anderen dafür bestraft, daß er sich in Gefahr begibt, oder daß er seine Zuwendung jemandem anderen gibt, kämpft man um den Erhalt der Bindungsbeziehung. Angst und Ärger können auch dazu dienen, dem anderen den Wert zu zeigen, den er für seinen Partner hat.

Wenn aber Angst und Ärger z. B. durch Zurückweisungen – auch wenn sie nur subjektiv als solche empfunden werden –, zu häufige Androhungen von Trennung oder wirklichem Verlust allzu häufig ausgelöst werden, dann wird die Schwelle für kämpferische Auseinandersetzungen um die Bindungsbeziehung immer niedriger. Es kommt zu tätlichen Angriffen zwischen Ehepartnern und zu Kindesmißhandlung. Bindungstheoretisch ist die Mordstatistik der Stadt Detroit aus dem Jahre 1972 nicht verwunderlich, die zeigt, daß ein Viertel aller Morde unter verwandten Personen begangen werden. Ein weiteres Viertel unter „Freunden", zu denen auch Liebespaare gerechnet werden.

Typisch für Gewalt in der Familie sind unangemessene aggressive Ausbrüche aus nichtigem Anlaß. Befragt man mißhandelnde Mütter, warum sie ihr Kind verprügelt haben, bekommt man nicht selten so unsinnige Antworten wie *weil die Waschmaschine nicht ging, oder weil sie so dumm lachte.* Dies verdeutlicht die allzu hohe Bereitschaft, auf jede kleine Frustration mit Aggression zu reagieren. Diese Mütter interpretieren zu viele Ereignisse, besonders viele Verhaltensweisen einer gesunden Selbstbehauptung des Kindes, als Zurückweisung ihrer Kompetenz oder Würde. Man findet zuweilen ein paradoxes Phänomen bei Müttern, die zu Mißhandlung neigen. Die Mütter sagen, sie werden das Kind so lange schlagen, bis das Kind lieb ist. Die Mutter, die oft selbst viel Zurückweisung als Kind erfahren hat, braucht jemanden, der lieb und fürsorglich zu ihr ist. Ein durchschnittlich eigensinniges Kind wird als nicht liebevoll genug empfunden, also wird es dafür bestraft. Kindesmißhandlung muß nicht immer physisch sein, auch verbale verletzende Beschimpfungen sind Mißhandlungen, allerdings psychischer Natur, so daß sie ein Arzt nicht so leicht diagnostizieren kann.

Darunter liegt aus der Sicht der Bindungstheorie eine extrem intensive Angstbindung, eine krankhaft übersteigerte Angst- und Kampfbereitschaft um den anderen. Eine Angstbindung weist auf ein sehr niedriges Selbstwertgefühl hin. Die Person hält sich nicht für liebenswert genug, als daß der Partner freiwillig bliebe. Also wird versucht, den anderen mit Gewalt zu zwingen, in der Verbindung zu bleiben. Das Gefühl der Wertlosigkeit verleitet nicht selten mißhandelte Frauen dazu, in einer gewalttätigen Beziehung zu bleiben. Sie haben Angst vor einer Trennung, da sie auf keine andere Bindung hoffen können, d. h. sie bleiben lieber in einer schlechten Beziehung als in gar keiner. Das Selbstwertgefühl entsteht aber überwiegend in der Kindheit, zum großen Teil aus der Anerkennung durch die eigenen Eltern. In der Kindheitsgeschichte von Mißhandelnden oder ihren Beziehungsopfern finden sich häufig seelisch pathogene Erlebnisse, wie sie bereits beschrieben wurden. Es wurde zu häufig und immer wieder gedroht, das Kind zu verlassen, so daß sein Angstpegel ständig erhöht war. Wenn es dann keine andere vertraute Person gab, die das Kind geschützt hätte, der gegenüber sich das Kind sein Leid von der Seele reden hätte reden können, dann bleibt ihm nichts, als das Urteil seiner Eltern über es als Nichtsnutz, schlechtes Kind, oder Belastung anzunehmen.

Ein solcher Teufelskreis in der Weitergabe von Mißhandlung an die eigenen Kinder ist nicht zwangsläufig. Es ist sehr wichtig zu erforschen, unter welchen Umständen Eltern ihre eigene Mißhandlung nicht weitergegeben. Die Forschung der Arbeitsgruppe um Byron Egeland (Egeland et al. 1988) weist auf die große Bedeutung anderer schützender Bezugspersonen für das Kind hin. Für die mißhandelten Mütter, die ihr Kind hinreichend liebevoll versorgten und nicht ihrerseits mißhandelten, waren es eine Nachbarin, die Großeltern oder andere Verwandte, die der Mutter als Kind so gut es ging beistanden. Durch diesen Beistand entwickelte das geschlagene Kind trotz allem ein wenig das Gefühl, doch liebenswert zu sein. Nach der Kindheit halfen den Müttern entweder ein Therapeut, der Ehemann – wenn sie einen guten Ehemann gefunden hatten – oder eine Freundin. Der Beistand war besonders für die Erkenntnis wichtig, daß kein Kind es verdient, schlecht behandelt zu werden, sondern einen – biologisch verankerten – Anspruch auf Liebe und Fürsorge hat. Der Beistand, die Liebe des Mannes oder die Freundschaft vermittelte den Müttern die Erfahrung, für jemanden liebenswert zu sein. Die Einsicht in das Unrecht, das ihnen als Kind zugefügt worden ist, und die Erinnerung an die zu Unrecht erlittenen Schmerzen führten dazu, daß sie ihr Kind liebevoller behandeln als sie selbst behandelt worden waren. Die Mütter dagegen, die ihr Kind wiederum sehr abwertend oder aggressive behandelten, hatten keine der schützenden, wertvollen Beziehungen erlebt und keine Einsicht in das vergangene Geschehen.

Eine zweite Entwicklung macht die Weitergabe von Mißhandlung an die eigenen Kinder wahrscheinlicher. Das geschlagene, abgelehnte Kind wird sehr schnell mißtrauisch und aggressiv wegen seiner geringen Frustrationstoleranz. Diese Kinder sind dadurch im Kindergarten und in der Schule weniger beliebt. Sie konnten zu Hause nicht lernen, wertschätzend miteinander umzugehen. Sie sind weniger kooperativ und sozial verbindlich, und unterstellen anderen sehr oft eine feindliche Absicht, gegen die sie sich präventiv aggressiv wehren. Auf diese Weise gewinnen sie weniger Freunde, außer vielleicht Mitstreiter im Rahmen von Kampfgruppen. Keinen wirklichen Freund zu haben bedeutet aber auch, einander seine Sorgen nicht mitzuteilen, nicht miteinander zu verhandeln und Kompromisse zu finden oder zu erfahren, daß Freundschaft etwas Wertvolles ist. Durch ihre mangelnden sozialen Fähigkeiten kommen diese Kinder mehr in die Isolation, in der sie wiederum keine sozialen Fähigkeiten lernen können. Trotzdem haben sie ein großes Anlehnungsbedürfnis. Wie die Studien des Ehepaares Beverley und Robert Cairns (1994) zeigen, schließen sich die sozial und intellektuell inkompetenten Jugendlichen in der Schule Banden oder vielleicht Sekten an, in denen ihr Anlehnungsbedürfnis zwar befriedigt wird – sie gehören dazu –, aber der Preis ist meist hoch. Diese Gruppen nützen den Wunsch nach Zugehörigkeit der verunsicherten und sozial inkompetenten Jugendlichen meist schamlos aus und erpressen hohe finanzielle Zuwendungen oder deliquente Aktivitäten. Schutz gegen eine solche Entwicklung bietet nur eine wertschätzende und liebevolle Beziehung im engen Umfeld des Kindes.

Kehren wir zurück zum Teufelskeis, den Mißhandlung auslöst. Aggressionen von einer Bindungsperson bringen das Bindungsverhaltenssystem des Kindes oder des Bindungspartners in eine unauflösliche „Zwickmühle". Wenn das Bindungssystem aktiviert ist, z. B. durch Angst vor einem Angriff, will das

Kind zum Schutz zur Bindungsperson flüchten, um dort Entspannung und Ruhe zu finden. Wenn aber die Aggression von der Bindungsperson ausgeht, indem sie das Kind physisch oder verbal zurückstößt, steigert dies den Angstpegel des Kindes noch weiter, oft bis an die Grenze des Erträglichen. Es kann aber nicht fliehen, denn sein aktiviertes Bindungssystem gebietet ihm, noch intensiver zur Bindungsperson zu wollen. So gerät das Kind in einen unlösbaren Konflikt. Es hat einerseits Angst vor der Aggression, will aber gleichzeitig intuitiv zur Bindungsperson. Als Konsequenz werden viele Kinder allzu brav, allzu vigilant und wollen stets in der Nähe der Bindungsperson bleiben, um gefährliche Stimmungswechsel oder das Fortgehen der Bindungsperson sofort zu bemerken. Dieses Verhaltensmuster kennzeichnet eine Angstbindung. Die Kinder zeigen, oft trotz Mißhandlungserfahrung, starkes Bindungsverhalten. Vielfach wurde nicht verstanden, warum mißhandelte Kinder immer wieder vehement zurück wollen zu ihren Eltern und sogar stärker als Kinder mit einer sicheren Bindung unter einer Trennung leiden. Ein sicheres Kind hat gute Erfahrungen mit kurzfristigen Trennungen, ein abgelehntes Kind hat berechtigte Angst, für immer getrennt zu werden. Ihr Bindungsverhalten ist chronisch aktiviert und läßt ihnen keine Wahl als zu der Bindungsperson zu wollen. Als Ausweg gibt es für ein mißhandeltes Kind nur eine andere Bindungsperson, zu der es flüchten kann. Kinder können sich aus eigener Kraft nicht aus diesem Teufelskreis befreien.

Man darf die Menge und Stärke des Bindungsverhaltens nicht gleichsetzen mit der psychischen Sicherheit einer Bindungsbeziehung. Dies führte zu dem falschen Schluß, daß ein Kind, das viel Bindungsverhalten in einer vertrauten, ungefährlichen Situation zeigt, stärker gebunden wäre als ein Kind, das in einer solchen Situation frei spielen kann. Unter nicht bedrohlichen Umständen zeigt ein sicher gebundenes Kind keine Bindungsverhaltensweisen. Es vertraut auf den Schutz seiner Bindungsperson und fühlt sich dadurch sicher. Das psychisch sichere Kind kann mit einer fremden aber freundlichen Person interagieren, wenn die Mutter dabei ist und traut sich vieles zu. Da die Bindungsperson anwesend ist, und es keine Bedrohung in der Umwelt gibt, ist das Bindungssystem des Kindes nicht aktiv. Statt dessen wird seine Neugier und sein Wissensdurst, d. h. sein Explorationssystem aktiv sein. Wenn also gesteigertes Bindungsverhalten in ungefährlichen Situationen auftritt, spricht man von Angstbindung, weil offenbar eine ständige Angst besteht, verlassen zu werden.

## Das Dilemma der Scheidungskinder: Sie haben Bindungen an beide Eltern

Länger andauernde Scheidungsfolgen für Eltern und Kinder sind Thema eines sehr anschaulich geschriebenen, wissenschaftlich fundierten Buches von Judith Wallerstein und Sandra Blakeslee (1989). Die Forscherin Judith Wallerstein begleitete die Geschiedenen und ihre Kinder bis zu 20 Jahren nach der Scheidung. Sie beschreibt für die damals geltenden Verhältnisse in den USA, unter welchen Umständen die Mütter, Väter und Kinder langfristig durch die Trennung der Ehe gewonnen haben, aber auch, was sie zu Verlierern machte.

Die in dem Buch enthaltenen Hinweise auf die Bindungsproblematik der Kinder – obwohl das Buch das Thema Bindungen der Kinder nicht speziell behandelt – zeigen deutlich: Kinder empfinden ihre **beiden** Eltern, ihre ganze Familie als ihre Wurzel, ihren Lebensnerv. Für sie bedeutet Scheidung, daß sie einen Teil ihrer Wurzeln verlieren und einen Teil ihrer Lebenskraft. Natürlich möchten sie auch, daß das Streiten ihrer Eltern aufhört, aber am liebsten auf eine Weise, daß die Eltern zusammen bleiben. Kinder fürchten um einen Teil ihrer Wurzel, und trauern bei Scheidung um den Verlust eines Elternteils ohne Rücksicht auf die Qualität ihrer Beziehung. Das soll nicht heißen, daß Kinder nicht unter einer schlechten Beziehung leiden, sondern nur, daß sie sich sehnlichst wünschen und die Hoffnung nicht aufgeben, ihre Eltern würden sich ändern und liebevoll zueinander und zu ihnen sein.

Kinder entwickeln auch an einen mißhandelnden, vernachlässigenden Elternteil eine Bindung, wenn sie nur regelmäßig von ihm versorgt werden. Das liegt in ihrem Verhaltensprogramm. Aber bei aggressiver Versorgung entwickelt sich eine unsichere Angstbindung. Das Argument, es sei besser, ein Kind aus einer gewalttätigen Beziehung zu lösen, als es darin zu belassen, ist zwar richtig, aber es erfaßt nur das halbe Verhaltensystem des Kindes. Das gebundene Kind leidet zunächst auch unter einer solchen Trennung, und kämpft mit den Mitteln, die ihm zur Verfügung stehen, um den Erhalt dieser Bindung. Die nachfolgende Trauer über den Verlust birgt jedoch letztlich die Chance einer neuen Bindungsentwicklung mit einer neuen Person, wie oben geschildert, wenn sich eine liebevolle Person um das traurige Kind kümmert. Die Trauer um einen mißhandelnden Elternteil ist darum nützlich und sollte zugelassen werden. Später kann man dem Kind erklären, daß der mißhandelnde Elternteil wahrscheinlich selbst nie lernen konnte, liebevoll mit einem Kind umzugehen. Damit könnte Einsicht und Verzeihen eingeleitet werden, was für das Selbstwertgefühl des Kindes wichtig ist.

Es gibt keine einfache Lösung für dieses Problem. Gutachter für Scheidungsfragen würden gern die Bindungsqualitäten des Kindes zu beiden Eltern zu messen, um darauf eine Sorgerechtsentscheidung zu gründen. Das Dilemma aus der Sicht der Bindungstheorie ist aber folgendes: Ein Kind mit einer schlechten Beziehung z. B. zur Mutter hat berechtigte und intensive Angst, von ihr verlassen zu werden. In ihrem Verhalten spürt es oft genug Zurückweisung. Das Urteil, der Mutter das Sorgerecht zu entziehen, bedeutet für das Kind, daß es mit seiner Vermutung und Angst recht hatte. Die Angst vor dem Verlassenwerden würde so auch noch von außen geschürt, es sei denn, das Kind ist verständig genug, um die Zusammenhänge zu erkennen. Natürlich muß das Sorgerecht im Zweifelsfall – zum Wohle des Kindes – dem Elternteil mit einer liebevolleren Beziehung zu Kinde zugesprochen werden, aber die Trauer des Kindes um den verlorenen Elternteil darf nicht ignoriert oder gar bestraft werden. Da sich Kinder schnell entwickeln und verständiger werden, könnte man auch zeitweilige Lösungen anstreben, die nach wenigen Jahren überprüft werden sollten.

Für jüngere Kinder kann die Scheidung einer schlechten Ehe oder die Trennung von einem lieblosen Elternteil eine große Chance sein. Jörg Maywald (1997) hat diese Chancen für Kinder im Rahmen der Jugendhilfe ausführlich dargestellt. Wenn nach einer Scheidung Mutter oder Vater einen unterstützenden neuen Lebenspartner finden und dieses neue Familienmitglied sich liebevoll um das junge Kind kümmert, kann eine neue sichere Bindung entstehen. Es würde dem Kind helfen, wenn es um die verlorene Bindungsperson trauern darf, liebevolle Erinnerungsstücke behalten darf, und man nichts Schlechtes über die Bindungsperson des Kindes sagt. Immerhin hat das Kind tiefe Gefühle für beide Eltern. Wenn einer als schlechter Mensch dargestellt wird, dann empfindet sich das Kind ebenfalls als schlecht.

Kinder bewerten es zunächst als Ablehnung ihrer Person, wenn sie ein Elternteil verläßt. Ihr Bindungssystem ist aktiv, sie fühlen Wut und Ärger und möchten um den Erhalt der Bindung kämpfen. Ihrer Mutter oder ihrem Vater gegenüber dürfen sie aber ihre Wut nicht zeigen, denn dann wären sie „böse" und würden noch mehr Zurückweisung riskieren, d. h. sie befürchten, auch noch für den Kampf um die Liebe bestraft zu werden und die Zurückweisung selbst zu verschulden. Sie verhalten sich also eher fürsorglich, sind lieb, wollen die Eltern nicht verärgern und hoffen auf Versöhnung. Kinder können aber die Trennungsentscheidung ihrer Eltern kaum beeinflussen. So wird ihre Wut mit Ohnmacht gekoppelt, und sie entwickeln eine Art Fatalismus hinsichtlich der Haltbarkeit von engen Beziehungen. Wallerstein beschreibt diese Haltung bei Töchtern von geschiedenen Eltern. Einige bemühen sich kaum, eine Beziehung zu halten und geben bei Schwierigkeiten schnell auf. Andere haben so hohe Ansprüche an den Partner, daß dieser die Erwartungen kaum erfüllen kann. Mit beiden Einstellungen kommt es häufiger zu Scheidungen bei erwachsenen Kindern von geschiedenen Eltern als bei Kindern von zusammen gebliebenen Eltern. Das gilt sowohl für die USA als auch für Deutschland, wie Andreas Diekmann und Henriette Engelhardt eindrucksvoll belegen konnten (1999).

Für die Kinder kommt als Belastung hinzu, daß keiner gern mit streitenden Paaren zusammen ist. Also ziehen sich Freunde der Familie und Verwandte zurück, und die Kinder finden kaum einen Erwachsenen, mit dem sie über ihre Gefühle und Interpretationen der Sachlage sprechen könnten. Ihre Interpretation der Zurückweisung könnte zwar falsch sein, aber ohne Gespräche mit den Eltern selbst oder mit vertrauten anderen Erwachsenen können sie nur nach ihrem Gefühl urteilen. Nicht nur aus diesem Grund sind Kindergruppen für Scheidungskinder so hilfreich. Die Kinder lernen andere Kinder kennen, denen dasselbe passierte, und sie dürfen ungestraft ihren Ärger, ihre Enttäuschung, ihre Aggressionen und ihr Trennungsleid verständnisvollen Erwachsenen mitteilen. Manche Scheidungs-Mediationsstellen bieten heutzutage beratende Gruppen für Scheidungskinder an.

Eltern verkennen leicht den Unterschied zwischen ihrem neuen Glück und dem Glück der Kinder. Sie sind der Meinung, wenn sie glücklich sind mit ihrem neuen Partner, dann ginge es ihrem Kind auch gut. Das Glück der Eltern ist aber nur dann auch das Glück der Kinder, wenn beide Eltern auch die Bindungspersonen des Kindes sind, nicht aber unbedingt, wenn ein Fremder in die Familie kam. Ältere Kinder suchen keine neue Bindungsperson, besonders Mädchen nicht im neuen Freund der Mutter. Neue Partner ihrer Eltern können bestenfalls Freunde oder Mentoren werden, aber die verloren gegangene Bindung können sie nicht ersetzen.

Eine Bindung trotz häufiger Trennungen und selten empfangener Zuwendung und Fürsorge aufrecht zu erhalten, ist für Kinder schwierig. Je kleiner sie sind und je weniger Vorstellungen sie sich von Zeit und Raum machen können, um so häufiger brauchen sie einen wirklichen Austausch von Bindungs- und Fürsorgeverhalten. Das heute mögliche gemeinsame Sorgerecht mit abwechselndem Aufenthalt bei den Eltern hat allerdings auch seine Tücken. Einerseits setzt es Einigkeit unter den geschiedenen Eltern in allem, was das Kind betrifft, voraus, andererseits muß das Kind sich an zwei Umwelten anpassen. Das gelingt nicht so häufig wie die Erwachsenen es sich wünschen.

Die neueren Untersuchungen von Judith Solomon und Carol George (1999b) in den USA beobachteten die Bindungsentwicklung von Säuglingen und Kleinkindern bis zu 2 Jahren, deren Eltern das gemeinsame Sorgerecht hatten. Die Kleinkinder wohnten eine Woche beim Vater und eine Woche bei der Mutter. Es stellte sich heraus, daß diese Regelung die meisten Kleinkinder sehr verunsicherte. Ein hoher Prozentsatz dieser Kinder war desorientiert, als ob sie nicht mehr wüßten, wer ihre Bindungsperson war und was sie tun mußten, um zu ihnen zu gelangen. Sie machten ja ständig die Erfahrung, mal den einen, mal den anderen zu verlieren, ohne einen Einfluß darauf zu haben. Beschränkte sich der Aufenthalt bei einem der Eltern aber nur auf den Tag, ohne dort zu schlafen, dann waren die Kleinkinder nicht verunsichert. Das ähnelte dann eher einer Tagesbetreuung durch ihre Bindungsperson.

Die Bindungstheorie in all ihren Facetten konnte und sollte hier nicht dargestellt werden. Sie kann bei Bowlby (1952, 1960, 1975, 1976, 1979, 1983, 1991, 1995 a/b/c) und in vielen neuen Schriften der Bindungsforscher nachgelesen werden, z. B. im zusammenfassenden Werk von Cassidy/Shaver (1999). Hier ging es vielmehr darum, die Bindungstheorie als sehr praktisch für Anwendungen in allen Bereichen der psycho-sozialen Gesundheit darzustellen. Dies ist auch das Anliegen der Überblickswerke von Solomon/George (1999a), von Spangler/Zimmermann (1995) und von Süß/Pfeiffer (1999). Wenn ein Mensch, gleich welchen Alters, seinen Anforderungen nicht allein gewachsen ist, empfindet er dies als Belastung. Dies aktiviert sein Bindungssystem und erweckt den Wunsch nach Hilfe. Wenn er sich dann an andere um Unterstützung wenden kann, und er diese auch annehmen kann, lassen sich meist die Probleme bewältigen. Für die Bindungstheorie ist diese Strategie ein Beleg für psychische Sicherheit.

Die Bindungstheorie erhebt nicht den Anspruch, allein gültig zu sein für alle psychischen Probleme. Die Ausführungen sollen aber dazu dienen, die Perspektive des menschlichen Wunsches nach Bindung mit zu berücksichtigen, wenn Eltern, Berater, Therapeuten und Ärzte belasteten Menschen helfen wollen.

## Literatur

Als, H. (1986): A synactive model of neonatal behavioral organization: Framework for the assessment and support of the neuro-behavioral development of the premature infant and his parents in the environment of the neonatal intensive care unit. In: Sweeney, J. K. (Ed.): The high risk neonate developmental therapy perspectives. Physical and occupational therapy in pediatrics, 6 (3/4), 3–55

Bowlby, J., Robertson, J., Rosenbluth, D. (1952): A two-year-old goes to hospital. Psychoanalytic Study of the Child 7, 82–92

– (1960): Grief and mourning in infancy and early childhood. Psychoanalytic Study of the Child 15, 9–52

– (1975): Bindung. Kindler, München (Orig.: Attachment, 1969)

– (1976): Trennung. Kindler, München (Orig.: Separation, 1973)

- (1979): The making and breaking of affectional bonds. Tavistock Publications, London (dt. 1982: Das Glück und die Trauer. Klett-Cotta, Stuttgart)
- (1983): Verlust. Kindler, München (Orig.: Loss, 1980)
- (1991): Postscript. In: Parkes, C. M., Stevenson-Hinde, J., Marris, P. (Eds.): Attachment across the life cycle, 293–297. Routledge, New York
- (1995a): Elternbindung und Persönlichkeitsentwicklung. Dexter, Heidelberg
- (1995b): Gewalt in der Familie. In: Bowlby 1995a, 77–94
- (1995c): Bindung: Historische Wurzeln, theoretische Konzepte und klinische Relevanz. In: Spangler/Zimmermann, 17–26

Brisch, K. H. (1999): Bindungsstörungen. Von der Bindungstheorie zur Therapie. Klett-Cotta, Stuttgart

Cairns, R. B., Cairns, B. D. (1994): Life lines and risks. Pathways of youth in our time. Cambridge University Press, Cambridge

Cassidy, J., Shaver, P.R. (Eds.) (1999): Handbook of Attachment: Theory, Research, and Clinical Applications. Guilford Press, New York

Diekmann, A., Engelhardt, H. (1999): The social inheritance of divorce: Effects of parent`s family type in postwar Germany. American Sociological Review 64, 783–793

Egeland, B., Jacobvitz, D., Sroufe, L. A. (1988): Breaking the cycle of abuse. Child Development 59 (4), 1080–1088

Field, T. (1987): Affective and interactive disturbances in infants. In: Osofsky, J. D. (Ed.): Handbook of infant development, 972–1005. Wiley, New York

Grossmann, K. (1999): Merkmale einer guten Gruppenbetreuung für Kinder unter drei Jahren im Sinne der Bindungstheorie und ihre Anwendung auf berufsbegleitende Supervision. In: Deutscher Familienverband (Hrsg.): Handbuch Elternbildung. Band 2: Wissenswertes im zweiten bis vierten Lebensjahr des Kindes, 165–184. Leske & Budrich, Opladen

–, Grossmann, K. E. (1998): Bindungstheoretische Überlegungen zur Krippenbetreuung. In: Ahnert, L. (Hrsg.): Tagesbetreuung für Kinder unter 3 Jahren – Theorien und Tatsachen, 69–81. Huber, Bern

Harlow, H (1959): Film: Nature and development of affection. Institut für den wissenschaftlichen Film, Göttingen

Hofer, M. (1994): Hidden regulators in attachment, separation and loss. In: Fox, N. A. (Ed.): The development of emotion regulation: Biological and behavioral considerations. Monographs of the Society for Research in Child Development, Serial No. 240, Vol. 59, Nos. 2-3, p. 192–207

Kraemer, G. W. (1992) A psychological theory of attachment. Behavioral and Brain Sciences 15, 493–541

Maywald, J. (1997) Zwischen Trauma und Chance. Trennungen von Kindern im Familienkonflikt. Lambertus, Freiburg

Murray, L. (1992): The impact of postnatal depression of infant development. Journal of Child Psychology and Psychiatry 33, 543–561

Panksepp, J., Sivey, S. M., Normansell, L. A. (1985): Brain opioids and social emotions. In: Reite/Field, 3–49

Patterson, Ch. J. (1995): Lesbian and gay parenthood. In: Bornstein, M. (Ed.): Handbook of Parenting. Vol. 3, 255–274. Erlbaum, Mahwah, NJ

Polan, H. J., Hofer, M. A. (1999): Psychobiological origins of infant attachment and separation responses. In: Cassidy/Shaver, 162–180

Reite, M., Field, T. (Eds.) (1985): The psychobiology of attachment and separation. Academic Press, New York

Robertson, J. (1967 bis 1971): Filmisches Gesamtwerk: Young children in brief separations. Herst. Tavistock Child Development Research Unit, London. Institut für den Wissenschaftlichen Film, Göttingen

Shanberg, S. (1994): Genetic basis for touch effects. In: Field, T. (Ed.): Touch in early development, 67–80. Erlbaum, Hillsdale, NJ

Solomon, J., George, C. (Eds.) (1999a): Attachment disorganization. Guilford Press, New York

–, – (1999b): The effects on attachment of overnight visitation in divorced and separated families: A longitudinal follow-up. In: Solomon/George 1999a, 243–264

Spangler, G., Grossmann, K.E. (1993): Biobehavioral organization in securely and insecurely attached infants. Child Development 64, 1439–1450

–, Zimmermann, P. (Hrsg.) (1995): Die Bindungstheorie. Grundlagen, Forschung, Anwendung. Klett-Cotta, Stuttgart

Spitz, R. (1947 bis 1951): Fünf Filme. Institut für den Wissenschaftlichen Film, Göttingen

Süß, G. J., Pfeifer, W. P. (1999): Frühe Hilfen. Anwendung von Bindungs- und Kleinkindforschung in Erziehung, Beratung, Therapie und Vorbeugung. Eine Veröffentlichung der Bundeskonferenz für Erziehungsberatung e. V. Psychosozial, Gießen

Suomi, S. J. (1999): Attachment in Rhesus monkeys. In: Cassidy/Shaver, 181–197

Trevarthen, C. (1987): Brain development. In: Gregory, R. L. (Ed.) The Oxford Companion to the Mind, 101–110. Oxford University Press, Oxford

Turner, P. J. (1991): Relations between attachment, gender and behavior with peers in preschool. Child Development 62, 1457–1488

Wallerstein, J. S., Blakeslee, S. (1989): Gewinner und Verlierer. Frauen, Männer, Kinder nach der Scheidung. Droemer Knaur, München

# Von der Bindungstheorie zur Bindungstherapie

## Die praktische Anwendung der Bindungstherapie in der Psychotherapie

Von Karl Heinz Brisch

Der englische Psychiater und Psychoanalytiker John Bowlby begründete in den 50er Jahren die Bindungstheorie (Bowlby 1958), die er später umfassend in seiner Trilogie über Bindung, Tennung und Verlust ausformulierte (Bowlby 1975; Bowlby 1976; Bowlby 1983). Diese Theorie besagt, daß der Säugling im Laufe des ersten Lebensjahres auf der Grundlage eines biologisch angelegten Verhaltenssystems eine starke emotionale Bindung zu einer Hauptbezugsperson entwickelt, die er bei Schmerz oder Gefahr aufsucht (Bowlby 1960). Das Bindungsverhalten drückt sich insbesondere im Suchen der Bindungsperson, Weinen, Nachlaufen, Festklammern an der Bindungsperson aus und wird durch Trennung von der Bindungsperson sowie durch äußere oder innere Bedrohung, Schmerz und Gefahr aktiviert. Ist die Hauptbindungsperson nicht erreichbar, so können auch andere sekundäre Bezugspersonen anstelle dieser ersatzweise aufgesucht werden. Hauptfunktion der Bindungsperson ist es, den Säugling in Situationen von Bedrohung zu schützen und ihm Sicherheit zu geben. Für das unselbständige menschliche Neugeborene und Kleinkind ist die Schutzfunktion durch eine Bezugsperson von lebenserhaltender Bedeutung. Die Pflegeperson bietet als zuverlässige Bindungsperson in Gefahrensituationen einen „sicheren Hafen". Dorthin kann sich der menschliche Säugling in Gefahrensituationen retten und Schutz und Hilfe erwarten. Das Bindungssystem, das sich im ersten Lebensjahr entwickelt, bleibt während des gesamten Lebens aktiv. Auch Erwachsene suchen in Gefahrensituationen die Nähe zu anderen Personen auf, von denen sie sich Hilfe und Unterstützung erwarten. Werden diese Bedürfnisse befriedigt, so wird das Bindungssystem beruhigt, und es kann als Ergänzung zum Bindungssystem das System der Erkundung sowohl der äußeren Umwelt als auch der intrapsychischen Welt der Gefühle und Bedüfnisse aktiviert werden. Ein Säugling, der sich sicher und geborgen fühlt, kann z.B. von der Mutter als „sicherem Hafen" aus die Umwelt erforschen (Bowlby 1972).

Werden die Bindungsbedürfnisse nicht befriedigt oder mißachtet oder nur in sehr unzuverlässiger Weise beantwortet, so führt dies zu Wut und Enttäuschung, wie auch zu ambivalenten Gefühlen gegenüber der Bindungsperson (Bowlby 1979).

## Die Konzepte der Bindungsforschung

Eine Mitarbeiterin von John Bowlby, Mary Ainsworth, begründete durch ihre Forschungsarbeiten das Konzept der Feinfühligkeit für das Pflegeverhalten der Bezugsperson. Sie fand heraus, daß Säuglinge sich an diejenige Pflegeperson binden, die ihre Bedürfnisse in einer feinfühligen Weise beantworten. Dies bedeutet, daß die Signale des Säuglings durch seine Pflegeperson wahrgenommen werden, daß sie richtig interpretiert und ohne Verzerrungen durch eigene Bedürfnisse und Wünsche der Pflegeperson wiedergegeben werden können. Weiterhin muß die Pflegeperson die Bedürfnisse angemessen und prompt entsprechend dem Alter des Säuglings beantworten. Je älter der Säugling wird, um so länger können auch die Zeiten sein, die dem Säugling bis zur Bedürfnisbefriedigung zugemutet werden (Ainsworth 1977). So ist etwa in den ersten Lebenswochen die aushaltbare Frustrationsspannung nur kurz. Wenn der Säugling zeigt, daß er hungrig ist, wird eine feinfühlige Mutter ihn relativ rasch stillen.

Werden die Bedürfnisse des Säuglings in dieser von Ainsworth geforderten feinfühligen Art und Weise von einer Pflegeperson beantwortet, so bindet sich der Säugling an diese Person in Form einer sicheren emotionalen Bindung. Dies bedeutet, daß er diese spezifische Person bei Bedrohung und Gefahr als „sicheren Hort" und mit der Erwartung von Schutz und Geborgenheit aufsuchen wird. Wird die Pflegeperson eher mit Zurückweisung auf seine Bindungsbedürfnisse reagieren, so besteht eine höhere Wahrscheinlichkeit, daß der Säugling sich an diese Pflegeperson mit einer unsicher vermeidenden Bindungshaltung bindet.

Werden die Signale manchmal zuverlässig und feinfühlig, ein anderes Mal aber eher mit Zurückweisung und Ablehnung beantwortet, so entwickelt sich eine unsicher-ambivalente Bindungsqualität zur Pflegeperson, zum Beispiel zur Mutter. Ein unsicher-vermeidend gebundenes Kind wird in Notsituationen eher die Bindungsperson meiden oder nur wenig von seinen Bindungsbedürfnissen äußern. Es hat eine Anpassung an die Verhaltensbereitschaften seiner Bindungsperson gefunden, das heißt Nähewünsche werden von ihm erst gar nicht so intensiv geäußert, da der Säugling weiß, daß diese von der Pflegeperson auch nicht so intensiv mit Bindungsverhalten im Sinne von Schutz und Geborgenheit gewähren beantwortet werden. Ein weiteres Muster zeigen Säuglinge mit einer unsicher-ambivalenten Bindung. Sie reagieren auf Trennungen von ihrer Hauptbindungsperson mit einer intensiven Aktivierung ihres Bindungssystems, das heißt sie weinen lautstark und klammern sich intensiv an die Bindungsperson. Über lange Zeit sind sie kaum zu beruhigen und können nicht mehr zum Spiel in ausgeglichener emotionaler Verfassung zurückkehren. Einerseits klammern sie sich an die Mutter, andererseits zeigen sie aber auch aggressives Verhalten. Wenn sie z. B. bei der Mutter auf dem Arm sind, strampeln sie zum Beispiel und treten nach der Mutter, während sie gleichzeitig klammern und Nähe suchen. Dieses Verhalten wird als Ausdruck ihrer Bindungsambivalenz interpretiert (Ainsworth et al. 1978).

Erst später wurde noch ein weiteres Bindungsmuster gefunden, das als desorganisiertes und desorientiertes Muster bezeichnet wurde. Diese Kinder zeigen Sequenzen von stereotypen Verhaltensweisen, oder sie halten im Ablauf ihrer Bewegungen inne und erstarren für die Dauer von einigen Sekunden. Dies wird dahingehend interpretiert, daß diese Kinder keine aktuelle Bindungsverhaltensstrategie zur Verfügung haben (Main et al. 1985).

## Bindungsrepräsentation (Bindungshaltung) der Bezugsperson

Durch ein spezifisches, halbstrukturiertes Interview (Erwachsenen-Bindungs-Interview, George et al. 1985) gelang es, auch einen Aufschluß über die Bindungshaltung der Erwachsenen auf einer intrapsychischen Ebene der Repräsentation zu gewinnen. Es fanden sich ähnliche Bindungsstile wie bei den Kindern.

Erwachsene mit einer sicheren Bindungshaltung können im Interview frei und in einem kohärenten Sprachfluß über ihre Erlebnisse von Bindung, Verlust und Trauer mit ihren Eltern und wichtigen Bezugspersonen sprechen.

Erwachsene mit einer unsicher-distanzierten Bindungshaltung weisen zwischenmenschlichen Beziehungen und emotionalen Bindungen wenig Bedeutung zu.

Erwachsene mit einer unsicher-verstrickten Bindungshaltung zeigen im Interview durch eine langatmige, oft widersprüchliche Geschichte und Beschreibung ihrer vielfältigen Beziehungen, wie emotional verstrickt sie zum Beispiel mit ihren Eltern und anderen Beziehungen bis zum Erwachsenenalter noch sind.

Es wurde später noch ein Bindungsmuster in Zusammenhang mit ungelösten, traumatischen Erlebnissen im Zusammenhang mit unverarbeiteten Verlusten und Mißbrauchserfahrungen gefunden (Main et al. 1985).

Durch verschiedene Längsschnittstudien sowohl in Deutschland als auch in den USA und in England konnte nachgewiesen werden, daß zum Beispiel sicher gebundene Mütter häufiger auch sicher gebundene Kinder haben, beziehungsweise Mütter mit einer unsicheren Bindungshaltung auch häufiger Kinder, die mit einem Jahr unsicher gebunden sind. Ähnliche Zusammenhänge, wenn auch nicht mit gleicher Intensität, fanden sich für die Beziehung zwischen der Bindungshaltung der Väter und der Bindungsqualität ihrer Kinder (van Ijzendoorn/De Wolff 1997b).

Diese Studien weisen auf eine Weitergabe von Bindungsstilen und -mustern zwischen Generationen hin, das heißt die Bindungshaltung der Mutter beeinflußt ihr Verhalten gegenüber dem Säugling. Es konnte nämlich nachgewiesen werden, daß sicher gebundene Mütter sich auch in der Pflegeinteraktion mit ihren Kindern feinfühliger verhielten als dies unsicher gebundene Mütter taten. Die Mutter-Kind-Interaktion scheint ein wichtiger Prädiktor zu sein, aus dem heraus sich zumindest in Teilbereichen die Ausbildung der Bindungsqualität des Säuglings im ersten Lebensjahr erklären läßt (van Ijzendoorn/Bakermans-Kranenburg 1997a).

## Bindungsstörungen

In der klinisch-psychotherapeutischen sowie pädagogischen Arbeit sehen wir Kinder und auch Jugendliche, die abweichend von den oben skizzierten Mustern der Bindungssicherheit bzw. -unsicherheit noch Störungsvarianten in ihrem Bindungsverhalten aufweisen.

Diese sogenannten Bindungsstörungen (Brisch 1999; Brisch et al. 1999; Zeanah/Emde 1994) können sich dadurch äußern, daß Kinder kein Bindungsverhalten zeigen. Auch in Bedrohungssituationen wenden sie sich an keine Bezugsperson, in Trennungssituationen zeigen sie keinen Trennungsprotest.

Eine weitere Form ist durch undifferenziertes Bindungsverhalten gekennzeichnet. Solche Kinder zeigen entweder eine soziale Promiskuität, das heißt sie zeichnen sich durch undifferenzierte Freundlichkeit gegenüber allen Personen aus. Sie suchen in Streßsituationen zwar Trost, aber ohne eine Bevorzugung einer bestimmten Bindungsperson. Jeder, der sich in ihrer Nähe befindet, kann sie auf den Arm nehmen und trösten.

Andere Kinder neigen zu einem deutlichen Unfallrisikoverhalten, das heißt in Gefahrensituationen suchen sie nicht eine sichernde Bindungsperson auf, sondern begeben sich vielmehr durch zusätzliches Risikoverhalten in unfallträchtige Situationen.

Eine weitere Form der Bindungsstörung drückt sich durch übermäßiges Klammern aus. Diese Kinder sind nur in absoluter Nähe ihrer Bezugs- und Bindungsperson wirklich ruhig und zufrieden. Sie sind aber dadurch in ihrem freien Spiel und ihrer Erkundung der Umgebung entsprechend eingeschränkt. Sie wirken insgesamt sehr ängstlich und können sich kaum von ihrer Bindungsperson trennen. Unvermeidlichen Trennungen setzen sie massiven Widerstand entgegen und reagieren mit größtem Streß.

Andere Kinder wiederum sind übermäßig angepaßt. Sie reagieren in Abwesenheit der Bezugsperson weniger ängstlich als in deren Gegenwart und können in der Obhut von fremden Personen besser ihre Umwelt erkunden als in Anwesenheit ihrer vertrauten Bindungs- und Bezugsperson. Besonders Kinder nach massiver körperlicher Mißhandlung und bei Erziehungsstilen mit körperlicher Gewaltanwendung oder -androhung reagieren auf diese Art und Weise.

Bei einem weiteren Stil der Bindungsstörung verhalten sich Kindern oft aggressiv als Form der Bindungs- und Kontaktaufnahme. Solche Kinder haben zwar eine mehr oder weniger bevorzugte Bindungsperson, aber sowohl mit dieser als auch mit anderen Menschen nehmen sie über aggressive Interaktionsformen sowohl körperlicher als auch verbaler Art Kontakt auf.

Manchmal ist die Bindungsstörung dadurch gekennzeichnet, daß es zu einer Rollenumkehr kommt. Diese Kinder müssen für ihre Eltern, die zum Beispiel körperlich erkrankt sind oder an Depressionen mit Suizidabsichten und Ängsten leiden, als sichere emotionale Basis dienen. Diese Kinder können ihre Eltern nicht als Hort der Sicherheit benutzen, vielmehr müssen sie selbst diesen die notwendige emotionale Sicherheit geben. Dies hat zur Folge, daß die Ablösungsentwicklung der Kinder gehemmt und verzögert wird und sich eine Angstbindung an die Bindungsperson entwickelt (Bowlby 1960; 1976).

Im Rahmen von Bindungsstörungen kommt es manchmal auch zur Ausbildung von psychosomatischen Störungen mit Schrei-, Schlaf- und Eßsymptomatik im Säuglingsalter oder auch zu ausgeprägten psychosomatischen Reaktionen im Kleinkindalter.

## Anwendung der Bindungsforschung in der Psychotherapie

Bereits Bowlby hat sich mit der Anwendung seiner Bindungstheorie für die klinische psychotherapeutische Praxis beschäftigt, etwa für die Behandlung von Angststörungen, Depressionen und Phobien (1976; 1995). Wenn ein Patient aufgrund innerer oder äußerer Bedrohung psychotherapeutische Hilfe sucht, so ist sein Bindungssystem maximal aktiviert. Er sucht in dieser Situation im Psychotherapeuten* eine sichere Bindungsperson, bei der er sich durch die therapeutische Bindung emotional so versichern kann, daß ihm eine Erkundung seiner inneren Phantasiewelten oder seiner äußeren Realitäten

---

* Alle Aussagen beziehen sich im folgenden ebenso auf Therapeutinnen.

möglich wird. Dies ist vermutlich die Voraussetzung für psychische Veränderung. In der Psychotherapie-Prozeßforschung ist es heute eine gesicherte Erkenntnis, daß die **Qualität der emotionalen Bindung** zwischen Therapeut und Patient („therapeutic bond") eine der besten Voraussetzungen dafür ist, eine erfolgreiche Behandlung vorherzusagen (Orlinsky et al. 1994).

In der therapeutischen Arbeit muß der Kindertherapeut in seinem Verhalten gegenüber dem Kind als verläßliche psychische und physische Basis fungieren können, so daß sich trotz der Bindungsstörung des Kindes ein sicheres Arbeitsbündnis entwickeln kann (Brisch 1999; Hédervári, 1996a).

Der Therapeut muß sich darüber im Klaren sein, daß ein Kind in der Spielsituation bindungsrelevante Erwartungen auch an ihn hat, das heißt das Kind sucht im Therapeuten ebenfalls wie zu einer sicheren Bindungsperson eine hoffnungsvolle sichere Basis, von dem aus es sein Spiel und die damit verbundenen Erkundungen starten kann. Werden diese Bedürfnisse von den psychotherapeutischen Bindungspersonen nicht feinfühlig beantwortet oder sogar abgewiesen, so kann sich das Spiel als eine Wiederholungssituation von früher erlebten Traumatisierungen gestalten und damit die Psychopathologie des Kindes verstärken. Aus diesem Grunde ist es von großer Bedeutung, daß Therapeuten die normalen Varianten der Bindungsmuster und die Zusammenhänge zwischen Bindungs- und Erkundungssystem kennen, da sie dann in der Spielsituation hierauf auch adäquater eingehen können und sich selbst als die zentrale sichere Basis verstehen, von der aus eine emotionale Entwicklung der Kinder gelingen kann.

Der Therapeut ermöglicht dem Kind, im Symbolspiel seine erlebten Bindungsbeziehungen darzustellen. Im Spiel auftauchende bindungsrelevante Themen werden vom Therapeuten aufgegriffen und verbal oder durch teilnehmende Spielinteraktion in ihrem Ausdruck gefördert. Durch neue sichere Bindungserlebnisse ermöglicht es der Therapeut, daß das Kind sich von alten destruktiv unsicheren Bindungsmustern lösen und eine sichere Bindungsqualität entwickeln kann.

Bindungsstörungen bei traumatisierten Risikogruppen erfordern eine bindungsorientierte therapeutische Herangehensweise und stellen für die Therapeuten eine besondere Herausforderung dar. Von solchen traumatischen Uraschen sind Kinder nach Mißhandlungen, Mißbrauch und Vernachlässigung betroffen, aber auch bei Erkrankungen der Eltern, wie Angststörungen und depressiven oder psychotischen Erkrankungen, chronischen lebensbedrohlichen Erkrankungen oder plötzlichem unerwartetem Verlust der Hauptbindungsperson, z.B. durch einen Unfall.

Eine weitere Risikogruppe stellen Kinder aus Heimen oder aus Pflegestellen dar, die mehrfach in ihrem Leben, in der Regel unfreiwillig, ihr Betreuungssystem und ihre Bindungspersonen wechseln mußten. In einer ähnlich schwierigen Situation befinden sich Kinder, die längere Zeit von ihrer Hauptbindungsperson getrennt sein mußten, zum Beispiel wegen stationärer Krankenhausaufenthalte nach Unfällen, chronischen Erkrankungen oder wegen schwerwiegender Erkrankungen der Eltern, die eine Trennung nach sich zogen (Hédervári, 1996b).

Auch bei Eingewöhnungssituationen im Kindergarten, nach Umzügen oder Schulwechseln sind bindungstheoretische Gesichtspunkte von Bedeutung, da auch in solchen Situationen das Bindungssystem der Kinder aktiviert ist. Es ist hier erforderlich, daß die Kinder während einer Eingewöhnungszeit eine emotionale Begleitung durch eine vertraute Bindungsperson erfahren, bis sie in einer neuen, ihnen fremden und sie ängstigenden Umgebung wieder eine emotionale Bindung zu einer fremden Person aufbauen können (Brisch 1999).

In einer bindungsorientierten Therapie mit einem Erwachsenen muß der Therapeut ebenfalls in der Lage sein, durch sein feinfühliges Verhalten das aktivierte Bindungssystem des hilfesuchenden Patienten zu beruhigen und ihm zeitlich, räumlich und emotional zur Verfügung zu stehen. Weiterhin muß er als eine verläßliche emotional sichere Basis fungieren, von welcher aus der Patient seine emotionalen Probleme bearbeiten kann. In Kenntnis der verschiedenen unterschiedlichen Bindungsmuster muß er sich flexibel im Umgang mit Nähe und Distanz verhalten, um es dem Patienten in der realen Gestaltung der Begegnung zu ermöglichen, den Therapeuten als emotionale Bindungsperson zu nutzen. Von dieser sicheren Basis aus sollte der Therapeut den Patienten ermutigen, sich Gedanken darüber zu machen, in welcher Beziehungsform er heute seinen wichtigsten Bezugspersonen begegnet. Er sollte auch den Patienten anregen, die therapeutische Beziehung genau zu überprüfen, weil sich hier alle in der frühen Kindheit geprägten Beziehungserlebnisse widerspiegeln. Auf diesem Hintergrund wird es dem Patienten möglich, seine aktuellen Wahrnehmungen und Gefühle mit denen aus der Kindheit zu vergleichen und die in der Beziehung zum Therapeuten wiedererlebten Erinnerungen zu bearbeiten. Dies eröffnet dem Patienten neue Spielräume, um aktuelle Lebenskrisen besser zu bewältigen und auch realere und angemessenere Beziehungsmuster in seinem alltäglichen Leben aufzubauen. Besonders am Ende der Behandlung ist es von Bedeutung, daß der Therapeut behutsam die Lösung der therapeutischen Bindung unter Berücksichtigung der bisherigen Verarbeitung von Trennungserfahrungen mit dem Patienten vorbereitet. Die Initiative für die Trennung wird dem Patienten überlassen. Dieser wird darin ermutigt, Trennungsängste einerseits und die Neugier auf Erkundung eigenständiger Wege ohne Therapie andererseits zu verbalisieren und auszuprobieren. Eine forcierte Trennung auf Initiative des

Therapeuten könnte vom Patienten als Zurückweisung erlebt werden. Frühzeitige Wünsche nach Trennung oder mehr Distanzierung in der therapeutischen Beziehung auf Wunsch des Patienten könnte dagegen dadurch ausgelöst worden sein, daß der Therapeut zu rasch eine intensive emotionale Nähe herstellte, die der Patient noch nicht aushielt und als Bedrohung erlebte.

Die Umsetzung der Bindungstheorie für die therapeutische Praxis wird zunehmend mehr durch klinische Bindungsforschung untersucht (Fonagy et al. 1996; Fonagy et al. 1995). Auf dem Hintergrund der heutigen Forschungsergebnisse kann davon ausgegangen werden, daß die Entwicklung der emotionalen Bindung für die psychische Entwicklung von großer Bedeutung ist. Sie unterliegt einem lebenslangen Prozeß, der in der Kindheit beginnt, sich zunehmend mehr zu einem relativ festen Bindungsmuster stabilisiert, das aber im Laufe des Lebens noch Veränderungen unterliegen kann (Ainsworth 1985). Diese Möglichkeit kann durch ein entsprechendes Vorgehen, das bindungstheoretische Kenntnisse miteinbezieht, in der Psychotherapie für Veränderungen nutzbar gemacht werden. Dabei wird der Aufbau einer tragfähigen emotionalen Bindungsbeziehung zwischen Patient und Therapeut als eine grundlegende Voraussetzung betrachtet, die eine langfristige Veränderung durch den psychotherapeutischen Prozeß gewährleisten soll. Damit werden die Bindungstheorie und ihre Forschungsergebnisse als eine Grundlage für einen therapeutischen Ansatz verstanden, der in unterschiedlichen Therapieschulen zum Tragen kommen kann.

## Literatur

Ainsworth, M. D. S. (1977): Feinfühligkeit versus Unempfindlichkeit gegenüber Signalen des Babys. In: Grossmann, K. E. (Hrsg.): Entwicklung der Lernfähigkeit in der sozialen Umwelt, 98–107. Kindler, München
– (1985): Attachment across the life span. Bulletin of the New York Academy of Medicine 61(9), 792–812
–, Blehar, M. C., Waters, E., Wall, S. (1978): Patterns of attachment: A psychological study of the strange situation. Erlbaum, Hillsdale, NJ
Bowlby, J. (1958): Über das Wesen der Mutter-Kind-Bindung. Psyche 13, 415–456
– (1960): Die Trennungsangst. Psyche 15, 411–464
– (1972): Mutterliebe und kindliche Entwicklung. 3. Aufl. 1995. Ernst Reinhardt, München/Basel
– (1975): Bindung. Eine Analyse der Mutter-Kind-Beziehung. Kindler, München
– (1976): Trennung. Psychische Schäden als Folge der Trennung von Mutter und Kind. Kindler, München
– (1979): Das Glück und die Trauer. Klett-Cotta, Stuttgart

– (1983): Verlust – Trauer und Depression. Fischer, Frankfurt/M.
– (1995): Elternbindung und Persönlichkeitsentwicklung. Therapeutische Aspekte der Bindungstheorie. Dexter, Heidelberg
Brisch, K. H. (1999): Bindungsstörungen – Von der Bindungstheorie zur Therapie. Klett-Cotta, Stuttgart
–, Buchheim, A., Kächele, H. (1999): Diagnostik von Bindungsstörungen. Praxis der Kinderpsychologie und Kinderpsychiatrie 48, 442–454
Fonagy, P., Leigh, T., Steele, M., Steele, H., Kennedy, R., Mattoon, G., Target, M., Gerber, A. (1996): The relation of attachment status, psychiatric classification and responseto psychotherapy. Journal of Consulting and Clinical Psychology 64 (1), 22–31
–, Steele, M., Steele, H., Leigh, T., Kennedy, R., Mattoon, G., Target, M. (1995): Attachment, the reflective self, and borderline states: The predictive specificity of the adult attachment interview and pathological emotional development. In: Goldberg, S., Muir, R., Kerr, J. (Eds.): Attachment theory: Social, developmental, and clinical perspectives, 233–278. The Analytic Press, Hillsdale, NJ
George, C., Kaplan, N., Main, M. (1985): The Attachment Interview for Adults. Unpublished Manuscript, Berkely, University of California
Hédervári, E. (1996a): Therapeutische Implikationen des Bindungskonzeptes für die psychoanalytische Behandlung von Kindern und Jugendlichen. Zeitschrift für Analytische Kinder- und Jugendpsychotherapie 27 (91), 227–239
– (1996b): Kleinkinder in traditionellen Heimen. Institut für angewandte Sozialisationsforschung Frühe Kindheit e. V. Berlin/Brandenburg (INFANS), Potsdam
Main, M., Kaplan, N., Cassidy, J. (1985): Security in infancy, childhood and adulthood: a move to the level of representation. In: Bretherton, I., Waters, E. (Eds.): Growing points of attachment theory and research. Bd. 1–2, 66–106. University of Chicago Press, Chicago
–, Solomon, J. (1986): Discovery of an insecure-disorganized/disoriented attachment pattern. In: Brazelton, T. B., Yogman, M. (Hrsg.): Affective development in infancy, 95–124. Ablex, Norwood, NY
Orlinsky, D. E., Grawe, K., Parks, B. K. (1994): Process and outcome in psychotherapy – noch einmal. In: Bergin, A. E., Garfield, S. L. (Eds.): Handbook of Psychotherapy and behavior change, 270–376. Wiley, New York
van Ijzendoorn, M. H., Bakermans-Kranenburg, M. J. (1997a): Intergenerational transmission of attachment: a move to the contextual level. In: Atkinson, L., Zucker, K. J. (Eds.): Attachment and Psychopathology, 135–170. Guilford Press, New York, London
–, De Wolff, M. S. (1997b): In search of the absent father – Meta-analysis of infant-father attachment: A rejoinder to our discussants. Child Development 68 (4), 604–609
Zeanah, C. H., Emde, R. N. (1994): Attachment disorders in infancy and childhood. In: Rutter, M., Taylor, E., Hersov, L. (Eds.): Child and adolescents psychiatry: Modern approaches, 490–504. Blackwell Scientific Publications, Oxford

# Klinische Relevanz der Bindungstheorie in der therapeutischen Arbeit mit Kleinkindern und deren Eltern*

Von Éva Hédervári-Heller

Seit dem Ende der 90er Jahre ist ein Trend zu beobachten, nach dem der praktische Nutzen von empirisch gestützten neueren theoretischen Konzepten in der psychoanalytischen Praxis mehr und mehr an Aufmerksamkeit gewinnt, und zwar sowohl theoretisch als auch praktisch. Welchem Zweck könnte diese Bestrebung dienen? Theoretisch z. B. für eine zukünftige empirische Psychotherapieforschung und praktisch für Behandlungstechnik und Deutungsarbeit. Die Bindungstheorie zählt sicherlich zu einem der bedeutendsten und vielversprechenden Konzepte, deren klinische Relevanz seit Jahren nun auch in Deutschland zur Debatte steht (Brisch 1999; Crittenden 1999; Dornes 1998; 2000; Hédervári 1996; Hédervári-Heller 1999; Köhler 1995; 1999; Krause 1998; Scheuerer-Englisch 1999; Strauß/Schmidt 1997; Suess/Röhl 1999). In anderen westlichen Industrieländern, z. B. in den USA, fanden empirische Forschungsergebnisse über die Entwicklung früher Bindungsorganisationen und über Bindungsrepräsentanzen bei Erwachsenen längst Verwendung in der klinischen Praxis (Atkinson/Zucker 1997; Cassidy/Shaver 1999). Wenn auch etwas verspätet, erlebt die Verbreitung der Grundlagen der Bindungstheorie und deren Anwendung in den unterschiedlichen Therapieschulen nun auch in Deutschland zur Zeit so etwas wie eine Hochkonjunktur.

## Psychoanalyse und Bindungstheorie – Unterschiede und Gemeinsamkeiten

Freud war einer der ersten Theoretiker, der seine Aufmerksamkeit auf die Bedeutung früher Lebenserfahrungen für die Entfaltung psychischer Prozesse gelenkt hat. Er sah in der frühkindlichen Entwicklung den Ursprung aller psychopathologischen Phänomene. Freuds bedeutender Beitrag liegt darin, daß er das Kind, seine Mutter und den Vater in den Mittelpunkt psychoanaly-

---

* Ich danke Birgit Diestel und Angela Dunker für die gründliche Lektüre des Manuskripts und ihre Verbesserungsvorschläge.

tischer Überlegungen gestellt hat und zudem die Frage der Entwicklung von Emotionen aufwarf. Nach Freud ist die Funktion und die Rolle der anfänglichen Objektbeziehung primär in der Befriedigung körperlicher Bedürfnisse nach Nahrung und Pflege zu sehen. Die Entwicklung von zwischenmenschlichen Bindungen und vor allem die Bindung zwischen Mutter und Kind läßt sich somit in erster Linie mit der Triebbefriedigung in Zusammenhang bringen (Freud 1917). Das erste Liebesobjekt des Kindes ist die Brust der Mutter, es wird erst später auf die ganze Person erweitert. Psychoanalytiker betrachten die emotionale Entwicklung hauptsächlich im Aufbau von Objektbeziehungen. Nach der traditionellen psychoanalytischen Auffassung sind Objektbeziehungen von Geburt an vorhanden, und ihre Qualität ist an die Art der Befriedigung von Triebbedürfnissen gebunden.

Bowlby, der Begründer der ethologischen Bindungstheorie, beabsichtigte ursprünglich die Weiterentwicklung der Objektbeziehungstheorie zur Diagnose und Therapie emotional gestörter Jugendlicher und deren Familien (Bowlby 1969; 1973; 1980; 1988). Er konzipierte dann eine neue Theorie, die sich mit der Entstehung und Entwicklung von frühen Beziehungen zwischen Mutter und Kind befaßt. Bowlby löste sich aus dem Rahmen der Psychoanalyse, obwohl er einen endgültigen Bruch nie vollzogen hat. Seine Hauptkritik an der Psychoanalyse der sechziger Jahre bezog sich darauf, daß sie die Erkenntnisse der Entwicklungspsychologie und der kognitiven Psychologie kaum berücksichtigte und sie sich ausschließlich auf retrospektive Fragestellungen und Daten verlasse. Heute ist diese Kritik sicherlich nicht mehr zutreffend. Die Bindungstheorie wurde lange Zeit von Klinikern vernachlässigt und fand bis vor kurzem überwiegend im Bereich der akademischen Entwicklungspsychologie und in der Grundlagenforschung Anwendung.

Nach Bowlby existiert ein auf stammesgeschichtlichen Wurzeln beruhendes „Bindungsverhaltenssystem", das das Überleben und die psychische Gesundheit des Individuums garantiert. Dieses System hat eine genetische Grundlage und sichert das Herstellen und Aufrechterhalten von Nähe zu einem Erwachsenen. Das Bindungssystem ist unabhängig von anderen Verhaltenssystemen wie dem der Exploration, der Furcht und der sozialen Zuwendung organisiert und entsteht unabhängig von der Befriedung der Grundbedürfnisse nach Nahrung, Pflege und Zuwendung. Die unterschiedlichen Verhaltenssysteme funktionieren zwar unabhängig voneinander, stehen jedoch in einer engen Wechselbeziehung zueinander.

Bindungstheoretiker setzen die emotionale Entwicklung des Individuums mit der Entwicklung von Bindungssicherheit und von „inneren Arbeitsmodellen"– oder im psychoanalytischen Verständnis – von Repräsentanzen gleich. Die „inneren Arbeitsmodelle", die auf der Grundlage von interaktiven

Erfahrungen mit primären Bezugspersonen entstehen, bilden den Kern der emotionalen Organisation des Individuums. Bindungssicherheit entsteht durch überwiegend liebevolles und feinfühliges Verhalten seitens der Bindungsperson, und sie ist für die gesamte Persönlichkeitsentwicklung von grundlegender Bedeutung.

Seit sich Bindungstheoretiker mit inneren Repräsentanzen oder bindungstheoretisch formuliert mit „inneren Arbeitsmodellen" (Bowlby 1988; Bretherton 1985) und mit Bindungsstörungen (Zeanah et al. 1993; Brisch 1999) befassen, ist der Nutzen dieses Konzeptes in der psychotherapeutischen Arbeit immer deutlicher geworden.

Die Relevanz der Bindungstheorie z.B. für die psychoanalytische Praxis liegt unter anderem darin, daß sich beide Disziplinen mit zwischenmenschlichen emotionalen Beziehungen befassen. Psychoanalytiker untersuchen im therapeutischen Prozeß gemeinsam mit ihren Patienten emotionale Beziehungen mit signifikanten Personen und deren Abbildung im intrapsychischen und interpersonellen Kontext, und zwar als innerpsychische Prozesse. Das psychoanalytische Interesse an der Mutter-Kind-Beziehung ist unter anderem für die Technik der Psychoanalyse von Bedeutung, die in der analytischen Behandlung bis in die präverbale Phase des Analysanden vorzudringen versucht, um an die Wurzeln seiner Psychopathologie heranzukommen (A. Balint 1939).

Bindungstheoretiker suchen nach empirischen Belegen für die Art und Qualität von emotionalen Bindungsorganisationen zwischen signifikanten Bindungspersonen auf der beobachtbaren Verhaltensebene sowie auf der Ebene von mentalen Repräsentanzen. Der Schwerpunkt lag bis vor kurzem auf Grundlagenwissen im nicht klinischen Kontext. Seit einigen Jahren befassen sich Bindungstheoretiker und Kliniker gleichermaßen damit, psychopathologische Phänomene und Behandlungstechniken auf der Grundlage des Bindungskonzeptes zu untersuchen und die Bindungstheorie in die therapeutische Praxis zu integrieren. Eine Integration von bindungstheoretischen Erkenntnissen in die klinische Praxis könnte mindestens aus zwei Überlegungen heraus bedeutend sein. Das Wissen über die Entstehung und die Entwicklung von unterschiedlichen Bindungsmustern kann nützlich sein bei der Behandlung von weniger schwerwiegenden neurotischen Symptomen, die vermutlich mit unsicher vermeidender oder unsicher ambivalenter Bindungsorganisation korrespondieren. Bei Patienten mit Borderline- oder dissoziativen Störungsbildern kann das Wissen über desorganisierte oder desorientierte Bindungsmuster sowie über Bindungsstörungen von Nutzen sein. In der therapeutischen Arbeit mit Säuglingen, Kleinkindern und deren Eltern können wiederum Erfahrungen mit dem „Fremden Situationstest" in die therapeutische Arbeit übertragen und typische Fehler vermieden werden. Diese Fehler können z. B. in der räumlichen Anordnung, in der Kontaktaufnahme zum Kind oder in der Vorbereitung von Trennungssituation zwischen Mutter und Kind während der Behandlung liegen. Ganz wesentlich ist die Feinfühligkeit des Therapeuten, der die Qualität der therapeutischen Beziehung auf eine Art und Weise beeinflußt wie die Mutter mit ihrer Feinfühligkeit die Qualität der Mutter-Kind-Bindung.

## Bindungstheoretische Konzepte als Bestandteil der therapeutischen Arbeit mit Eltern und Kleinkindern

Es sind vor allem zwei Aspekte in der Bindungstheorie, die in der therapeutischen Arbeit den Zugang zu der Psychopathologie des Patienten erleichtern. Es handelt sich dabei **zum einen** um die objektiv beobachtbaren interaktiven Austauschprozesse und deren Abbildung in den inneren „Arbeitsmodellen". Letztere unterliegen weniger objektiv erfaßbaren Kriterien als vielmehr einer subjektiven Beurteilung von intrapsychischen Entwicklungsprozessen und psychischen Strukturen. **Zum anderen** geht es um Bindungsrepräsentanzen, die die Funktion haben, das Verhalten anderer Personen zu interpretieren und vorherzusagen sowie das eigene Verhalten zu organisieren.

**Zu 1)** Die Qualität der Wechselbeziehung zwischen einem Kind und seiner Bezugsperson wird daran gemessen, wie genau das Verhalten der beiden zeitlich aufeinander abgestimmt ist und wie genau ihre Verhaltensweisen sich aufeinander beziehen. Die Bezugsperson muß die Signale des Kindes richtig erkennen, richtig zuordnen, und sie muß in der Lage sein, angemessen – d. h. den augenblicklichen Zustand und das Entwicklungsniveau des Kindes berücksichtigend – zu reagieren. Diese Art der Interaktion stellt eine „Modellsituation" dar, die neben der Förderung der Beziehungsentwicklung auch für das Lernen und für die „Erfahrung von Kausalität im Handeln" eine Bedeutung besitzt. Die angemessene Reaktion der Bezugsperson auf die Signale des Kindes führt dazu, daß das Kind die Erfahrung macht, etwas zu bewirken. Daraus entsteht eine Art Selbstwirksamkeitsgefühl (Papoušek 1998) oder, psychoanalytisch ausgedrückt, die Grundlage für gesunden Narzißmus.

In der sozialen Interaktion mit einer Betreuungsperson macht das Kleinkind von Geburt an unzählige miteinander verbundene Erfahrungen, die auf spezifische Weise repräsentiert werden (Stern 1977). Stern hebt hervor, daß es Repräsentationen von interaktiver Erfahrung ohne affektive Komponenten nicht geben kann. Ähnlich wie mit seinen Eltern macht das Kind auch mit seinem Therapeuten unzählige, affektiv getönte Interaktionserfahrungen, die die Grundlage neuer Beziehungs- und Bindungsrepräsentanzen bilden. Ebenso trifft dieses auf die begleitende Psychotherapie mit den Eltern zu. Voraussetzung dabei ist die Herstellung einer positiven therapeutischen Beziehung. Der Therapeut hat dabei die Funktion einer sicheren Basis im Sinne der Bindungstheorie. Diese sichere Basis ist die Bedingung dafür, daß die Eltern bereit sind, ihre Vergangenheit und ihre gegenwärtige Situation mental zu explorieren und im therapeutischen Kontext darüber zu sprechen.

Mutter und Kind sind fortwährend dabei, sich in ihrem Verhalten einander anzupassen und den Aufmerksamkeits-, Erregungs- und Affektzustand des Kindes gemeinsam zu regulieren. Die Anpassungs- und Regulierungsprozesse im dialogischen Austausch zwischen Mutter und Kind verlaufen oft nicht optimal. Wenn z. B. das Reizangebot der Mutter zu groß ist, so sinkt (reaktiv) das Aufmerksamkeits-, Erregungs- und Affektniveau des Kindes unter ein optimales Niveau ab, und das Interesse des Kindes erlischt.

Im therapeutischen Prozeß können das Bindungsverhalten des Kindes, die Art der Interaktion und seine Erwartungen über die emotionale Verfügbarkeit von signifikanten Bindungspersonen auf den unterschiedlichen Ebenen beobachtet werden: in der Sprache, in der Körperhaltung, in der Gestik sowie im mimischen Ausdruck von Gefühlen. Der Schwerpunkt liegt hier auf der Interaktion mit dem Therapeuten. In der Eltern-Kind-Psychotherapie kommt die Beobachtung der Eltern-Kind-Interaktion und die Art der Affektregulierung hinzu. So können wichtige Information über die Organisation von Bindungsbeziehungen gewonnen werden, ohne den Anspruch, das Bindungsmuster exakt bestimmen zu können. Wenn ein Kleinkind z. B. während der ersten Sitzung in dem für ihn unbekannten Behandlungsraum alleine spielt, ohne die Mutter oder den Vater zu beachten und ohne zu ihnen Kontakt aufzunehmen, dann ist dies ein Zeichen eines vermeidenden Bindungsmusters. Oft wird dieses Verhalten des Kindes jedoch mit Autonomie gleichgesetzt. In dem beschriebenen Beispiel wäre dies eine falsche Schlußfolgerung. Nach meiner Auffassung könnte das Heranziehen von bindungstheoretischen Konzepten einige therapeutische Irrwege „ersparen" und die Effektivität der Therapie positiv beeinflussen.

**Zu 2)** Die klassische Bindungsforschung befaßte sich lange Zeit schwerpunktmäßig mit dem Bindungsverhalten von Kleinstkindern. Seit Mitte der achtziger Jahre interessieren sich Bindungsforscher zunehmend für die Erfassung von Bindungsrepräsentanzen im Erwachsenenalter. Dieses Interesse kann für die therapeutische Arbeit mit Jugendlichen und mit Erwachsenen nutzbar gemacht werden, um die Psychopathologie des Patienten besser zu verstehen und den Zugang des Patienten zu seiner eigenen Kindheitsgeschichte mit Hilfe des „Adult Attachment Interviews" (AAI) zu erleichtern (Fremmer-Bombik 1995; Main 1995).

Das „Adult Attachment Interview" ist eine Methode der Befragung, welche die Erfassung der individuellen Verarbeitungs- und Darstellungsmuster von Bindungserfahrungen erlaubt (Main/Goldwyn 1992). Mit Hilfe des AAI werden die mentalen Repräsentationen von emotionalen Bindungen im Gedächtnis und der Sprache von Erwachsenen und Jugendlichen (ab dem 16./17. Lebensjahr) untersucht. Im Zusammenhang mit der Anwendung der Bindungstheorie in der psychoanalytischen Praxis stellte Lotte Köhler (1999, 113) eine sehr nützliche Übersichtstabelle zusammen, in der die unterschiedlichen Bindungsmuster bei Kleinkindern und die unterschiedlichen Bindungsrepräsentanzen bei Erwachsenen dargestellt werden.

Der Aufbau mentaler Repräsentationen von Bindungsbeziehungen ist als wichtiger Entwicklungsschritt zu betrachten. Frühe präsymbolische interaktive Strukturen bilden die Grundlage von unbewußten späteren symbolischen Organisationsstrukturen beim Kind und beim Erwachsenen (Beebe et al. 1997). Sobald das Kind über stabilere Gedächtnisstrukturen und ca. ab dem 2. Lebensjahr über Sprache verfügt, speichert es seine frühen Beziehungserfahrungen in sehr globaler Art und Weise als ein generalisiertes inneres Modell von der Welt und von sich selbst ab. Diese inneren Modelle können (mindestens) vier verschiedene Formen annehmen: Personen mit guter, lebhafter Erinnerung an ihre Kindheitserfahrungen, die offen und frei auch über widersprüchliche und unangenehme Gefühle zu ihren Bezugspersonen sprechen können, haben ein autonomes, sicheres Bindungsmodell (free/autonom). Wichtiges Kennzeichen eines solchen Bindungsmodells ist ein kohärentes Bild sowohl positiver als auch negativer frühkindlicher Erfahrungen. Dieses Bindungsmodell entspricht der sicheren Bindungsgruppe (B) in der frühen Kindheit.

Personen, die wenige oder nur vage Erinnerungen an Beziehungen in der Kindheit haben und häufig trotz der Erfahrung von Zurückweisung idealisierte Elternbilder darstellen, ohne dafür konkrete Erfahrungen nennen zu können, haben ein Modell mit abweisender Bindung (dismissing). Für Personen dieser Gruppe spielen Bindungsbeziehungen eine geringe Rolle, sie betonen eigene Stärke, Leistung und Unabhängigkeit. In bezug auf die frühkindliche Bindungsorganisation ist dieses Modell mit der vermeidenden Bindungsgruppe (A) zu vergleichen.

Personen, die als Erwachsene immer noch emotionale Verstrickungen mit den Bezugspersonen aus ihrer Kindheit aufweisen, und ihre – häufig negativen – Beziehungen zu den Eltern überbewerten und sich kaum abgrenzen können, werden einem verstrickten Bindungsmodell zugeordnet. Dieses Bindungsmodell entspricht dem unsicher-ambivalenten Bindungsmuster (C) in der frühen Kindheit.

Eine weitere klinisch relevante Klassifikation ist die Kategorie des unverarbeiteten Traumas. Diese wird erschlossen aus ängstlichen oder irrationalen Schilderungen früher Verluste von Bindungspersonen oder über Bindungstraumata, z. B. irrationale Vorstellungen über eigenes Verschulden eines Todesfalls, logische Fehler wie uneindeutige Angaben über Ort und Zeit von Todesfällen etc. Dieses Bindungsmodell entspricht der unsicher desorganisierten Bindungsgruppe (D) in der frühen Kindheit.

## Therapieziele auf der Grundlage der Bindungstheorie

Aus der Sicht der Bindungstheorie besteht ein zentrales Ziel im psychotherapeutischen Prozeß darin, Bedingungen zu schaffen, unter denen der Patient seine „inneren Arbeitsmodelle" vom Selbst und von seinen Bindungsfiguren aufspüren und neu strukturieren kann. Bowlby betont, daß die Hier-und-Jetzt-Beziehung zum Therapeuten von besonderer Bedeutung für den Therapieprozeß ist, da nur sie eine ausreichende Motivation für den Patienten darstellt und ihn dadurch ermutigt, seine früheren Erfahrungen und seine gegenwärtige Situation innerpsychisch zu explorieren (Bowlby 1979, 1988).

Wie Bowlby (1988) betont, stehen die einzelnen Therapieziele und Aufgabenbereiche, die im folgenden beschrieben werden, in einer Wechselbeziehung zueinander und sind daher in der Praxis kaum voneinander zu trennen.

Aus bindungstheoretischer Sicht sind in der Therapie weniger die Phantasien als vielmehr die realen Erfahrungen der Patienten mit signifikanten Bindungspersonen von Bedeutung. Das heißt nicht, daß die Phantasien in der therapeutischen Behandlung außen vor bleiben, sondern daß ihnen eine untergeordnete Rolle zukommt. In der therapeutischen Arbeit mit Eltern z. B., wenn diese am Anfang einer Elternschaft stehen, haben Vorstellungen und Phantasien über das noch ungeborene Kind eine außerordentliche Bedeutung, da sie die Einstellung zum Kind und den Umgang mit ihm unbewußt steuern. Aus bindungstheoretischer Sicht geht es im Therapieprozeß um das „Sammeln" von möglichst exakten Informationen, mit deren Hilfe Modellszenen entwickelt werden können, die die Psychopathologie des Patienten auf der Grundlage von rekonstruierbaren Erfahrungen und Erlebnissen aus der Kindheit verstehbar machen. Die Modellszenen sind in der Kindertherapie hauptsächlich in der Interaktion mit dem Therapeuten zu erkennen oder in der Eltern-Kind-Therapie in der Eltern-Kind-Interaktion und -Kommunikation. In der therapeutischen Arbeit mit Erwachsenen lassen sich Modellszenen auf der Repräsentationsebene erfassen (Crittenden 1990; Tulving 1985). Diese sind Abbildungen von Beziehungserfahrungen aus der eigenen Kindheit.

Eine besondere Aufmerksamkeit des Therapeuten sollte dem Anfang und dem Ende einer Therapiestunde bzw. einer therapeutischen Behandlung gelten. Denn diese Momente sind Streßsituationen, die Bindungsbedürfnisse des Patienten aktivieren und wichtige Informationen über die Art seiner Bindungsorganisation liefern. Die so gesammelten Informationen können zum Gegenstand der Behandlung gemacht werden. Interventionsangebote, die auf die Verbalisierung der Empfindungen des Patienten über die Beziehung zum Therapeuten abzielen, stärken das Sicherheitsgefühl des Patienten hinsichtlich der Verfügbarkeit des Therapeuten und tragen zum Aufbau einer sicheren therapeutischen Beziehung bei. Der Schwerpunkt liegt hier auf der aktiven Rolle des Therapeuten.

Die Förderung einer positiven therapeutischen Beziehung ist von besonderer Wichtigkeit, um die Grundlage zur Erkundung des intra- und interpersonellen Raumes des Patienten und die Basis für Veränderungen zu schaffen. In einer Mutter-Kind-Therapie fördert beispielsweise die gute therapeutische Beziehung die Empathiefähigkeit der Mutter und die Bindungssicherheit des Kindes (Lieberman et al. 1991; Liebermann/Pawl 1993).

Die Qualität der Bindungsbeziehung in der frühen Kindheit hat Einfluß auf spätere Beziehungen. Die interaktiven Erfahrungen des Kindes mit seinen primären Bezugspersonen führen zu Erwartungen des Kindes darüber, wie andere Personen in bestimmten Situationen reagieren werden. Daher ist es wichtig herauszufinden, welche Erwartungen der Patient in bezug auf die Reaktionen des Therapeuten hat, und diese zum Gegenstand der analytischen Arbeit zu machen. In der Eltern-Kind-Therapie geht es um die Erwartungen der Mutter ihrem Kind und dem Therapeuten gegenüber.

## Von der Theorie zur Praxis: Fallbeispiel

Mit dem nachfolgenden Fallbeispiel sollen die hier zusammengetragenen theoretischen Überlegungen verdeutlicht werden. Es handelt sich dabei um eine 7stündige Behandlung einer Familie mit ihrem vier Monate alten Säugling im Rahmen der Eltern-Kleinkind-Therapie. Vor der Darstellung dieser Fallvignette wird kurz auf wesentliche Aspekte der Eltern-Kleinkind-Therapie eingegangen.

*Eltern-Kleinkind-Therapie und Regulationsstörungen im frühen Kindesalter*

In fast jeder Familie mit Kindern in den ersten drei Lebensjahren gibt es Zeiten, in denen das Kind viel weint und kaum zu beruhigen ist oder schlecht schläft und wenig Nahrung zu sich nimmt. Normalerweise gehen diese schwierigen Phasen schnell vorüber, ohne daß es eine Erklärung zur Entstehung des Problems gibt und ohne daß es einer professionellen Unterstützung bedarf. Ein geringer Teil von Säuglingen und Kleinkindern zeigt allerdings Verhaltensprobleme, die in ihrer Intensität und Dauer von der Norm abweichen, oder das Verhalten des Kindes wird von den Eltern als problematisch erlebt. Oft handelt es sich dabei um Störungen der Verhaltensregulation (Papoušek 1998; Wolke 1999).

Nach Einschätzung von Wissenschaftlern entwickeln ca. 5–10% aller Säuglinge eine sogenannte Regulationsstörung bzw. weisen eine solche von Geburt an auf. Regulationsstörungen beziehen sich auf Schwierigkeiten des Säuglings und Kleinkindes, seine Befindlichkeit, sein Verhalten und seine körperlichen Prozesse zu regulieren. Sie treten im ersten Lebensjahr am häufigsten in Form von exzessivem Schreien/chronischer Unruhe, Schlafstörungen sowie in Form von Eß- und Gedeihstörungen auf. Im zweiten Lebensjahr erweitern sich die Probleme unter anderem auf Störungen der Eltern-Kind-Bindung, Geschwisterrivalität oder ausgeprägte Widerspenstigkeit, Trennungsangst und unsteuerbare Wutanfälle. Verhaltensregulationsprobleme in der frühen Kindheit sind vielfältig bedingt und können weder als rein medizinisches noch als rein psychosoziales Problem betrachtet werden. Die Entstehung von Schwierigkeiten in diesem Alter ist komplex und kann sowohl durch biologische Faktoren von seiten des Kindes und psychosoziale Bedingungen von seiten der Eltern als auch durch eine mangelhafte Unterstützung aus dem sozialen Umfeld beeinflußt werden. Die Ursachen lassen sich in der Regel nicht auf einen dieser Bereiche zurückführen, sondern vielmehr auf das Zusammenwirken der einzelnen Einflußfaktoren (Papoušek 1999).

Wenn Eltern mit den Problemen ihrer Kinder alleine gelassen werden, kommt es häufig zu einer Krisensituation in der Familie, und in manchen Fällen kann dies zu Kindesmißhandlungen führen. Eltern brauchen in solcher Situation keine Strafen, sondern schnelle Hilfe und Unterstützung. Die Mutter-Kind-Therapie ist eine effektive Methode der Frühprävention und der Frühintervention, in der es bereits nach wenigen Sitzungen zur Besserung oder zumindest zur Minderung des vorhandenen Problems kommt. Erfahrungen in der Eltern-Kleinkind-Therapie zeigen, daß dieses Vorgehen eine wirkungsvolle und wenig zeitaufwendige Form der Unterstützung von Familien mit vorübergehenden Schwierigkeiten des Säuglings und des Kleinkindes ist. An dieser Stelle soll auf eine ausführliche Darstellung dieses Konzeptes verzichtet und nur auf einige Aspekte hingewiesen werden.

Seit den Anfängen der Eltern-Kleinkind-Psychotherapie (Fraiberg et al. 1975; Fraiberg 1980) hat sich eine Vielzahl therapeutischer Ansätze unterschiedlicher Theorierichtungen entwickelt (Cramer 1998, Dornes 1999, Hédervári-Heller 1999, Klitzing 1998; Papoušek 1997; 1998; 1999; Stern 1995). Die meisten dieser Konzepte lassen sich in ihrer Ausrichtung entweder als psychoanalytisch/psychodynamisch oder als interaktionistisch orientiert betrachten. Der psychoanalytische Ansatz fokussiert auf die innerpsychischen Prozesse und Repräsentanzen, wogegen der interaktionistische Ansatz die aktuelle, beobachtbare Eltern-Kind-Interaktion in den Mittelpunkt der Betrachtung stellt. Auf der Grundlage einer Kombination dieser beiden Ansätze wurde der im folgenden beschriebene Fall behandelt. Dies ist ein integratives Konzept, das sowohl das beobachtbare Verhalten der Eltern und des Kindes, die Interaktion zwischen beiden, als auch die Selbst- und Objektrepräsentanzen der Eltern gleichzeitig berücksichtigt (auch Stern 1995; Suess/Röhl 1999).

Eine Verhaltensregulationsstörung führt unabhängig vom Kernsymptom und unabhängig von den Entstehungsursachen häufig zur Beeinträchtigung der Mutter-Kind-Interaktion und der Entstehung einer sicheren Bindungsorganisation des Kindes. In der Eltern-Kleinkind-Therapie, wo Mutter und Kind gleichzeitig anwesend sind, bekommt der Therapeut wichtige Informationen über das Bindungs- und Explorationsverhalten des Kindes, die Feinfühligkeit der Mutter, über Affektausdrucksverhalten von Mutter und Kind und über die Art der Affektregulierung im dyadischen System. Diese sind wichtige bindungsrelevante Inhalte, die die therapeutische Intervention strukturieren und helfen, Wesentliches von Unwesentlichem zu unterscheiden. Bedingung hierfür ist ein Hintergrundwissen des Therapeuten über bindungstheoretische Konzepte sowohl in der frühen Kindheit als auch bei Erwachsenen.

### *Vorstellungsgrund und anamnestische Daten*

Die junge 30jährige verheiratete Frau B. erbittet telefonisch einen Termin aufgrund einer Fütterstörung, Hyperaktivität und widerspenstigem Verhalten ihres 4monatigen Sohnes. Die Stimme von Frau B. klingt ängstlich und verzweifelt. Nach ihren Schilderungen gewann ich den Eindruck, es mit einem schwierigen Fall zu tun zu haben.

Frau und Herr B. sind seit über 10 Jahren verheiratet und wohnen in einem Einfamilienhaus am Rand einer Großstadt. Herr B. arbeitet als Handwerker, Frau B. ist Hausfrau. Die finanzielle Situation der Familie ist abgesichert, und die Eltern haben gute soziale Kontakte zu Freunden und zu Verwandten. Frau und Herr B. haben keinerlei therapeutische Erfahrung.

Zur ersten Konsultation, zu der die ganze Familie eingeladen wurde, erscheinen Frau und Herr B. alleine, ohne ihren Sohn Luis (Namen geändert) und ohne die 10jährige Tochter, die sich unproblematisch entwickelt hatte. Die Eltern stellen sich somit in den Mittelpunkt des therapeutischen Geschehens und signalisieren ihre unbewußte Einschätzung der Situation: nicht der Sohn, sondern sie haben das Problem.

Frau und Herr B. beklagen sich, mit ihren Sorgen um das Kind allein gelassen worden zu sein. Niemand verstehe sie und niemand nehme sie ernst. Sie haben schon einige Kinderärzte konsultiert, aber immer wieder hören sie dasselbe: Mit dem Kind sei organmedizinisch alles in Ordnung und es habe keine Fütterstörung. Es sei körperlich gut entwickelt und er habe kein Untergewicht. Dies könne aber nicht sein, sagen die Eltern verzweifelt, denn Luis lehne die Milchflasche ab und weine bereits, wenn er die Flasche sieht. Egal, wer ihm die Flasche zu geben versuche, er würde „zappeln", weinen und nichts trinken. Die ganze Familie ist in heller Aufregung, wenn es um das Füttern von Luis geht. Mit der Löffelfütterung würde es besser klappen als mit der Flasche, aber auch diese sei schwierig. Nun ist der Punkt erreicht, an dem Frau und Herr B. erschöpft und verzweifelt sind, und sie können kaum mehr Freude mit dem Kind erleben. Es sei ihnen in medizinischen Kreisen mitgeteilt worden, daß Luis ein hyperaktives Kind sei, was seine Unruhe und sein „Zappeln" beim Füttern erkläre. Nun sind die Eltern noch mehr verunsichert, und sie haben hinsichtlich der weiteren Entwicklung von Luis große Ängste. Insbesondere ängstigt sie das lebhafte Temperament bzw. die Hyperaktivität des Kindes. Alle Familienmitglieder seien nämlich „ruhige Menschen", nur Luis nicht. Er habe jetzt schon „seinen eigenen Kopf" und die Eltern befürchten, daß sie später den „lebhaften Sohn" gar nicht mehr in den Griff bekommen.

Luis sei ein Wunschkind gewesen. Die Schwangerschaft und die Geburt seien ohne Schwierigkeiten verlaufen. Luis sei als ein großes und kräftiges Baby zur Welt gekommen: Er habe 4100g gewogen und sei 56 cm groß gewesen. Bis zu seiner siebenten Lebenswoche habe er sich gut entwickelt, dann sei er am Rota Virus erkrankt und 14 Tagen in einer Kinderklinik behandelt worden. Frau B. sei von morgens früh bis abends spät bei ihm gewesen. Während des Klinikaufenthaltes habe Frau B. Luis ohne Probleme abgestillt. In der Klinik habe er die Flasche gut angenommen und habe keinerlei Anzeichen einer Fütterstörung gezeigt, bis er nach Hause entlassen worden sei. Zu Hause fing er an, die Milchflasche zu verweigern und während der Fütterung heftig zu weinen und zu „zappeln". Sein problematisches Verhalten sei unabhängig von der Person, die ihn füttere.

Das anamnestische Gespräch ergab, daß Herr B. selbst als Kind eine Fütterstörung hatte. Er sei ein „schlechter Esser" gewesen. Über die Kindheit von Frau und Herrn B. ist wenig zu erfahren, außer, daß sie eine „sehr schöne Kindheit" hatten. Auch in den Nachfolgegesprächen bestätigte sich der Eindruck, daß Frau und Herr B. über wenig Retrospektionsfähigkeit verfügen und sich bisher kaum über ihre eigene Lebensgeschichte auseinandergesetzt haben. Der starke Leidensdruck und ihre Bereitschaft, sich mit der aktuellen Problematik des Sohnes zu beschäftigen, boten dennoch ausreichend günstige Bedingungen für eine therapeutische Arbeit.

Hinsichtlich des Affekterlebens der Eltern hat sich während der ersten Sitzung herausgestellt, daß Trauer und Hilflosigkeit ihre leitenden Affekte sind. Wut und Ärger können nicht zugelassen werden, sondern sie werden verdrängt. Somit ist es verständlich, daß Frau und Herr B. die Protestreaktionen von Luis und sein lebhaftes Temperament als etwas Fremdes und Bedrohliches erleben und zur gemeinsamen Regulierung der negativen Affekte von Luis wenig beitragen können.

*Die therapeutische Intervention*

Zum Abschluß der ersten Konsultation wurde mit den Eltern das weitere Vorgehen der gemeinsamen Zusammenarbeit besprochen und vereinbart, neben den Gesprächen Videoaufnahmen über die Füttersituation mit Luis im Behandlungsraum zu drehen und diese für gemeinsame Diskussionen zu nutzen. Frau und Herr B. waren mit dem Vorschlag ohne zu zögern einverstanden. Die Teilnahme von Herrn B. an weiteren Terminen war aus beruflichen Gründen nicht möglich. Es wurde beschlossen, die therapeutischen Sitzungen mit Frau B. und mit Luis fortzusetzen.

Es fanden insgesamt sieben Gesprächstermine, teils mit und teils ohne die Anwesenheit des Kindes, statt. Herr B. nahm an der ersten Sitzung teil und bedauerte, den Prozeß nur aus der „Ferne" begleiten zu können. Er fand es aber wichtig, daß seine Frau, die für die Betreuung des Kindes eigentlich zuständig ist, weitere Termine wahrnimmt. Vor Beginn der therapeutischen Maßnahme (zweite Sitzung) und am Ende (fünfte Sitzung) wurden Videoaufnahmen von den Fütter- und Spielinteraktionen gemacht. Die Entscheidung über das Ende der therapeutischen Intervention wurde gemeinsam mit Frau B. in der Phase getroffen, als das Symptom des Kindes nicht mehr bestand und Frau B. die irrationalen Ängste um das Kind verlor und sich in der Füttersituation mit Luis sicher genug fühlte. Zu dem Zeitpunkt hatte sie auch ein positiveres Bild von ihm aufgebaut. Die Dauer der einzelnen Sitzungen schwankte zwischen einer und eineinhalb Stunden, die therapeutische Intervention erstreckte sich über insgesamt sieben Wochen. An der letzten Sitzung sollte auch Herr B. teilnehmen, was aber aus beruflichen Gründen nicht zu realisieren war.

Die Ergebnisse der anamnestischen Erhebungen und der Videoanalyse wiesen auf eine Irritation der Fütterinteraktion, beginnende Fütterstörung sowie auf eine beginnende Unsicherheit in der Mutter-Kind-Bindung hin. Auslöser dieser Irritationen war eine ernsthafte Erkrankung des Kindes und die fehlende psychische Unterstützung der Eltern hinsichtlich ihrer Sorgen und ihrer Ängste um das Kind. Inwiefern die eigenen Bindungserfahrungen der Eltern aus ihrer Kindheit bei der Entstehung des geschilderten Konfliktes eine Rolle gespielt haben, blieb im Verborgenen. Die mangelnde Introspektions- und Retrospektionsfähigkeit der Eltern ließen im Rahmen dieser Kurzzeitbehandlung kaum die Möglichkeit, über die eigenen Kindheitserfahrungen der Eltern ausreichend zu reflektieren. Ihre unbewußte Botschaft lautete: Das „Hier und Jetzt" ist wesentlich, und die Vergangenheit, die eigene Kindheit, ist nebensächlich. Aus dieser Ausgangsposition heraus erfolgte eine therapeutische Intervention, die die unbewußte Botschaft der Eltern und die Anpassungsmöglichkeiten der Therapeutin, ihren eigenen therapeutischen Ansprüchen auch gerecht zu werden, gleichzeitig berücksichtigte. Ein integratives therapeutisches Vorgehen in der Eltern-Kleinkind-Psychotherapie bedarf einer Flexibilität des Therapeuten mit unterschiedlichen Konzepten – z. B. psychodynamisch und interaktionistisch geleitet – umzugehen, ohne dabei die eigene Berufsidentität aufzugeben.

Der therapeutische Rahmen des hier geschilderten Fallbeispiels umfaßte eine integrative Vorgehensweise, bestehend aus der interaktionistisch und psychodynamisch orientierten therapeutischen Intervention – beide eingebettet in einen bindungstheoretischen Kontext. Im einzelnen handelte es sich dabei um folgende Schwerpunkte:

1) Die **psychodynamischen Elemente** beinhalteten tiefenpsychologisch orientierte Gespräche über die Ängste und Phantasien der Eltern hinsichtlich der Fütterstörung des Kindes, das Erleben von sich selbst als Mutter/Vater, über das Temperament des Kindes, über Kindheitserfahrungen der Eltern sowie die Psychodynamik des Konfliktes. Therapeutisches Ziel war unter anderem, die Repräsentanzen der Mutter von sich selbst, vom Kind und von der Beziehung zum Kind zu erfassen.

2) Nach dem **interaktionistischen Ansatz** wurde anhand von zwei Videoaufnahmen (vor und nach der Intervention) gemeinsam mit Frau B. die Mutter-Kind-Interaktion analysiert. Das Videofeedback diente zur Wahrnehmung des kindlichen und des mütterlichen Verhaltens sowie dessen Veränderung im therapeutischen Prozeß. Der Fokus lag im Sinne der interaktionistischen Be-

handlungstechnik auf der Hervorhebung von positiven Interaktionseinheiten. Die Videoanalyse wurde zusätzlich für die Entwicklungs- und Erziehungsberatung genutzt. Therapeutisches Ziel hierbei war es, durch Beobachtung der Mutter-Kind-Interaktion einen Einfluß auf die verzerrte Wahrnehmung der Mutter von ihrem Kind zu nehmen und ihr Verhalten im Umgang mit dem Kind zu verändern.

*Interpretation der Ergebnisse der tiefenpsychologisch fundierten Gespräche und der Interaktionsbeobachtungen*

Die tiefenpsychologisch fundierten Gespräche deuteten auf ein schwaches **Selbstbild der Mutter**, das durch Hilflosigkeit, Ohnmacht und das Gefühl von mangelnder Kompetenz sowie von eigener Wirkungslosigkeit charakterisiert ist. In ihrem Affekterleben dominiert die Angst um den Gesundheitszustand des Kindes und um sein Leben sowie die Zukunftsangst, das Kind nicht „im Griff" zu haben. Das **Bild**, das die Mutter von ihrem **Kind** internalisierte, deutete auf eine verzerrte Wahrnehmung der Mutter, die das Kind als aggressiv und hyperaktiv erscheinen ließ, als jemanden, der bereits mit vier Lebensmonaten „seinen eigenen Kopf" durchsetzen will. In der **Beziehung** zum Kind fühlte sich die Mutter vom Kind abgelehnt.

Die Beobachtung der ersten Fütterungssituation vor der Intervention ergab eine problematische Mutter-Kind-Interaktion, die weniger aufgrund des kindlichen Verhaltens als viel mehr aufgrund der mütterlichen Reaktionen und einer falschen Interpretation der Signale des Kindes zu erklären sind. Frau B. hielt Luis liegend auf ihrem Schoß und erschien während der gesamten Fütterzeit sehr angespannt. Sie wechselte häufig zwischen dem Füttern mit dem Löffel und der Flasche, sprach wenig mit ihrem Sohn, registrierte kaum seine Signale, und ihr Füttertempo war auffallend schnell und hektisch. Frau B. hatte Luis „fest im Griff", so daß er seine Arme nicht frei bewegen konnte. Immer, wenn Frau B. Luis fester an sich drückte, gingen die Arme und die Beine von Luis mit. Dieses wurde von Frau B. als „Zappeln" und als ein Anzeichen von Hyperaktivität interpretiert, von der Therapeutin jedoch als eine berechtigte Reaktion von Luis, sich von der einengenden Körperposition zu befreien, verstanden. Eine weitere Szene verdeutlichte noch mehr, wie es zu immer wiederkehrenden „Entgleisungen" in der Mutter-Kind-Interaktion kommen konnte. Während der Videoanalyse beschreibt Frau B. ihre Einschätzung der Fütterungssituation, die sie insgesamt als positiv interpretiert, und sie ist selbst sehr erstaunt über das Eßverhalten von Luis. Er hätte nämlich im Gegensatz zu ihren Erwartungen doch „ganz gut und viel gegessen". Frau B. fühlte sich selbst auch wohl und entspannt, außer wenn Luis nach dem Löffel griff. Dieses erlebte sie als ein Desinteresse von Luis an der Nahrung, als eine Unfähigkeit, sich auf das Essen zu konzentrieren. Daraufhin reagierte Frau B. mit Angst, daß Luis zu wenig Nahrung zu sich nehme und beschleunigte ihr bereits hohes Tempo beim Füttern. Aufgrund der früheren lebensbedrohlichen Erkrankung des Sohnes ist die Empfindlichkeit von Frau B. nachzuvollziehen, wenn diese auch auf der Handlungsebene nicht als eine adäquate Reaktion zu sehen ist. Hinzu kommt die gegensätzliche Interpretation der Therapeutin, daß Luis nicht nach dem Löffel greift, weil er kein Interesse mehr an der Nahrung hat, sondern im Gegenteil, er signalisiert, am Eßvorgang beteiligt werden zu wollen. Frau B. konnte diese Interpretation, ohne sich in ihrem Verhalten kritisiert zu fühlen, annehmen und Veränderungen bei der Füttersituation zulassen.

Die Füttersituation, die Luis bis zu der ersten Videoanalyse von Tag zu Tag erlebte, war mit unangenehmen Erfahrungen verbunden. Erfahrungen, die Erinnerungsspuren hinterlassen könnten wie z. B.: „Ich werde mit meinen Interessen nicht ernst genommen und meine Signale werden falsch interpretiert und beantwortet" oder „Ich möchte nicht gefüttert werden, da ich in meiner Bewegungsfreiheit eingeengt werde und passiv sein soll". Ohne eine therapeutische Intervention wäre es mit großer Wahrscheinlichkeit zu einer negativ assoziierten generalisierten Interaktionserfahrung („RIG"), zum Aufbau einer unsicheren Bindungsbeziehung zur Mutter und wahrscheinlich zu einer Eßstörung des Kindes gekommen.

### *Ergebnisse der therapeutischen Intervention*

Am Ende der therapeutischen Intervention kam es zu Veränderungen der Repräsentanzen der Mutter, was in ihrem Verhalten und in der Qualität der Mutter-Kind-Interaktion deutlich wurde. Luis darf sich nun aktiv an der Essensituationen beteiligen: Er nimmt sich kleine „Happen" beim Essen und er trinkt aus der Flasche. Er weint nicht mehr während des Fütterns. Luis, mittlerweile fast sechs Monate alt, hat innerhalb von einer Woche 300 g zugenommen und hat angefangen zu krabbeln. Frau B. ist erleichtert über die rasche Entwicklung und Gewichtszunahme ihres Sohnes. Sie hat ihre Ängste hinsichtlich der weiteren Entwicklung des Kindes abgebaut und schätzt ihren Sohn im Gegensatz zu früher nicht mehr als hyperaktiv ein. Sie sagt: „Ich habe mich damit abgefunden, daß mein Kind wenig ißt und daß er ein aktives und temperamentvolles Kind ist."

Nun möchte ich auf die Anmerkungen der Mutter, wie sie die 7stündige Behandlung selbst beurteilt, eingehen. Bei der Frage nach der Wirksamkeit der unterschiedlichen psychotherapeutischen (psychodynamisch oder interaktionistisch geleiteten) Techniken geht es oft darum, wie die Eltern auf die unterschiedlichen therapeutischen Vorgehensweisen ansprechen und welchen Nutzen sie daraus ziehen. In dieser Hinsicht ist die Befragung von betroffenen Eltern unmittelbar nach einer Behandlung eine wenig aufwendige und effektive Methode, um die therapeutischen Wirkfaktoren aus der Sicht der Eltern zu erfahren und mit den Einschätzungen des Therapeuten zu vergleichen. Ob auf diese Art und Weise objektiv überprüfbare Daten gewonnen werden, bleibt zunächst dahingestellt. Bezogen auf das hier vorgestellte Fallbeispiel hat die Mutter die Anregung angenommen, den therapeutischen Verlauf aus ihrer Sicht zu schildern, und sie konzentrierte sich auf die folgende Inhalte:

Frau B. erwähnte an erster Stelle, daß sie und ihr Mann nach der ersten Sitzung über die Art der Beratung, die zunächst psychodynamisch geleitet verlief, etwas verunsichert waren. Sie fragten sich „Wo sind wir denn hier gelandet?". Gleichzeitig aber haben sie auch festgestellt, daß sie nach dem Gespräch erleichtert waren, erleichtert im Sinne davon, Verständnis erfahren zu haben und mit ihren Problemen ernst genommen worden zu sein. Damit signalisiert die Mutter intuitiv, daß die psychodynamische therapeutische Technik für sie sehr fremd war, sie konnte jedoch diese Erfahrung gut annehmen. Ansonsten hätte sie daraufhin die nachfolgenden Sitzungen abgesagt. Die Therapeutin hat ihrerseits die Signale der Eltern, sich hauptsächlich mit der Gegenwart zu befassen, ernst genommen und ihren therapeutischen Fokus darauf abgestimmt. Aus bindungstheoretischer Sicht haben wir es hier nicht mit Widerstand gegen die Behandlung zu tun, sondern mit mangelnder Introspektionsfähigkeit und Erfahrung der Eltern, sich mit inneren Prozessen zu befassen. Die Eltern konnten trotz allem bereits in der ersten Sitzung die Therapeutin als eine sichere Basis nutzen. Von dieser emotional sicheren Basis aus ist ihre Neugier für die Behandlung geweckt worden, ebenso ihre Bereitschaft, die Problematik mit ihrem Säugling „mental zu explorieren" und Veränderungsprozesse zuzulassen. Frau B. berichtete über ihre Funktion als „Kotherapeutin" (Interpretation der Therapeutin) zu Hause, indem sie versucht, Einfluß auf ihrem Mann im Umgang mit Luis bei der Füttersituation zu nehmen, d. h. Luis über die Menge der Nahrung selbst entscheiden zu lassen und ihn nicht unter Druck zu setzen. In der Behandlungsstunde hat es Frau B. besonders gut gefallen, daß die Fütterstörung des Kindes und ihr Problem damit auch aus der Sicht des Kindes betrachtet wurde. So gewann sie Distanz zu sich selbst und fühlte sich entlastet. Weitere Aspekte hob Frau B. hervor, die mit der Mutter-Kind-Interaktion und ihrer veränderten Wahrnehmung über das Verhalten des Kindes zu tun haben. Diesbezüglich hat sie den positiven Einfluß der Videoanalysen auf ihre Wahrnehmung des Kindes und auf ihre eigene

Reaktionen hervorgehoben und die Erleichterung, „kleine Tips" im Umgang mit dem Kind bekommen zu haben. Dahinter verbirgt sich das bindungstheoretisch geleitete therapeutische Ziel, die Feinfühligkeit der Mutter zu stärken und so Einfluß auf die Qualität der Mutter-Kind-Interaktion zu nehmen. Mit der therapeutischen Unterstützung kam es zu einer gemeinsamen Regulierung der zukunftsbezogenen und die Entwicklung des Kindes betreffenden Angst der Eltern. Die gelungene Affektregulierung führt nun zur emotionalen Sicherheit und Zufriedenheit der Eltern im Umgang mit dem Kind und fördert die Entstehung einer sicheren Bindung in der Eltern-Kind-Beziehung.

*Zusammenfassung der Ergebnisse aus bindungstheoretischer Sicht*

Die therapeutische Arbeit fand hauptsächlich mit Frau B. statt, weshalb in dieser Zusammenfassung nicht von den Eltern, sondern von der Mutter die Rede sein wird.

Der erste Schritt im Aufbau einer positiven therapeutischen Beziehung als die wesentliche Grundbedingung einer erfolgreichen Eltern-Kleinkind-Psychotherapie erfolgte bereits während der ersten Sitzung, als die Therapeutin die Mutter mit ihren Ängsten und Unsicherheiten ernst nahm und nicht versucht hat, sie mit Argumenten zu überzeugen.

Damit war im Sinne der Bindungstheorie eine sichere Basis geschaffen, von der aus die Mutter die Bereitschaft zeigte, ihre Situation mit dem Kind mental zu explorieren und Veränderungen aus der eigenen Überzeugung heraus zuzulassen. Es konnte über die irrationalen Schuldgefühle der Mutter, „nicht gut genug" für ihr Kind zu sein oder es nicht ausreichend versorgen zu können, vertieft diskutiert werden. Die Videodiagnostik war eine wichtige Unterstützung, Frau B. auf positive Interaktionseinheiten mit Luis aufmerksam zu machen und dabei ihre Feinfühligkeit sowie ihre vorhandenen Kompetenzen im Umgang mit dem Kind zu stärken. Feinfühligkeit ist eine wesentliche Bedingung von seiten der Mutter beim Aufbau einer sicheren Bindungsbeziehung zum Kind. Bei einer Regulationsstörung des Kindes ist davon auszugehen, daß Mutter und Kind häufiger negative interaktive Erfahrungen machen und so die Entstehung einer emotionalen sicheren Bindungsorganisation erschweren. Daher ist hier die Aufgabe des Therapeuten, die Aufmerksamkeit der Mutter auf ihre Erfahrungen mit Bindungspersonen aus der eigenen Kindheit, auf die Qualität der Interaktion und auf die Qualität des emotionalen Austauschprozesses mit dem Kind zu lenken. Darüber hinaus erscheint es wichtig zu sein, auf welchem Niveau die gemeinsame Affektregulierung vonstatten geht und ob und wie die gemeinsame Affektregulierung zwischen

Mutter und Kind funktioniert. In dem hier geschilderten Fallbeispiel war es der Mutter z. B. kaum möglich, negative Signale des Kindes von Unwohlsein adäquat zu interpretieren und darauf angemessen zu reagieren. Der psychische Zugang der Mutter zu ihren Todesängsten, ihr Kind zu verlieren, brachte einen Wendepunkt in ihrem intrapsychischen Erleben, nämlich über verborgene Ängste zu reflektieren und diese psychisch zu bearbeiten.

Auch die Ratlosigkeit der Mutter und ihre Unsicherheiten im Umgang mit dem in ihren Augen hyperaktiven Kind konnte thematisiert werden. Während der ersten Sitzung entstand der Eindruck, daß Frau B. aufgrund ihrer verzerrten Wahrnehmung Luis falsch einschätzte und die Kinderärzte mit ihrer Einschätzung der eigentlich unproblematischen Entwicklung von Luis recht haben könnten. Wäre Frau B. mit diesem Eindruck der Therapeutin in der ersten Sitzung konfrontiert worden, wäre sie, ähnlich wie bisher, frustriert nach Hause gegangen, und die Möglichkeit einer therapeutischen Intervention wäre im Keim erstickt worden. Bei Frau B. wäre das Gefühl, wieder nicht verstanden worden zu sein, zurückgeblieben. Bindungstheoretisch betrachtet wäre es dadurch zu einer Wiederholung der Erfahrung hinsichtlich ihrer Elternschaft gekommen, sich in Streßsituationen auf niemanden verlassen zu können und mit Streß bzw. mit Schwierigkeiten im Umgang mit dem Kind alleine fertig werden zu müssen. Ähnlich wie Kinder mit unsicher vermeidenden Bindungserfahrungen, die es gelernt haben, mit Streß alleine fertig zu werden und die Bindungsperson zu vermeiden, hätte auch Frau B. es vermieden, zumindest bei dieser Therapeutin die angebotene Unterstützung in Anspruch zu nehmen. Hätte eine sichere Basis zur Erkundung der vorhandenen Schwierigkeiten nicht hergestellt werden können, so hätte sich die Fütterproblematik des Kindes zu einer Fütterstörung entwickelt, deren Behandlung sich viel schwieriger gestaltet hätte und die mit viel mehr Zeitaufwand als in dem hier geschilderten Fall verbunden gewesen wäre.

Bei einer differenzierteren Betrachtung ist der Nutzen der Bindungstheorie für die therapeutische Arbeit mit Kleinkindern und deren Eltern mehr auf der theoretischen Ebene als auf der praktischen nachvollziehbar. Für die Zukunft wird sicherlich nötig sein, komplizierte bindungstheoretische Forschungsmethoden für die therapeutische Arbeit so zu modifizieren, daß diese ohne aufwendige Trainingsprogramme angewandt werden können. Therapeutische Arbeit in der Eltern-Kleinkind-Therapie bedeutet vor allem Beziehungsarbeit, und zwar unabhängig von der theoretischen Fokussierung. In dem Maße, in dem es dem Therapeuten gelingt, die Basis für eine sichere therapeutische Bindungsbeziehung zu schaffen, gelingt es den Eltern, ihre Funktion, eine sichere Basis für ihr Kind zu sein, in der therapeutischen Situation wahrzunehmen.

## Literatur

Atkinson, L., Zucker, K. (Eds.) (1997): Attachment and psychopathology. Guilford, New York/London

Balint, A. (1939/1969): Liebe zur Mutter und Mutterliebe. In: Balint, M. (Hrsg.): Die Urformen der Liebe und die Technik der Psychoanalyse. Fischer, Frankfurt/M., 103–119

Beebe, B., Lachmann, F., Jaffe, J. (1997): Mother-infant interaction structures and presymbolic self and object representations. Psychoanalytic Dialogues. Anal. Journal of Relational Perspectives 7, 133–183

Bowlby, J. (1969/1975): Bindung: eine Analyse der Mutter-Kind-Beziehung. Kindler, München

– (1973/1976): Trennung: psychische Schäden als Folgen der Trennung von Mutter und Kind. Kindler, München

– (1979): The making and breaking of affectional bonds. Tavistock, London (dt. 1982: Das Glück und die Trauer. Herstellung und Lösung affektiver Bindungen. Klett-Cotta, Stuttgart)

– (1980/1983): Verlust, Trauer und Depression. Fischer, Frankfurt/M.

– (1988): A secure base: Parent-child attachment and healthy human development. Basic Books, New York

Brisch, K. H. (1999): Bindungsstörungen. Klett-Cotta, Stuttgart

Bretherton, I. (1985): Attachment theory: Retrospect and prospect. Monogr. of the Soc. for Res. in Child Dev. 50, 3–35

Cassidy, J., Shaver, P. R. (Eds.) (1999): Handbook of Attachment. Theory, Research, and Clinical Applications. Guilford, New York/London

Cramer, B. (1998): Mother-infant psychotherapies: A widening scope in technique. Infant Mental Health Journal 19, 151–167

Crittenden, P. M. (1990): Internal representational models of attachment relationships. Infant Mental Health Journal 11, 259–277

– (1999): Klinische Anwendung der Bindungstheorie bei Kindern mit Risiko für psychopathologische Auffälligkeiten oder Verhaltensstörungen. In: Suess, G. J., Pfeifer, W.-K. P. (Hrsg.), 86–106

Dornes, M. (1998): Bindungstheorie und Psychoanalyse: Konvergenzen und Divergenzen. Psyche 52, 299–348

– (1999): Formen der Eltern-Kleinkind-Beratung und -Therapie: Ein Überblick. Psychotherapie und Sozialwissenschaft 1, 31–55

– (2000): Die emotionale Welt des Kindes. Fischer, Frankfurt/M.

Fraiberg, S. (1980): Clinic studies in infant mental health: the first year of life. Basic Books, New York

–, Adelson, E., Shapiro, V. (1975): Ghosts in the nursery. Journal of the American Academy of Child Psychiatry 14, 387–422

Fremmer-Bombik, E. (1995): Innere Arbeitsmodelle von Bindung. In: Spangler, G., Zimmermann, P. (Hrsg.): Die Bindungstheorie. Grundlagen, Forschung und Anwendung. Klett-Cotta, Stuttgart, 109–120

Freud, S. (1917/1980): Allgemeine Neurosenlehre. Vorlesungen zur Einführung in die Psychoanalyse. Fischer, Frankfurt/M.
Hédervári, É. (1996): Therapeutische Implikationen des Bindungskonzeptes für die psychoanalytische Behandlung von Kindern und Jugendlichen. Analytische Kinder- und Jugendlichen-Psychotherapie 91, 227–239
Hédervári-Heller, É. (1999): Bindungstheorie und „Eltern-Kind-Therapie": Ein Fallbeispiel. In: Suess, G. J., Pfeifer, W.-K. P. (Hrsg.), 200–221
Klitzing, v. K. (Hrsg.) (1998): Psychotherapie in der frühen Kindheit. Vandenhoeck & Ruprecht, Göttingen
Köhler, L. (1995): Bindungforschung und Bindungstheorie aus der Sicht der Psychoanalyse. In: Spangler, G, Zimmermann, P. (Hrsg.): Die Bindungstheorie. Grundlagen, Forschung und Anwendung. Klett-Cotta, Stuttgart, 67–86
– (1999): Anwendung der Bindungstheorie in der psychoanalytischen Praxis. Einschränkende Vorbehalte, Nutzen, Fallbeispiele. In: Suess, G. J., Pfeifer, W.-K. P. (Hrsg.), 107–140
Krause, R. (1998): Allgemeine psychoanalytische Krankheitslehre. Band 2: Modelle. Kohlhammer, Stuttgart/Berlin/Köln
Lieberman, A. F., Pawl, J. H. (1993): Infant-parent psychotherapy. In: Zeanah, C. (Hrsg.): Handbook of Infant Mental Health. Guilford, New York/London, 427–442
–, Weston, D. R., Pawl, J. H. (1991): Preventive intervention and outcome with anxiously attached dyads. Child Development 62, 199–209
Main, M. (1995): Recent studies in attachment. Overview, with selected implications for clinical work. In: Goldberg, S., Muir, R., Kerr, J. (Hrsg.): Attachment theory. Social, developmental, and clinical perspectives. Analytic Press, Hillsdale, NJ, 407–474
–, Goldwyn, R. (1992): Adult Attachment Scoring and Classifikation System. Unveröffentlichtes Manuskript
Papoušek, M. (1997): Entwicklungsdynamik und Prävention früher Störungen der Eltern-Kind-Beziehung. Analytische Kinder und Jugendlichen-Psychotherapie 93, 5–30
– (1998): Das Münchner Modell einer interaktionszentrierten Säuglings-Eltern-Beratung und -Psychotherapie. In: Klitzing, 88–119
– (1999): Regulationsstörungen der frühen Kindheit: Entstehungsbedingungen im Kontext der Eltern-Kind-Beziehungen. In: Oerter, R., von Haagen, C., Röper, G., Noam, G. (Hrsg.): Klinische Entwicklungspsychologie. Ein Lehrbuch. Psychologie Verlags Union, Weinheim, 148–169
Scheuerer-Englisch, H. (1999): Bindungsdynamik im Familiensystem und familientherapeutische Praxis. In: Suess/Pfeifer, 141–164
Stern, D. (1977/1997): Mutter und Kind. Die erste Beziehung. Klett-Cotta, Stuttgart
– (1985/1992): Die Lebenserfahrung des Säuglings. Klett-Cotta, Stuttgart
– (1995/1998): Die Mutterschaftskonstellation. Eine vergleichende Darstellung verschiedener Formen der Mutter-Kind-Psychotherapie. Klett-Cotta, Stuttgart
Strauß, B., Schmidt, S. (1997): Die Bindungstheorie und ihre Relevanz für die Psychotherapie. Teil 2: Mögliche Implikationen der Bindungstheorie für die Psychotherapie und Psychosomatik. Psychotherapeut 42, 1–16

Suess, G. J., Pfeifer, W.-K. P. (Hrsg.) (1999): Frühe Hilfen. Psychosozial, Gießen
–, Röhl, J. (1999): Die integrative Funktion der Bindungstheorie in Beratung/Therapie. In: Suess/Pfeifer, 165–199
Tulving, E. (1985): How many memory systems are there? American Psychologist 40, 385–398
Wolke, D. (1999): Interventionen bei Regulationsstörungen. In: Oerter, R., von Haagen, C., Röper, G., Noam, G. (Hrsg.): Klinische Entwicklungspsychologie. Ein Lehrbuch. Psychologie Verlags Union, Weinheim, 351–380
Zeanah, C. H., Mammen, O. K., Lieberman, A. F. (1993): Disorders of attachment. In: Zeanah, C. H. (Ed.): Handbook of infant mental health. Guilford, New York/London, 332–349

# Falldarstellung eines 9jährigen Mädchens mit gehäuften traumatischen Erfahrungen, Verlustängsten und Leistungsproblemen

Von Ursula Götter

S. kommt im Alter von 9 Jahren und 4 Monaten zu mir in die Psychotherapie. Sie ist ein Adoptivkind und lebt zusammen mit ihrer Zwillingsschwester bei gut situierten, akademisch gebildeten Adoptiveltern. Im Alter von zweieinhalb Jahren waren die Zwillinge zu ihnen gekommen. An aktueller Symptomatik zeigt S. häufiges nächtliches Einnässen, Probleme bei den Schulleistungen – hauptsächlich in Mathematik – und eine intensive Beschäftigung mit ihrer Vergangenheit, d.h. den leiblichen Eltern. Vor kurzem ist sie in die 3. Klasse zurückgegangen, weil sie durch eine Blinddarmoperation und weitere Erkrankungen in Rückstand mit dem Unterrichtsstoff geraten war. Ihre Schwester besucht die 4. Klasse und ist körperlich stabiler. S. hat allgemein wenig Selbstvertrauen.

Im ersten Gespräch mit mir allein erzählt S. gerne und unbefangen von der Schule und der Schwester, mit der sie sich gut verstehe. Sie malt begeistert, hat dabei aber leichte feinmotorische Schwierigkeiten. Wenn ihr Linien danebengeraten, schaut sie mich verlegen und ängstlich-unsicher wirkend an. Allgemein wirkt sie noch recht kindlich und bemüht, sich meinen vermeintlichen Erwartungen anzupassen. Sie macht einen sehr zuwendungsbedürftigen Eindruck. Einmal fragt sie etwas ängstlich nach der Mutter. Sie will gerne zu weiteren Stunden wiederkommen. Bindungstheoretisch gesehen dürfte es sich bei S. um ein unsicher ambivalent gebundenes Kind handeln. Obwohl sie bereits neun Jahre alt ist, reagiert sie ziemlich beunruhigt auf die Abwesenheit der Mutter. Sie versucht es der fremden Person (Therapeutin) recht zu machen und bemüht sich, selbständig zu wirken, während gleichzeitig ihre Sehnsucht nach Nähe und Zuwendung spürbar wird. Die Vorgeschichte verdeutlicht, daß S. unter vielen Bindungsabbrüchen zu leiden hatte.

S. wird als zweiter Zwilling per Kaiserschnitt geboren. Ihre Mutter ist 21 Jahre alt und als Adoptivkind aufgewachsen. Der Vater ist 25 Jahre alt, rauschgiftsüchtig und handelt auch mit Drogen. Seine Freundin hat er zum Drogengebrauch verleitet. S. ist eine Mangelgeburt, sehr klein und leicht und muß beatmet werden. Nach 2 Wochen holt die Mutter verfrüht die Zwillinge heim. Sie stillt die Kinder. Es gibt Berichte, daß der Vater die Mutter regelmäßig geschlagen habe, auch wenn sie ein Kind auf dem Arm hatte. Als die Zwillinge 8 Monate alt sind, stirbt die Mutter in Anwesenheit der Kinder an einer Überdosis Heroin. Wie lange sie mit der toten Mutter alleine waren, ist unklar. Nach einigen Tagen bei einer Großmutter kommen die Zwillinge in ein Kinderheim, wo sie bis zur Adoption bleiben, insgesamt fast zwei Jahre. Bei der Aufnahme im Heim wird bei S. eine deutlich verzögerte statomotorische und psychosoziale Entwicklung festgestellt. Die Zwillinge bekommen jede eine andere Erzieherin. Bis zur Adoption holt S. in der körperlichen Entwicklung auf.

Die Adoptiveltern wollten keine eigenen Kinder haben, weil sie in ihrer Kindheit eingeengt und unglücklich waren. Sie stammen beide aus einfachen Familien, in denen Leistung und Pflichtbewußtsein dominierten. Die Adoptivmutter führte mit 10 Jahren den Haushalt fast allein, weil ihre Mutter sich lieber außerhalb der Familie karitativ betätigte. Das Paar wirkt freundlich und um die Kinder besorgt. Der Mann hat ein ruhiges, zurückhaltendes Wesen, die Frau wirkt nervös und scheint viel bestimmen und kontrollieren zu müssen.

Die Ablösung der Zwillinge vom Heim gelingt ganz gut. Anfänglich reagieren die Kinder mit Angst, wenn die Eltern sich zum Ausruhen hinlegen. S. hat eine große Angst vor Männern, die sich erst in späteren Jahren legt. Mit knapp 4 Jahren kommt sie in den Kindergarten, wo sie sich wohlfühlt. Ein Jahr später erfolgt ein Wechsel in einen örtlich näheren Kindergarten, wo aber die Erzieherin überfordert ist. S. macht Rückschritte in der Entwicklung und zieht sich mit anderen Kindern aus der Gruppe zurück. Die Zwillinge werden vorzeitig eingeschult, weil sie nicht getrennt werden wollen. S. kommt im ersten Schuljahr gut mit und hat in einem Lehrer eine positive männliche Bezugsperson.

Im zweiten Schuljahr zieht die Familie in ein selbstgebautes Haus um und die Kinder wechseln in die örtliche Grundschule. Sie kommen mit der selbständigen Organisation der Hausaufgaben nicht zurecht. Die Mutter übt viel mit ihnen. Bei S. fallen die Leistungen ab, besonders in Mathematik. Sie wird in die dritte Klasse zurückgestuft. Eine Entwicklungsuntersuchung zeigt keine neurologischen Auffälligkeiten, nur eine leichte motorische Koordinationsschwäche. Die Adoptiveltern entschließen sich, S. Unterstützung durch eine Psychotherapie zu geben. Im Elterngespräch erzeugen beide bei mir den Eindruck, daß sie das, was sie richtig finden, hartnäckig durchkämpfen. So betonen sie, daß S. Hilfe braucht und sie sie gerne in Therapie geben wollen, daß sie aber nicht möchten, daß S. in Abhängigkeit gerät und die Therapie kein Ende findet. Mit Kritik scheinen beide schwer umgehen zu können.

Welche Bindungsmuster und Repräsentanzen lassen sich aus diesen ersten Gesprächen mit S. und den Adoptiveltern erkennen? Was wird bindungstheoretisch aus der Vorgeschichte von S. deutlich? Die Zwillingsschwangerschaft, die Drogenabhängigkeit der Mutter und der Kaiserschnitt stellen bereits erste belastende Bedingungen für S. dar. Die Mutter stillte zwar die Kinder und ging Berichten einer Freundin zufolge fürsorglich mit S. um, doch mußte sie Aufmerksamkeit und Liebe auf zwei Säuglinge richten, so daß eines der Kinder sich wahrscheinlich immer zu kurz gekommen fühlte. Die frühe Bindung an das erste Bezugsobjekt war für S. also schon dadurch erschwert. Ihre Mutter ist nach allem, was man über sie weiß, wohl selbst unsicher gebunden und verstrickt gewesen. Sie war selbst adoptiert und verließ mit 16 Jahren die Adoptiveltern wegen Auseinandersetzungen. Von ihrem Freund, dem Vater der Zwillinge, ließ sie sich unterdrücken, mißhandeln und zu Drogen verführen. Sie reagierte nicht autonom und konnte offenbar mit ihrer eigenen negativen Lebensgeschichte nicht strukturiert umgehen. Wahrscheinlich war sie oft durcheinander und nicht nur aufgrund ihrer Suchtproblematik für S. nur bedingt emotional verfügbar. S. dürfte ihre Mutter wohl als instabiles Bezugsobjekt erlebt haben. Hinzu kommt die durch den Vater verursachte gewalttätige Atmosphäre. Dieser nimmt für S. wohl vor allem durch seine aggressiven Handlungen Kontur an. Für S. kann man wahrscheinlich eine unsicher-ambivalente frühe Bindung postulieren.

Wie S. und ihre Schwester den Tod ihrer Mutter erlebt haben, kann nur vermutet werden. Ein archaisches inneres Bild der Mutter ist im achten Monat vorhanden, fremde und vertraute Personen können seit längerem unterschieden werden. Es besteht ein Kernselbst, von dem die Mutter als teilweise abgegrenzt erlebt wird. Die auf einmal nicht mehr reagierende Mutter, die dann plötzlich verschwindet, der räumliche Wechsel zur Großmutter und dann ins Kinderheim sind als gehäuftes psychisches Trauma für S. zu werten, die diesen Schock nur knapp überlebt. Den Informationen nach reagiert sie mit einer anaklitischen Depression im Sinn von R. Spitz. Es tritt also ein Totalverlust ihrer Bezugspersonen und ihrer bisherigen Lebenswelt für sie ein und damit auch ein Bindungsabbruch. Das alles verkraftet sie kaum. Ungünstig kommt hinzu, daß die Zwillinge im Heim zwei verschiedene Erzieherinnen haben, d.h. auch die Geschwisterbeziehung und Bindung zu diesem von Anfang an existierenden Objekt gerät ins Wackeln. Über die Zeit im Heim ist wenig bekannt. S. holt aber in der körperlichen und psychischen Entwicklung auf. Im Alter von 2 Jahren und 6 Monaten erfolgt ein erneutes Trauma, als die Mädchen adoptiert werden und wieder eine Trennung von den bisherigen Bezugspersonen erfolgt. Die Bindung an ein neues Objekt wird abgeschnitten, was S. bestimmt in ihrer Entwicklung zu mehr Eigenständigkeit in dieser Lebensphase gefährdet. Bis zur Adoption im dritten Lebensjahr macht S. die Erfahrung, daß ihre Bindungswünsche zwar erwidert werden, aber ständig Abbrüche und Verluste drohen und sie sich deshalb nie sicher an ein einziges Objekt binden kann. Immer wieder muß sie sich auf neue Personen einstellen und versucht sich deren Erwartungen anzupassen.

Auslösend für S.' aktuelle Problematik mit 9 Jahren sind der Schulwechsel (verbunden mit einem Leistungsabfall), die Zurückstufung in der Schule und die Trennung von der Schwester. Letzteres dürfte der zentrale Punkt sein, denn die Bindung an die Zwillingsschwester ist das einzige, was bisher in ihrem Leben stabil war. Die Schwester „läuft" ihr auch in der Entwicklung davon, sowohl schulisch wie körperlich. Bei der Schwester sind schon Anzeichen der Pubertät erkennbar, während S. noch sehr kindlich ist. Das anstehende Thema der nahenden Pubertät wäre für S. die Ablösung von den Eltern, was ihr wohl große Angst macht. Sie kann unbewußt die Adoptivmutter nicht ablehnen oder gar verlassen, weil die Gefahr droht, daß sie sterben könnte – als inneres Objekt oder sogar real, jedenfalls in der Vorstellung von S. Schließlich ist die leibliche Mutter tatsächlich gestorben. Auch weil die Bindung an die Adoptivmutter nicht sicher, sondern unsicher und ambivalent ist, droht unbewußt ein völliger Bindungsverlust, wenn S. sich altersangemessen verselbständigen würde. Männer erlebt S. grundsätzlich als schlecht einschätzbar und eher bedrohlich, so daß sie auch möglicherweise Konsequenzen des Adoptivvaters fürchtet, wenn sie sich von ihm lösen möchte. In ihrer inneren Verwirrung und Not befaßt sie sich jetzt verstärkt mit ihren leiblichen Eltern und weicht so der Auseinandersetzung mit den Adoptiveltern aus.

Die Adoptiveltern haben beide ihre Familien als kühl und leistungsbetont erlebt. Auf ihre Bedürfnisse und Gefühle als Kinder wurde wenig eingegangen, vielmehr wurden sie oft überfordert. Der Adoptivvater hatte immerhin eine vom Wesen her wärmere Mutter als die Adoptivmutter, die von ihrer Mutter frühzeitig parentifiziert wurde. Beide Adoptiveltern dürften in ihrer Kindheit als unsicher-vermeidend gebunden einzuordnen sein. Abhängigkeitsgefühle sind ihnen auch aktuell noch suspekt. Sie wirken im Hinblick auf ihre Herkunftsfamilien nicht autonom, sondern noch sehr verstrickt in unaufgelöste Beziehungsmuster. Bei der Adoptivmutter besteht eine große Konkurrenz zu ihrer Schwester und der Entwicklung ihrer Kinder. Sie selbst möchte gerne als Mutter alles richtig machen und erfolgreich mit ihrer Erziehung der Zwillinge dastehen. Kritik ihrer Eltern oder der Schwester an ihrem Umgang mit den Mädchen erlebt sie als äußerst kränkend. Eigene Probleme oder Schwächen können die Adoptiveltern kaum zugeben. S. und ihre Schwester werden von ihnen häufig nicht wirklich in ihren Bedürfnissen und ihrer Leidensgeschichte wahrgenommen. Vielmehr sollen sie funktionieren, nicht zu viele Probleme machen und im Leistungsbereich vorankommen, ähnlich wie die Eltern also. Dafür gibt es dann auch Unterstützung und Belohnung. S. dürfte zu Beginn der Therapie folgendes Arbeitsmodell in bezug auf die Eltern in sich getragen haben: Wenn ich mich kontrolliere, brav bin und in der Schule klarkomme, mögen mich meine Eltern. Bin ich aber unleidlich und wütend und schlecht in der Schule, dann werde ich von ihnen abgelehnt. S.' starke Bindungswünsche werden also nur erfüllt, wenn sie sich den Erwartungen und Ansprüchen der Eltern anpaßt.

## Ausgewählte Stunden aus dem Therapieverlauf zur Verdeutlichung der Entwicklung des Bindungsverhaltens und seiner Qualität

Obwohl die Therapie nicht explizit unter bindungstheoretischen Überlegungen geführt wurde, lassen die Stunden doch recht plastisch die ursprünglichen Bindungsmuster und deren Weiterentwicklung erkennen. In den ersten Therapiestunden inszeniert S. ihre Neugeburt. Anfangs malt sie sich selbst mit rosa Schleifen im Haar, in einem Rahmen aus mehrfachen Herzen, und schreibt dazu, daß S. toll sei. Sie nimmt die russische Puppe in der Puppe auseinander; jede der Puppen sagt dann „ich bekomme ein Kind". Am Ende der ersten Stunde wird sie unruhig und hektisch, will alles im Zimmer anschauen und noch nicht gehen. Sie will noch ganz viel mit mir zusammen spielen. In der dritten Stunde bastelt sie etwas als Überraschung für mich. Ich darf nicht hinschauen, als sie malt und klebt. Sie fragt mehrmals, ob mir langweilig sei. Ich verneine. Ihr ist öfter langweilig, was sie nicht mag. Als sie wieder fragt, sage ich: „Ich schaue und höre dir zu und bin für dich da, und selbst wenn mir langweilig wäre, ist das mein Problem." Sie lacht und malt eifrig weiter. Schließlich zeigt sie stolz ihr Werk vor. Das sei ein Kalender. Darauf sei mein Haus mit roter Tür, die man öffnen kann, und ich stehe dahinter. Mein Hund stehe neben der Tür. Ich soll das Blatt mit nach Hause nehmen. Sie legt es demonstrativ auf meine am Boden stehende Tasche. Mein Kommentar: „Ich soll dich mit nach Hause nehmen, mit dem Bild von dir!" S. lehnt sich beinahe an mich und fragt, ob ich Tiere mag. Ich bejahe. „Magst du auch Wüstenrennmäuse?" „Wie schauen die aus?" „Wie Mäuse, aber mit einem langen Schwanz – meine Schwester hat eine und ich auch." „Ja, ich mag Mäuse und auch Wüstenrennmäuse." In der kommenden Nacht träume ich von zwei rosaroten jungen Mäusen, die quicklebendig herumlaufen. Sie sehen wie Marzipan aus und haben lange Schwänze. Die Geburtsthematik ist in diesen Stunden deutlich sichtbar. Eine erste Bindung ist zwischen S. und mir entstanden, die sich auch in meinem Traum niederschlägt. Klar spürbar werden auch die intensiven Bindungswünsche von S.

Ab der fünften Therapiestunde beginnt sie sich zu verstecken, abwechselnd mit mir. Wiederholt deute ich ihr, daß sie möchte, ich soll sie überall wiederfinden, selbst wenn es sehr schwer ist. In der achten Stunde gilt es, den ersten Abschied zu bewältigen, weil S. zwei Wochen in die Ferien fährt. Sie malt spontan ein Bild, auf dem eine Wohnung heftig brennt, die einer Frau gehört. Diese hat eine Katze, der sie eine rote Decke umgelegt hat, damit ihr nichts passiert, wie S. erklärt. Rauch und Feuer werden immer größer und die Frau ruft um Hilfe. Laut S. wird sie gerettet – jemand habe die Feuerwehr gerufen. Besser läßt sich der innere Zustand von S. angesichts der Therapiepause wohl kaum darstellen! Im weiteren Verlauf der Stunde fragt sie mich, ob Menschen unsichtbar werden können. Ich verneine. „Und was ist mit Gott?" „Der ist eben Gott und deshalb unsichtbar, das ist schwer zu begreifen." Schließlich sage ich: „Manchmal ist es so, als seien Menschen unsichtbar, wenn sie sterben. Vielleicht meinst du, ich könnte verschwinden, wenn du jetzt in Urlaub gehst? Ich bin aber da und in zwei Wochen sehen wir uns wieder." Das scheint S. zu erleichtern. Sie malt ein Bild mit einem Apfelbaum und einer lachenden Sonne, fügt dann schwarze Vögel und dunkle Blumen hinzu und drückt so die verbal noch nicht zu fassende Trauer über den Abschied aus. Sie möchte das Bild mitnehmen, was ich erlaube. Es dient ihr bestimmt als tröstendes Übergangsobjekt, weil es eine sichtbare Verbindung zur Therapie und mir darstellt.

Die noch junge und ungefestigte Bindung von S. zu mir wird durch die Therapiepause bedroht. In den nächsten Stunden erzeugt sie immer wieder chaotische Zustände, bringt das Spielzeug durcheinander und versucht dann, Ordnung oder eine Struktur hineinzubringen. Ich habe den Eindruck, sie probiert aus, ob ich sie so aushalte, mit äußerem und innerem Durcheinander und mit Aggression. Denn unbewußt hat sie ihre Ferien vielleicht so erlebt, als hätte ich sie verlassen und nicht umgekehrt. In der elften Stunde wendet sie mir eine Weile den Rücken zu, als sie aus dem Wasserhahn trinkt. Als sie sich umdreht, sagt sie: „Du bist ja noch da!" „Ich habe mich nicht in Luft aufgelöst", erwidere ich. „Du befürchtest wohl immer wieder, ich könnte verschwinden." Das bestätigt S.

In der neunzehnten Stunde darf ich nicht hinsehen, als sie malt. Sie zeichnet lange und fragt dann, ob mir langweilig sei. „Nein – ich höre dir zu und bin für dich da." Nach einer Weile will sie wissen, ob ich traurig bin. „Nein". „Du klingst aber so." „Ich bin nachdenklich." „Du kannst doch ein Buch lesen."

„Du möchtest, daß ich mich beschäftige, damit mir nicht langweilig ist." „Ja."
„Vielleicht ist dir manchmal langweilig und dann bist du traurig?" „Jaa!" „Weißt du, ich lese kein Buch, denn sonst kann ich dir nicht zuhören und für dich da sein." S. stutzt: „Jetzt verstehe ich – wenn du ein Buch liest, bist du nicht für mich da!" Sie ist erfreut und malt weiter. Mit ihrer Lieblingsfarbe bemalt sie ihre Fingernägel. Sie spielt mir dann ihre Lehrerin vor, indem sie mir ein Buch vorliest. Zum ersten Mal leiht sie dann etwas aus, eben dieses Buch. Sie trennt sich schwer am Ende der Stunde. In drei Stunden steht nämlich der Sommerurlaub bevor, worüber wir schon gesprochen haben.

In der letzten Stunde vor den Ferien malt S. eine große Sonne mit einem roten Gesicht für mich. Sie wühlt in den Plüschtieren, schaut meine Fachbücher an, entdeckt zielsicher ein Buch über Mutter-Kind-Bindung und will wissen, was das heißt. „Was meinst du denn?" „Es hat was mit Zusammenbinden zu tun." Ich bestätige das und erkläre es noch näher. Sie blättert im Buch und steht dicht neben mir. Bilder von Früh- und Neugeborenen mit Eltern fallen ihr auf. Einige findet sie süß. Insgesamt wirkt sie auf mich wieder hektisch und ängstlich, fast wie zu Beginn der Therapie. Als ich sage, es sei unsere letzte Stunde vor den Ferien, erwidert sie: „Ich weiß". Sie kann ihre Gefühle von Enttäuschung und Trauer, die ich spüre, nicht verbal ausdrücken, sie setzt sie in Szene. Wieder braucht sie ein Buch als Übergangsobjekt. Die Bindung ist also noch nicht sicher genug. Ohne ein konkretes Objekt aus der Therapie geht ihr wahrscheinlich der innere Bezug zu mir verloren.

Einige Stunden später sagt die Mutter plötzlich eine Therapiestunde ab. Im Elterngespräch stellt sich heraus, daß die Mutter S. mit Therapieabbruch gedroht hat, weil die Mutter sich so kaputt und erschöpft fühlt. Sie erlebt sich von den Kindern ausgenutzt. Außerdem belastet es sie, weil sie sie mit dem Kochlöffel geschlagen hat, wegen angeblich ungenügend geübter Rechenaufgaben. Es ist möglich, die Überforderung der Mutter in Verbindung mit ihrer eigenen Kindheitsgeschichte anzusprechen und die Therapie als geschützten Raum zu verankern, der von den Eltern nicht instrumentalisiert werden darf. In der darauffolgenden Stunde spielt S. ihre Lehrerin und singt das Lied „Summ, summ, summ, Bienchen summ herum." Sie ordnet eine Pause im Unterricht an, in der ich als Schulkind herumgehen muß. Danach singen wir das Lied gemeinsam. Plötzlich wird sie sehr traurig. Ich vermute, daß es mit dem nahenden Stundenschluß zu tun hat. S. fragt so nebenbei, ob sie noch was ausgeliehen habe und stellt dann fest, sie habe die russische Puppe vergessen. „Vielleicht wolltest du sie behalten, weil die letzte Stunde ausgefallen ist!" „Mhm". Als ich ankündige, daß die Stunde um ist, sagt S. kläglich: „Ach nein, ich will hierbleiben!" Sie geht mit hängendem Kopf aus der Tür.

Meinem Gefühl nach spiegelt sich in dieser Stunde S.` Angst wegen der verlorenen Stunde und der Drohung der Mutter mit dem Abbruch der Therapie. Damit steht für S. auch ein drohender akuter Bindungsverlust im Raum, wie sie ihn schon mehrfach erleiden mußte. Im Lied vom Bienchen kommt zum Ausdruck, daß man (ich, aber auch die Mutter) ihr nichts zuleide tun soll. Und sie läßt mich eine Pause fühlen, so wie sie unfreiwillig eine hatte.

In den folgenden Stunden wird S. ruhiger und beginnt, getrennt von mir zu spielen, z. B. einen Lehrer, der an seinem Tisch sitzt, während ich etwas anderes tun soll. Ihre Bindung scheint nun sicherer geworden zu sein. Einmal meint sie, sie habe von mir noch etwas zu Hause, was aber nicht der Fall ist. Ich schließe daraus, daß sie mich nun innerlich ein Stück weit gespeichert hat und ich ihr nicht mehr verloren gehe, wenn sie mich eine Weile nicht sieht. Diese ersten Fundamente einer sicheren Bindung von S. an mich werden auf eine harte Probe gestellt, als auch die Zwillingsschwester Therapie erhalten soll und ich an der Vermittlung einer Therapeutin beteiligt bin. S. sagt mir in der siebenunddreißigsten Stunde, daß sie nicht will, daß ihre Schwester auch kennenlernt, wie sich eine Therapie anfühlt. Sie fragt mich, warum die Schwester in Therapie gehen soll, und ich versuche, es ihr zu erklären. In den kommenden Stunden bringt sie ihre Wut und Enttäuschung über mich zum Ausdruck, indem sie schöne Bilder malt und durchstreicht, indem ihr alle Farbstifte abbrechen und sie mit einem Ball heftig das Fenster zu treffen versucht. Ich kommentiere, daß sie mir so ihren Ärger auf mich zeigen will.

In der vierzigsten Stunde bringt sie ein Buch mit, „Der alte John" von Peter Härtling, aus dem sie mir vorliest. Als es darum geht, wie das Gepäck und die Möbel Johns ankommen, fragt sie mich, was „ankommen" sei. Ich frage nach ihrer Meinung. Erst umständlich, dann klar entgegnet sie: „Ankommen ist, wenn man den richtigen Platz gefunden hat!" Mit meiner Erlaubnis nimmt sie ein Plakat von Leonardo da Vinci von der Wand, das sie sehr mag, weil es etwas darstellt, das an ihren Namen erinnert. Sie stellt sich hinter das Plakat, so daß ich sie kaum noch sehe und fordert mich auf, die Schrift vorzulesen. Sie lacht und sagt, sie könne mich sehen. Ich muß ihr noch das Dargestellte schildern. Ganz offensichtlich will S. mir in dieser Stunde verdeutlichen, ob sie bei mir immer noch richtig (angekommen) ist und ihren Platz hat, ob ich sie immer noch mit allen Facetten wahrnehme, auch wenn ihre Schwester nun mit meiner Hilfe in Therapie vermittelt wird. Ihre Sehnsucht nach Geborgenheit und Entspannung wird in den nächsten Stunden immer stärker spürbar. Manchmal legt sie sich kurz hin, hält es aber nicht lang aus und bleibt dabei immer mit mir im Blickkontakt. In die Weihnachtsferien kann sie sich relativ ruhig verabschieden, nachdem sie ein Lied gedichtet und gemeinsam mit mir gesungen hat.

Nachdem ihre Bindung zu mir sicherer geworden ist, kommen nun allmählich ambivalente Aspekte mit ins Spiel. Sie erprobt, ob ich sie auch mit dunklen und aggressiven Seiten aushalte und mag, d. h. mit den Seiten, die ihre Eltern meist ablehnen. In der siebenundfünfzigsten Stunde malt sie ein Bild, wobei ich nicht zuschauen darf. Dann zeigt sie es her. Es sei ein Monster. Tatsächlich sieht es so aus – es ist schwarz, hat zerfließende Konturen und dicke schwarze Zähne. Ich sage: „Das ist wirklich ein scheußliches Monster!" S. meint: „Das Monster vom Geist!" Sie will die Schere haben und schneidet dicht neben mir stehend den Rand des Blattes ab, der auf meinen Ärmel fällt. Sie schneidet die oberen Ecken ab, stutzt und beginnt dann, auf dem Stoff meines Ärmels das Papier zu zerschneiden. Es macht ihr sichtlich Spaß, während ich dabei ganz ruhig bleibe und wir uns ansehen. Sie sagt, sie habe gar keine Angst vor dem Monster. Ich kommentiere: „Du ärgerst dich wohl sehr über mich und probierst jetzt aus, was du tun kannst und ob ich schimpfe, wenn du in den Stoff von meiner Jacke schneiden würdest." Sie knüllt das Monster zusammen und zerschneidet es über meinen geöffneten Händen und meinem Ärmel und lacht über die vielen Schnipsel auf mir. In den nächsten Stunden geht es immer wieder um Aggressivität. S. erzeugt Chaos, quäkt wie ein Kleinkind und fragt, ob mich das nervt. Sie schreibt mir zu, daß ich böse werde, wenn ihr die Farbstifte umfielen. Sie muß oft auf die Toilette. Kommentare von mir will sie nicht hören und „hüpft" darüber hinweg. Gleichzeitig wird es ihr allmählich möglich, Angst verbal auszudrücken und über ihre Gefühle nachzudenken, z. B. hinsichtlich der Hausaufgaben und ihrer Befürchtung, sie nicht zu können.

Viele Stunden lang macht sie Dinge, die sie als frech bezeichnet und von denen sie glaubt, daß ich darüber sauer werden könnte. Sie genießt diese Aktionen. Vor dem nächsten Urlaub läßt sie mich ihre Wut und Enttäuschung spüren, sagt, sie werde sauer. Sie macht beinahe Spielsachen kaputt, läßt mich in der Rolle eines Schulkindes viel alleine sitzen und tut selber sehr geschäftig, malt mir spitze, eckige Bilder und bringt einen Zeitungsausschnitt über die Überlebenstricks der Frühlingsblumen mit.

Noch bevor ich verreise, ruft mich die Adoptivmutter an und erzählt mir, daß sie eben vom Jugendamt erfahren habe, daß der leibliche Vater von S. vor einiger Zeit gestorben sei, und zwar an seiner Heroinsucht. Man habe ihn tot in der Wohnung gefunden. Die Adoptiveltern hatten den Zwillingen frühzeitig von der Adoption und den leiblichen Eltern erzählt und diese auch mit Namen benannt. Gleichzeitig warnten sie immer vor Suchtverhalten, zum Teil in übertriebenem Maß. Die Mutter will die Nachricht vom Tod des Vaters den Kindern im Urlaub möglichst schonend beibringen. Ich unterstütze sie in dieser Haltung, mache mir aber Sorgen, daß S. durch diese Todesnachricht in ihrer erst kürzlich eingetretenen Stabilisierung beeinträchtigt werden wird.

Das ist auch der Fall. Als wir uns wiedersehen, erwähnt sie erst einmal den Todesfall nicht. In der achtzigsten Stunde provoziert sie mich mit Chaos und Angriffen auf das Fenster und die Lampe, bis ich sage, sie sei wohl sauer auf mich wegen der langen Pause. Das bejaht sie aus tiefstem Herzen. Sie berichtet, daß sie und ihre Schwester wieder gemeinsam in eine Klasse wollen. So nebenbei erzählt sie, daß ihr leiblicher Vater gestorben sei, das wisse ich ja schon. „Das tut mir sehr leid für dich – du wolltest ihn doch immer mal sehen und nun geht das nicht mehr." Sie findet die Nachricht von seinem Tod „doof" und geht schnell darüber hinweg. Auch in der folgenden Stunde ist das so. Ich spüre ihre Abwehr, überhaupt etwas anzusprechen. Sie betont dauernd, sie sei ein anderes Kind namens C. Sie äußert Ängste, allein etwas tun zu müssen, weil ihre Schwester im Landschulheim ist. In der nächsten Stunde kulminieren ihre widerstreitenden Gefühle. Sie wirkt fahrig und zerquält und kann mich gar nicht richtig anschauen. Die Mutter hatte mich angerufen und geklagt, daß S. unleidlich sei, schlampig, lügen würde und sie sich von ihr wie ein Putzlumpen behandelt vorkomme. S. hat demonstrativ das von mir ausgeliehene Buch vergessen. Sie malt in der Rolle eines anderen Kindes eine lila Kirche. Sie meint, wenn sie das Buch nächstes Mal nicht mitbringe, würde ich sie nicht mehr mögen, und auch nicht, wenn sie frech sei! Ich erwidere ruhig, wir könnten dann überlegen, warum es ihr so schwer falle, das Buch mitzubringen. Sie wirkt erleichtert; davor war in der Stunde für mich dauernd spürbar, daß sie gleichzeitig unglücklich und aggressiv ist.

Der Tod ihres leiblichen Vaters rührt an ihre schmerzlichsten Erfahrungen, nämlich an den Tod der leiblichen Mutter und ihr eigenes knappes Überleben. Diese schrecklichen Gefühle will sie offensichtlich nicht hochkommen lassen; am liebsten wäre sie ein anderes Kind. Und daß auch noch die Schwester nicht da ist, ist für sie momentan besonders bedrohlich, weil diese stets das einzige zuverlässige Objekt war. Der mit dem Tod der Mutter eingetretene Bindungsabbruch wird unbewußt reaktiviert und die Bindung zur Schwester scheint in Gefahr. Außerdem war ich auch noch im Urlaub, als sie vom Tod des Vaters erfuhr. Das dürfte ihre Bindung an mich erschüttert haben. Wahrscheinlich hat sie sich sehr verlassen gefühlt.

In die dreiundachtzigste Stunde kommt S. völlig verändert. Sie ist heiter und überreicht strahlend mein Buch. Ich sage, daß man manchmal etwas gleichzeitig hergeben und behalten will. Da stimmt sie zu. „Mit deinem Vater ist es ähnlich; an ihn willst du dich auch erinnern und gleichzeitig ist es schwer auszuhalten für dich, daß er tot ist. Sicherlich war es schlimm für dich, von seinem Tod zu hören und ich war noch eine Woche weg!" Sie nickt und sagt, sie wolle den Vater nicht vergessen. Sie sagt mir ein langes Gedicht auf, das damit schließt, daß das kostbarste Gut das Leben ist. „Du bist froh, am Leben zu sein, auch wenn deine ersten Eltern tot sind!" Sie stimmt eifrig zu. Sie hat dann plötzlich eine Idee, nimmt den größten Schreibblock und beginnt auf dem Fußboden zu schreiben. Ich soll mitschauen und mitlesen. Sie schreibt ihre Lebensgeschichte auf, warum sie eine Klasse zurückging und warum alles so ist, wie es jetzt ist. Sie berichtet von den drogensüchtigen Eltern und deren Tod. Ich sage, daß ich es wichtig finde, daß sie aufschreiben kann, wie alles so gekommen ist. Sie nimmt das Blatt mit nach Hause und setzt ihre Geschichte fort, indem sie von den Adoptiveltern und mir schreibt und von ihren Lieblingstieren berichtet. In der folgenden Stunde liest sie mir alles vor und meint, ihre Geschichte sei doch sehr schlimm, was ich bestätige. Ich kommentiere, daß sie ihre Geschichte aufgeschrieben habe, weil sie alles in Erinnerung behalten wolle und sich sicher wünsche, daß es in Zukunft schöner weitergehe. S. findet: „Jetzt habe ich Mama und Papa, sonst wäre es vielleicht noch schlimmer weitergegangen." In den kommenden Stunden macht sie Fotos von sich und mir. Die Bilder, auf denen sie sich nicht mag, gibt sie mir, d. h. ich soll ihre ungeliebten Seiten erst einmal annehmen und aufheben. Als an Pfingsten eine Stunde ausfällt, malt sie ein Männchen, das traurig ist und nach der Mama schreit, aber gleichzeitig die Zunge herausstreckt! Nach der Krise durch den Tod des leiblichen Vaters versucht S. also, die ins Wackeln geratene Bindung zu mir wieder zu festigen.

In die zweiundneunzigste Stunde bringt sie Fotos von ihrer Familie, dem Haus und von ihren zwei Mäusen mit. Sie erzählt mir, daß ihre Mäuse gestorben sind, erst die eine, dann aus Sehnsucht die andere, wie sie sagt. Sie sei traurig, aber die Eltern wollten ihr keine neuen Mäuse mehr erlauben. Ihre Enttäuschung ist deutlich zu merken. Sie redet atemlos, spielt Baby und Schulkind und erzählt mittendrin schüchtern: „Du, ich muß dir noch was sagen. Ich bin immer noch traurig wegen dem Tod von meinem Vater und neulich habe ich deswegen auch ein bißchen geweint!" „So schnell vergeht die Traurigkeit nicht, schließlich ist es dein Vater gewesen. Ich glaube, du bist sehr traurig, weil du in der letzten Zeit soviel verloren hast, was dir lieb war – dein Vater und die Mäuse sind gestorben. Das ist sehr schlimm und zum Weinen. Deshalb glaube ich auch, daß du in letzter Zeit nicht gut schlafen kannst und in die Hose gemacht hast, wie du mir geschrieben hast." S. ist sichtlich erleichtert. In den kommenden Stunden gelingt es ihr immer besser, Gefühle von Wut oder Angst auszusprechen und mit Hilfe von Bildern zu verarbeiten. Auch Trauer wegen der toten Mäuse taucht immer wieder auf. Als einmal etwas mißlingt, was wir gemeinsam machen, ist sie zuerst sehr traurig, doch dann findet sie, daß die Therapie trotzdem schön sei und sie gerne zu mir kommt. Sie malt ein Bild und schreibt dazu von den schönen, traurigen und ärgerlichen Gefühlen. Es ist ein großer Entwicklungsschritt für S., daß sie nun zunehmend die Aufspaltung ihrer Gefühlswelt überwinden kann und besonders die ihr unangenehmen Regungen zuläßt und allmählich ausdrücken kann. Auch die Eltern erlebt sie nun differenzierter: Sie äußert Kritik und Zweifel an deren Erziehung, kann aber auch das Verständnis und die Unterstützung spüren.

Die hundertfünfte Stunde ist unsere letzte vor vier Wochen Sommerpause. S. reagiert hektisch und aufgelöst. Sie bringt mir einen Brief mit einem Angsttraum mit, in dem ihre leibliche Mutter sie beinahe aus der Haustür fortgerissen hätte. Weder Mutter noch Schwester konnten helfen. Sie mußte sehr weinen, als sie aufwachte. In der Stunde veranstaltet sie ein Chaos im Zimmer, alle Sachen fallen um. Ich versuche ihr zu deuten, daß es in ihr drin wegen unseres Abschiedes auch so durcheinander aussieht, doch das hilft wenig. Ich schlage ihr vor, daß sie mir ja aus den Ferien schreiben kann, was sie begierig aufgreift. Ich soll ihr auch schreiben, was ich verspreche. Als sie gar nicht ruhiger wird, setze ich mich auf den Boden. Sie rückt dicht an mich heran. Sie holt das Buch über Mutter-Kind-Bindung, zeigt mir Fotos und fragt nach den Neugeborenen im Brutkasten. Sie äußert eine Phantasie, wie es wäre, wenn einem Baby der Arm ausgerissen würde! Sie versteht gut, als ich ihr sage, daß sie sich heute so ähnlich fühlt, wo wir uns trennen müssen. Mit Mühe kann sie sich verabschieden. Hier wird noch einmal deutlich, wie durch die Verlusterlebnisse der vergangenen Wochen S.' Bindungswünsche intensiviert werden und durch die bevorstehende Urlaubspause große Angst erzeugt wird, die Bindung könnte nicht halten, etwas könnte abreißen.

Nach der Sommerpause, aus der sie mir einen Brief geschrieben hat, wirkt S. entspannt und ruhig. In der kommenden Zeit kann sie aggressive Gefühle immer besser äußern und spielt mir auch gerne kleine Streiche. Eine Woche im Landschulheim macht ihr große Freude; sie hat keine Schwierigkeiten wegen dieser Therapiepause. Als sie wiederkommt, malt sie ein schönes Bild, das Tal der Berge. Sie ist darauf mit einem Rucksack unterwegs und sehr glücklich. Wir finden gemeinsam heraus, daß es ein Gefühl von innerer Freiheit ist, das sie dabei empfindet.

In der Folgezeit wird S. immer stabiler und entspricht immer mehr einer normalen Elfjährigen. Sie verkraftet recht gut meinen Praxisumzug, wobei sie sich ausführlich von allen Räumen und Dingen verabschiedet und großen Wert darauf legt, daß ihre persönliche Spielzeugkiste auch ja mitkommt. Frühpubertäre Züge tauchen allmählich auf, und Sexualität wird immer wieder Thema. Wir einigen uns, daß S. zu den Sommerferien mit der Therapie aufhören wird, nach gut zwei Jahren. Im Herbst soll sie aufs Gymnasium gehen. Sie kann inzwischen gut über alle Bereiche ihres Lebens sprechen und erzählt von ihren unterschiedlichen Gefühlen, vom Frust mit Schwester und Eltern, von guten Schulnoten, Schwärmereien für Jungen und Popmusik und ihrer

Liebe zu Hunden. In der hundertfünfundvierzigsten Stunde unterhalten wir uns ausführlich über ihren Ärger auf die Adoptiveltern. Manchmal sei sie so sauer und traurig, daß sie am liebsten weglaufen würde. Sie findet ihre Mutter sehr streng. Sie bemerkt aber dann von selber, daß Kinder mit leiblichen Eltern auch Probleme haben, wie ihr anhand einer Klassenkameradin klar wird, die von ihren Eltern weg und ins Internat will. Diese Stunde zeigt, daß sie ambivalente Gefühle zulassen und spüren kann, ohne sich deshalb schuldig zu fühlen.

In der folgenden Stunde spielt sie mit mir Wörter-Erraten: Am Klang der mit einem Filzstift geschriebenen Buchstaben müssen diese erkannt werden. Das gelingt uns wechselseitig recht gut. S. meint, sie könne gut etwas erahnen – das Wort habe ich mal gebraucht und ihr auf Nachfragen erklärt. S. sagt, bei ihrer Schwester würde sie auch oft was erraten. Warum das so sei? Sie gibt gleich die Antwort: „Weil wir Geschwister sind." „Und warum ist es bei dir und mir so?" „Na klar, weil wir uns drei Jahre kennen!" stellt sie fest. In den letzten Stunden vor dem Therapieende tauchen Erinnerungen an gemeinsam Erlebtes auf. Sie schaut an, was sie alles gemalt und geschrieben hat und freut sich darüber. Sie kommt sogar, als sie Fieber hat, um keine Stunde zu versäumen. Sie dichtet ein Abschiedslied und dokumentiert uns und das Spielzeug mit der Kamera. Immer wieder spielt sie Verstecken hinter dem Vorhang oder in der Decke auf der Couch, und ist begeistert, wenn ich sie „finde". Sie weiß, daß ihr das alles hilft, sich zu verabschieden, damit die Trennung in Szene zu setzen. Ich kommentiere nur, daß sie den Wunsch hat, ich soll sie nicht vergessen und überall wiederfinden!

Für die Abschiedsstunde hat sie sich extra hübsch gemacht. Sie trägt Schmuck, hat die Haare schön frisiert und wirkt fröhlich. Unsere Verbindung wird nicht abreißen. Wir sprechen darüber, daß S. anrufen oder schreiben kann, wenn ihr danach ist oder wenn sie Probleme hat. Sie sagt, sie will nun versuchen, alleine zurechtzukommen. Jetzt sei sie ja schon ein großes Mädchen! Sie schreibt mir einen Abschiedszettel und sagt in gelöster Stimmung auf Wiedersehen. Ich habe ein gutes Gefühl, als ich ihr nachsehe.

## Schlußfolgerungen

Im dargestellten Therapieverlauf von S. zeigt sich die Entwicklung ihres Bindungsverhaltens von einer ursprünglich unsicher-ambivalenten Bindung hin zu einer sicheren Bindung. Die therapeutische Beziehung wurde für S. allmählich zu einer sicheren Basis, die es ihr ermöglichte, Vertrauen zur Therapeutin zu fassen und ihre ursprünglichen Repräsentanzen von Bezugspersonen (bindungstheoretisch: Arbeitsmodelle) positiv zu verändern. Bowlby beschreibt als eine von fünf wichtigen Aufgaben in einer bindungstheoretisch orientierten Therapie die Beziehung zwischen Therapeut und Patient, die der Patient mit seinen bisherigen Beziehungsmustern vergleicht. Er soll ermutigt werden, neue Erfahrungen zu machen und Überkommenes in einem anderen Licht zu sehen. Dabei sei es besonders schwer für den Patienten, die eigenen Eltern anders zu betrachten und von nicht zutreffenden Phantasien über sie Abschied zu nehmen (Bowlby 1988). Die frühen Beziehungsmuster von S. sahen so aus, daß sie Objekte als nicht zuverlässig, sondern als unberechenbar und entschwindend erlebte. Ihre intensiven Bindungswünsche wurden immer wieder massiv enttäuscht.

In S.' Lebensgeschichte fallen die mehrfachen Traumatisierungen auf, besonders der frühe Tod der Mutter, verbunden mit einem nachfolgenden Verlust der gesamten vertrauten Bezugswelt, auf den S. mit massiver Depression reagiert. Ich nehme an, daß S. auf den Verlust ihrer wichtigsten Bezugsperson, der Mutter, aber auch des Vaters mit Trauer, Sehnsucht, Wut und schließlich Resignation reagiert hat, Gefühle, die Bowlby bei Trauerprozessen in der frühen Kindheit anspricht. Er teilt sie in drei Phasen ein: Auflehnung, Verzweiflung und Loslösung (Bowlby 1982). Gegen eine solche Sehnsucht und Trauer um das verlorene Objekt, die damit verbundenen Schmerzen und den Bindungsverlust hat S. wahrscheinlich eine starke Abwehr errichten müssen, um überhaupt überleben zu können. Bowlby beschränkt allerdings seine Diskussion auf etwas ältere Kleinkinder, weil er sich über die Reaktionen sehr junger Kinder nicht sicher ist (Bowlby 1983). S. war achteinhalb Monate alt, als ihre Mutter starb. Im Licht neuerer Ergebnisse der Säuglingsforschung ist anzunehmen, daß S. in diesem Alter eine gewisse Vorstellung von der Mutter (Objektpermanenz) entwickelt hatte. Zwischen dem siebten und neunten Monat postuliert Stern die allmähliche Entwicklung eines „subjektiven Selbst", das heißt subjektive Gefühle oder Absichten mit dem anderen teilen zu können, also dem anderen einen von sich getrennten Geisteszustand zuschreiben zu können (Stern 1985). Wieweit S. hierin in ihrer Entwicklung gekommen war, ist schwer zu beurteilen. Wie einige Therapiestunden nahelegen, beginnt sie erst allmählich, einen getrennten Zustand zu entwickeln und zu spüren, daß sie einen Innenraum besitzt und ich auch. Wahrscheinlich ist, daß das erste Trauma und weitere traumatische Erfahrungen bereits erreichte Entwicklungen verschüttet oder zerbrochen haben.

Khan stellt die Funktion der Mutter als Reizschutz für das Kind dar. Er definiert ein kumulatives Trauma so, daß die Mutter ihre Rolle als Reizschutz im Lauf der Entwicklung des Kindes nur mangelhaft erfüllt. Auch könne der Verlust der Mutter als Durchbrechung dieser Funktion gesehen werden

(Khan 1963). Bei S.' Mutter ist zu vermuten, daß sie durch ihre eigene Psychopathologie nicht zuverlässig diesen Schutz bieten konnte. Ihr Tod verstärkt für S. ein bereits vorhandenes Defizit. Fonagys Forschungen zeigen, „daß die Fähigkeit der Eltern, Geist und Seele des Kindes wahrzunehmen, das generelle Verständnis des Kindes von Geist und Seele fördert. Die Verfügbarkeit einer reflexiven Bezugsperson erhöht die Wahrscheinlichkeit der sicheren Bindung des Kindes, und die wiederum fördert die Entwicklung der ‚Theorie von Geist und Seele'." (1998). Da die Adoptiveltern nur bedingt S. in dieser Weise wahrnehmen konnten, dürfte erst die Therapie S. befähigt haben, sich selbst als denkendes Wesen zu erleben, was andererseits wieder die sichere Bindung an die Therapeutin und auch an die Adoptiveltern förderte.

Besonders beeindruckend im Therapieverlauf sind die Reaktionen von S. angesichts des Stundenendes, bei Urlaubspausen und nach dem Tod des leiblichen Vaters. An diesen Punkten von Trennung wird jedesmal das Bindungssystem gefordert, und S. reagiert in ihrer noch instabilen Bindung mit Angst, aber auch mit Wut und Aggression, wobei sie letztere Gefühle erst spät in der Therapie wirklich aussprechen kann. Zu erleben, daß ihre Wut angenommen wird und sein darf und auch ihr Wunsch nach fester Bindung dahinter wahrgenommen wird, hat ihre Repräsentanzen von sich und den Bezugspersonen verändert. Ursprünglich fühlt sie sich von den Adoptiveltern mit ihren aggressiven und frechen Seiten abgelehnt und schreibt diese Ablehnung auch der Therapeutin zu. Doch über die wiederholte Erfahrung, so akzeptiert zu werden, wie sie sich gerade fühlt, kann sie sich mit der Zeit verändern. Auch die Adoptiveltern können über therapeutische Elterngespräche allmählich neue Repräsentanzen von S. aufbauen und deren schwierige Seiten besser annehmen. Immer wieder konkurrieren die Adoptiveltern als die „besseren" Eltern mit den leiblichen Eltern und verhindern so lange, daß S. ein liebevolles und differenziertes Bild von den leiblichen Eltern aufbauen kann. Erst der Tod des leiblichen Vaters und S.' heftige Reaktionen darauf führen in vielen Gesprächen zu einem veränderten Umgang mit S.' Trauer und Wut und ihrem Bild von den ersten Eltern.

Zusammenfassend hat S. in der Kindertherapie eine sichere Basis gefunden, auf der sie nach und nach durch die vertrauensvolle therapeutische Beziehung eine sichere Bindung entwickeln konnte, die ihr dann auch einen guten Abschied ermöglichte. Über die Jahre hinweg hat sie sich immer wieder einmal schriftlich gemeldet, die Bindung hat also große Bedeutung für sie gewonnen und ist stabil geblieben.

## Literatur

Bowlby, J. (1982): Das Glück und die Trauer. Herstellung und Lösung affektiver Bindungen. Klett-Cotta, Stuttgart
- (1983): Verlust, Trauer und Depression. Fischer, Frankfurt/M
- (1988): A secure base. Clinical Applications of Attachment Theory. Routledge, London

Fonagy, P. (1998): Metakognition und Bindungsfähigkeit. Die Bedeutung der Entwicklung von mentalen Repräsentanzen für die Betreuung und das Wachstum des Kindes. Psyche 42, 349–368

Khan, M. R. (1963): Das kumulative Trauma. In: Khan, M. R.: Selbsterfahrung in der Therapie. Theorie und Praxis. Kindler, München

Stern, D. (1985): The Interpersonal World of the Infant. A View from Psychoanalysis and Developmental Psychology. Basic Books, New York

# Die Behandlung eines fünfjährigen traumatisierten Jungen

Überlegungen zu Bindungstheorie und Behandlung

Von Konstantin Prechtl

Die von Bowlby entwickelte Bindungstheorie besagt im wesentlichen folgendes: Es gibt ein angeborenes Bindungssystem, das den Säugling im Fall innerer und äußerer Gefahr bei einer Bindungsperson Nähe und Sicherheit suchen läßt (Köhler 1998).

Das Bindungssystem ist ein eigenes Motivationssystem, unabhängig von sexuellen und aggressiven Triebbedürfnissen. Bindungsverhaltensweisen existieren als evolutionäres Erbe von Geburt an und werden im Verlauf des ersten halben Lebensjahres immer spezifischer auf eine oder mehrere Bindungspersonen gerichtet (Dornes 1998). Aus den Beziehungserfahrungen, die das Kind mit seinen Bindungspersonen im Verlauf des ersten Lebensjahres macht, ergibt sich ein Gefühlsband von unterschiedlicher Bindungsqualität. Um die unterschiedlichen Bindungsqualitäten festzustellen, entwickelten Mary Ainsworth et al. (1978) die sogenannte Fremde Situation, in der ein 12 bzw. 18 Monate altes Kind zunehmendem Trennungsstreß ausgesetzt wird.

Es lassen sich 4 Hauptbindungsmuster beobachten: Sicher gebundene Kinder (B), unsicher-vermeidend gebundene Kinder (A), unsicher-ambivalent gebundene Kinder (C) und desorientiert-desorganisiert gebundene Kinder (D). Durch umfangreiche Interaktionsbeobachtungen in der häuslichen Situation konnte Ainsworth nachweisen, daß die unterschiedlichen Bindungsmuster in der Fremden Situation die Qualität der Mutter-Kind-Beziehung im ersten Lebensjahr widerspiegeln. Als entscheidende Komponente für eine sichere Bindung gilt die mütterliche Feinfühligkeit (Dornes 1998), also das prompte und angemessene Reagieren der Mutter auf die Signale des Kindes. Reagiert die Mutter eher zurückweisend auf die Bindungsbedürfnisse des Kindes, ergibt sich ein unsicher vermeidendes Bindungsmuster (A). Sind mütterliche Antworten auf kindliche Signale inkonsistent und wenig vorhersagbar, dann entwickelt das Kind eine unsicher ambivalente Bindung (C).

Seit Mitte der 80er Jahre ist eine Entwicklung innerhalb der Bindungstheorie zu beobachten, die Mary Main und ihre Mitarbeiter als „move to the level of representation" (Dornes 1998) bezeichnen. Diese Forschungsrichtung konzentriert sich einerseits auf die Ebene des Symbolspiels, auf die sprachliche Mitteilung der Kinder zu bindungsrelevanten Themen, andererseits auf die Repräsentanzenwelt der Erwachsenen. Dafür entwickelten sie das Erwachsenen-Bindungsinterview (Adult Attachment Interview) und konnten analog zu den kindlichen Bindungsmustern vier Bindungsstile im Erwachsenenalter klassifizieren: Die autonom eingestuften Erwachsenen (F), die verstrickten Erwachsenen (E), die distanzierten Erwachsenen (Ds) und die Erwachsenen mit einem unverarbeiteten Trauma (U).

In generationsübergreifenden Studien fand man heraus (Übersicht bei Fremmer-Bombik/Grossmann 1993), daß Mütter, die als autonom eingestuft wurden, eher sicher gebundene Kinder hatten. Distanzierte Mütter hatten eher vermeidende Kinder, verstrickte Mütter eher ambivalente Kinder, und die Eltern, die unter einem unbewältigen Trauma litten, hatten vermehrt desorientiert gebundene Kinder.

Für die analytische Kindertherapie sind vor allem die psychoanalytisch inspirierten Bindungsstudien von Fonagy und seinen Mitarbeitern (1991) von Interesse. Fonagy und seine Forschungsgruppe versuchen anhand einer „self reflecting scale" den Begriff der Feinfühligkeit zu mentalisieren und mit dieser Skala zu erfassen, in welchem Maße Eltern die Fähigkeit haben, sich ihr Kind als geistig-seelisches Wesen vorzustellen. Sie vermuten, daß die kindliche Bindungsqualität abhängig ist von dem Ausmaß, in dem sich die Eltern in die vermuteten seelischen Zustände ihrer Kinder hineinversetzen können und diese Einfühlung in die „körperliche Handreichung übersetzen, die das Kind versteht" (Fonagy 1998). Es zeigte sich, daß bindungssichere Mütter hohe Werte auf der Skala erzielten und vermeidende Mütter eher niedrige Werte.

Ein sehr interessanter Ansatz der Forschungsarbeit von Fonagy et al. ist ihr Versuch, den Begriff des Containments von Bion zu operationalisieren. Containment ist für Bion z. B. die Fähigkeit der Mutter, die Affekte ihres Kindes, vor allem die negativen Affekte, nicht nur zu verstehen und auf sie zu reagieren, sondern sie gleichzeitig so zu verändern, daß sie für das Kind erträglicher werden und damit besser verinnerlicht werden können.

In bindungstheoretischer Sicht kann daher vermutet werden, daß autonome Mütter besser in der Lage sind, die Affekte ihrer Kinder angemessen zu regulieren als unsicher gebundene Mütter. Die sichere Bindung des Kindes wäre dann eine Folge eines guten Affekt-Containment. Unsichere Bindung wäre ein Hinweis auf Defizite in diesem Prozeß.

Man kann weiter annehmen, daß feinfühlige Mütter die Affekte ihrer Kinder nicht nur spiegeln, sondern den Kindern gleichzeitig zeigen, daß sie die Affekte verändern. So könnte z. B. der Gesichtausdruck der Mutter den Ärger des Säuglings wiedergeben, ihre Stimme aber Beruhigung signalisieren (Dornes 1998, 323).

Mütter werden sich auch dadurch voneinander unterscheiden, daß sie die unterschiedlichen Dimensionen des Containments verschieden akzentuieren. Distanzierte Mütter z. B. gehen mit negativen Affekten so um, daß sie ihre Kinder ablenken. Dadurch können negative Affekte bewältigt werden. Diese Mütter sind also kompetent in der Vermittlung von Bewältigungsstrategien, aber weniger erfolgreich im Spiegeln von Affekten. Verstrickte Mütter werden häufig besonders auf die negativen Affekte der Kinder reagieren und durch diese Gefühle oft irritiert werden und darin verstrickt bleiben. Sie werden erfolgreich sein im Spiegeln von Affekten, aber weniger in der Lage sein, Bewältigungsstrategien zu vermitteln.

Sicher gebundene Mütter beantworten also die Affekte ihrer Kinder mit einer Balance von Spiegelung und Veränderung, während unsicheren Müttern diese Ausgewogenheit schlechter gelingt. Entweder modifizieren sie nur durch Ablenkung oder sie spiegeln nur, ohne zu verändern.

Cramer (1995) hat in einer Reihe von sehr interessanten Arbeiten nachweisen können, daß es nicht nur die Stile des Umgangs sind, sondern auch bestimmte Inhalte und unbewußte Phantasien der Eltern, die auf das Kind übertragen werden. Eltern schreiben dann aufgrund solcher Phantasien dem Verhalten ihrer Kinder Bedeutungen zu, die die Beziehung und vermutlich die Bindungsqualität beeinflussen (Beispiel siehe Dornes 1998, 325 ff.).

Bindungstheoretisches Wissen kann in der kindertherapeutischen Praxis schon in den Erstgesprächen eingesetzt und nutzbar gemacht werden. In diesen Gesprächssituationen werden wahrscheinlich Bindungsmuster und Bindungsrepräsentanzen aktiviert, sowohl bei den Kindern als auch bei deren Eltern, die – wenn man sie mit den Kenntnissen der Bindungstheorie erfaßt –, eine enorme Hilfe sein können für das Verständnis der Kinder. Erfaßt man, welches Arbeitsmodell (Bedürfnisse, Ängste, Abwehr, Verhaltensstrategien) mit dem jeweiligen Bindungsmuster verbunden ist, dann kann man sich eine Strategie erarbeiten, um eine passende Bindungsqualität aufzubauen und zu sichern (Köhler 1998).

Wenn die Dynamik der Bindungsmuster verstanden ist, dann wird man sie in den Gesprächssituationen relativ bald entdecken. Ein vermeidendes Kind wird durch sein pseudo-selbständiges Verhalten auffallen und wird sich aber gleichzeitig nach einem empathischen und zugewandten Therapeuten sehnen. Ein ambivalent gebundenes Kind wird versuchen herauszufinden, was es tun muß, um dem Therapeuten zu gefallen. Ein unorganisiertes Kind wird uns mit chaotischen Einfällen und Verhaltensweisen imponieren und uns mit der Frage nach dem pathologischen Einfluß bestimmter Bindungspersonen konfrontieren.

Im folgenden veranschauliche ich die theoretischen Ausführungen anhand eines Fallbeispiels.

S. kam mit 5 Jahren zu mir in Behandlung. Er litt unter starken Ängsten, er fürchtete sich vor Hunden, vor Einbrechern, er wurde von Angstträumen geplagt. Er begegnete fremden Kindern und Erwachsenen mit Angst und Scheu. Er näßte nachts noch immer ein. Sein Verhalten im Kindergarten war sehr vermeidend. Er ging nicht auf andere Kinder zu. Er konnte nicht in einer größeren Kindergruppe sein und verhielt sich sehr aggressiv. Er schlug und biß und machte sich dadurch zum Außenseiter.

Was ist der Hintergrund dieser Auffälligkeiten? Im Alter von fast 3 Jahren erkrankte S. an Leukämie. Er mußte ein halbes Jahr stationär behandelt werden. Als er nach dem ersten Behandlungsblock von zwei Monaten zwei Wochen lang wieder zu Hause bleiben konnte, war es ihm kaum mehr möglich zu laufen. Er war dick und aufgedunsen. Er hatte starke Schmerzen und war ständig gereizt. Er war extrem anhänglich. Er konnte nicht mehr lachen und sich freuen. Die Eltern waren schockiert. „Wir waren wie in Trance, wir funktionierten nur noch". Auf dem Weg zu ihrem Sohn ins Krankenhaus bekam die Mutter oft Schwindelanfälle und fürchtete, ohnmächtig zu werden. Sie erinnert sich, wie der Junge, der im Krankenhaus oft unter extremen Schmerzen litt, keinen Kontakt mehr zu ihr aufnahm.

Was macht diese lebensbedrohliche Krankheit mit dem 3jährigen Jungen? Die Krankheit bedroht einerseits das Bindungssystem, in dem der Junge aufwächst und das wahrscheinlich ein instabiles System war, mit bindungsunsicheren Eltern. Andererseits bedroht es das Selbst des Jungen und schwächt es durch Regression (Bürgin 1994). Die Krankenbehandlung unterbricht die normale Entwicklung des Jungen und erschwert durch die auferlegten Einschränkungen eine altersadäquate Entwicklung. Die Isolation verhindert den Kontakt mit der gleichaltrigen Gruppe. Die Chemotherapie und das Einnehmen von Medikamenten werden als Vergiftung und Plage erlebt. Der Junge bekommt in der Zeit des Krankenhausaufenthaltes mit, daß andere Kinder gestorben sind. Dies bedeutet für ihn eine schon sehr frühe Auseinandersetzung mit dem Tod.

Welche Faktoren könnten nun aus bindungstheoretischer Sicht zur Erkrankung des Jungen beigetragen haben?

Betrachtet man die Lebensgeschichte der Mutter des Jungen, dann fällt auf, daß sie mit einem Jahr wegen einer Lungentuberkulose für ein halbes Jahr in ein Sanatorium mußte. Als sie wieder zu Hause war, hatte sie massive Eßstörungen und war sehr abgemagert. Die Eltern zwangen sie zum Essen und schlugen sie häufig. Die Eltern hatten eine Gastwirtschaft und der Vater war Alkoholiker. Sie erfuhr eine lieblose Familienatmosphäre und meinte: „Ich wollte unbedingt aus diesem Milieu heraus und wußte, daß dies nur über Leistung geht." Sie machte das Abitur und studierte Medizin.

Im Erwachsenen-Bindungsinterview wäre die Mutter von S. wahrscheinlich in das Bindungsmuster „verstrickt" eingeordnet worden. Sie ist eine Mutter, die frühe negative Erfahrungen nicht verarbeitet hat und von Erinnerungen überflutet wird, eine Mutter, der es nicht gelungen ist, in ihre inneren Repräsentanzen eine hierarchische Ordnung hineinzubekommen und die oft unvorhersagbar und unangemessen reagiert.

Wenn wir uns das Bindungsverhalten zwischen dem Jungen und seiner Mutter vor der Zeit seiner Leukämieerkrankung betrachten, dann fällt auf, daß es der Mutter schon von Geburt des Sohnes an schwer fiel, Nähe zu ihrem Kind herzustellen. Ab dem 8. Lebensmonat, die Mutter wird wieder schwanger und die Familie zieht in ihr halbfertiges neugebautes Haus, wird der Junge zunehmend unzufrieden und, so nennt es die Mutter, „aggressiv" und „klammernd". Später, als er laufen kann, verletzt er sich häufig bei kleineren Unfällen. Mit zwei Jahren, seine Schwester ist inzwischen geboren, stürzt er die Treppe hinunter und bricht sich das Schlüsselbein. Mit zweieinhalb Jahren entwickelt das Kind eine starke Angst vor Hunden. Drei Monate später erkrankt es an Leukämie.

Wenn wir den Jungen in der experimentellen Situation der Fremden Situation beobachtet hätten, dann hätten wir ein Kind mit ambivalenten Verhaltensweisen gesehen – ein Kind, das sich der Mutter gegenüber ambivalent verhält, d.h. gleichzeitig auf sie zugeht und wieder wegstrebt von ihr, ein Kind mit starken Bindungswünschen, aber geringer Hoffnung, daß diese erfüllt werden.

Aus bindungstheoretischer Sicht ist das von der Mutter beschriebene aggressive Verhalten des Jungen Ausdruck von Bindungswünschen und deren Frustration. S., der ein sehr temperamentvolles Kind ist, reagierte wahrscheinlich mit zunehmender Enttäuschung auf die Tatsache, daß es seiner Mutter nicht möglich war, seine Bindungswünsche zu befriedigen. Die sich häufenden Versagenserlebnisse verstärkten seine Bindungsbedürfnisse, und erneute Ablehnung führte zunehmend zu Wut und Aggression. Wahrscheinlich hat dieses Gefühl ebenfalls nicht das entsprechende Containment gefunden. Das Arbeitsmodell, das der Junge von sich und seiner Umwelt entwickelte, beinhaltete wahrscheinlich sehr negative Vorstellungen von seinen Bindungspersonen.

Wenn wir weiterführend die Interaktion zwischen Mutter und Sohn auf der Repräsentanzenebene betrachten und uns fragen, welche spezifischen Inhalte oder unbewußten Phantasien von der Mutter auf das Kind übertragen wurden, so können wir vermuten, daß in der Mutter Gefühle und Erinnerungen aus ihrer traumatischen Vergangenheit geweckt wurden. Dies könnte zu einer negativen Bedeutungszuschreibung geführt haben. Nicht die Bedeutungszuschreibung, das Kind braucht Nähe und Geborgenheit könnte im Vordergrund gestanden haben, sondern, das Kind ist eine Bedrohung, es engt mich ein, es verfolgt mich. Der Mutter fällt es schwer, Nähe zu ihrem Sohn herzustellen. Es gelingt ihr nicht, mit ihm zu spielen, ohne daß Unruhe und Wut in ihr hochkommen.

Die Verbindung von unsicherem Bindungsverhalten, von fehlendem Affekt-Containment und von der Übertragung spezifischer unbewußter Phantasien der Mutter auf das Kind führt den Jungen dann in eine Situation, in der der Verlust jeglicher Bindung droht.

Mit der wichtigste Aspekt der Bindungstheorie besagt, daß alle Menschen, nicht nur im Kindesalter, sondern das ganze Leben hindurch, Sicherheit in der Beziehung zu vertrauten Menschen suchen. Unter diesem Gesichtspunkt war es bei dem emotional deprivierten und traumatisierten Jungen wichtig, eine therapeutische Basis zu schaffen, die es dem Jungen ermöglichte, ein sicheres Bindungsverhalten aufzubauen.

In den ersten beiden Jahren unserer Therapie sahen wir uns dreimal in der Woche. Dann reduzierten wir die Stundenzahl auf 2 Wochenstunden.

Anhand von zwei Fallvignetten soll nun dargestellt werden, wie bindungstheoretisches Wissen für die Behandlung dieses Jungen von Nutzen sein konnte.

**1. Vignette:** Es ist eine Stunde vor einer einwöchigen Ferienpause. S. spielt zunächst mit der Holzeisenbahn. Er ist sehr unruhig. Er beginnt dann die Klötzchen, die er auf die Waggons geladen hat, durch das Zimmer zu werfen. Ich meine daraufhin zu ihm: „Du scheinst ganz schön ärgerlich zu sein." Er hält mit dem Werfen inne und meint: „Wann kommt die Mama? Das nächste Mal soll mich die Mama schon früher abholen." Das kommt sehr ärgerlich aus ihm heraus. Ich sage dann zu ihm: „Du, ich kann ganz gut verstehen, daß Du ärgerlich bist, schließlich sehen wir uns jetzt eine ganze Woche nicht." S. schaut mich an, steht vom Boden auf und setzt sich zu mir an den Tisch. Er holt sich dann die Wachsmalkreiden und entschließt sich, ein Haus zu malen. Er malt das Haus mit der Farbe Orange und malt es auch mit dieser Farbe aus. Während des Malens erzählt er mir, daß er zur Zeit wenig Lust hat, in den Kindergarten zu gehen, weil niemand mit ihm spielen will. Dann erzählt er, daß er ganz stark ist und so kämpfen kann, daß er andere totmachen kann. Am Ende der Stunde spüre ich, daß es ihm sichtlich schwer fällt, zu gehen.

Aber beim Weggehen sagt er ganz fest: „Ich will jetzt zwei Wochen wegbleiben." Ich denke mir: Ich soll genauso lang warten wie Du, bis wir uns wiedersehen.

2. **Vignette:** In der Stunde nach der Ferienpause bringt S. ein Spielzeug mit, das ihm seine Mutter gekauft hat. Es ist noch verpackt, wir packen es gemeinsam aus. Es ist eine Kanone aus dem Mittelalter, die knallrote Steinbrocken schleudern kann. Dazu gehört eine schwarze Ritterfigur. Mit der Kanone schießt S. dann auf den schwarzen Ritter und ruft dabei: „Ich töte ihn, bevor er mich töten kann." Immer wieder schleudert er Steinbrocken durch das Zimmer und versucht den Ritter zu treffen. „Ich töte ihn, ich töte ihn", ruft er immer wieder.

Dann nimmt er die Kanone und stellt sie auf den Tisch und drängt sich ganz eng an mich. Er sitzt fast auf meinem Schoß, während er die Steinbrocken in die Kanone legt. Dann schießt er vom Tisch herunter auf den Ritter, den er mitten ins Zimmer gestellt hat.

Plötzlich horcht er auf. Es sind Stimmen im Hof zu hören. „Da sagt jemand Kuckuck," meint S. Ich greife das spontan auf und sage:" Wenn da jemand Kuckuck sagt, dann möchte er vielleicht gesucht und entdeckt werden." Wir fangen dann an herumzualbern, und daraus entwickelt sich ein Versteckspiel, bei dem wir uns gegenseitig suchen und wiederfinden.

Die beiden Vignetten stellen exemplarisch dar, worum es aus bindungstheoretischer Sicht in der Behandlung des Jungen primär gegangen ist. Es ging um den Aufbau einer sicheren Bindung und die Bearbeitung der Ängste und Gefahren, die Bindung bedrohen oder zerstören.

In der ersten Vignette reagiert der Junge auf die bevorstehende Trennung mit aggressiven Verhalten und Wut. Nachdem ich den Zusammenhang zwischen dem Verhalten und dem Affekt mit der Trennungssituation dargestellt hatte, war es dem Jungen möglich, auf eine symbolische Ebene zu gehen. Er symbolisiert in dem Bild seine intensiven Wünsche nach Sicherheit und Geborgenheit, aber auch, in seiner Erzählung, seine Frustrationen und Enttäuschungen in seinen Beziehungserfahrungen. Das Symbol des Hauses als Symbol für Sicherheit und Geborgenheit begleitet uns im Verlauf der Therapie in Form von Zeichnungen, von Phantasien und von Träumen. Oft wird das Haus durch Feuer bedroht und droht zerstört zu werden. Der Junge phantasiert, daß in dem Haus, in dem sich meine Praxis befindet, Feuer ausgebrochen ist oder das elterliche Haus durch Feuer bedroht wird.

In der zweiten Vignette spüre ich den Wunsch nach Kontakt und Nähe, aber auch eine diffuse Angst und Unruhe. Unter bindungstheoretischen Gesichtspunkten zeigt der Junge ein Bindungsmuster, das man als dekompensierend bzw. vermeidend bezeichnen kann (Köhler 1998). Er spielt zunächst sehr für sich und nimmt dann mehr zufällig den Kontakt auf. Erst als wir unser Beziehungsspiel gefunden haben, wird unser Kontakt aufeinander bezogen und gibt uns die Möglichkeit, uns nach der Trennung wieder anzunähern und eine Basis zu finden für ein sicheres Bindungsmuster.

Das vermeidende Bindungsmuster wird von dem Jungen in der Übertragung immer wieder wiederholt. Erst im Verlauf der Behandlung, als sich das Selbstgefühl des Jungen gestärkt hatte, war es ihm möglich zu verstehen, daß es auch Zuwendung und Verständnis gibt und Beziehungen, in denen er Sicherheit und Wertschätzung erfährt.

Zur Arbeit mit den Eltern des Jungen: In der Arbeit mit den Eltern war es einerseits wichtig, über ihre vergangene Angst und Verzweiflung während der Leukämieerkrankung und auch über die noch bestehende latente Angst, die Krankheit könnte wieder ausbrechen, zu sprechen. In diesen Gesprächen wurde vor allem der Mutter bewußt, wie viele noch nicht verarbeitete negative Erlebnisse aus ihrer Vergangenheit sie noch beschäftigen. Sie entschloß sich dann auch, sich in Psychotherapie zu begeben.

Durch die Elterngespräche zog sich andererseits wie ein roter Faden die Beziehungsproblematik zwischen Mutter und Sohn. Die Mutter klagte immer wieder, daß ihr Sohn sie zu Hause für sich einzunehmen versuchte. Sie fühlte sich dann überfordert und hilflos und wurde ärgerlich auf das Kind. Sie bekam Schuldgefühle, wenn sie ungehalten und impulsiv auf den Jungen reagierte und wollte ganz konkrete Vorschläge, wie sie sich in diesen Situationen dem Jungen gegenüber verhalten soll. Die Strategien, die wir erarbeiteten, funktionierten manchmal, aber die Beziehungsprobleme blieben. Die Mutter war sehr beschäftigt und hatte wenig Zeit für die Kinder. Sie hatte ihr Medizinstudium wieder angefangen, sie war sehr engagiert in der Gemeinde und im Elterninitiativkindergarten. Die Kinder waren oft in der Obhut des Kindermädchens. Der Junge hatte also allen Grund, die Mutter für sich einzunehmen in der Zeit, die ihm mit ihr blieb. Der Vater war als leitender Angestellter eines Konzerns beruflich sehr eingespannt und viel unterwegs.

Bei diesem Thema, bei dem es um gravierende Beziehungsprobleme zwischen Mutter und Kind geht, könnte einige Stunden fokussiertes Arbeiten an der Interaktion zwischen der Mutter und dem behandelten Kind sehr fruchtbare Ergebnisse bringen. Man filmt wenige Minuten einer Mutter-Kind-Interaktion, z. B. während einer Spielsituation. Die Mutter hat dann die Möglichkeit, sich konzentriert in der Interaktion mit ihrem Kind zu beobachten. Das Beobachten und Verstehen bestimmter Verhaltensmuster könnte der

Mutter helfen, ihr Verhalten und ihre Einstellung dem Kind gegenüber effektiver zu verbessern als das im Gespräch über das Kind der Fall ist (Mc Donough 1993).

## Literatur

Ainsworth, M., M. Blehar, E. Waters und S. Wall (1978): Patterns of Attachment. A Psychological Study of the Strange Situation. Hillsdale, NJ

Bürgin, D. (1994): Psychodynamische Aspekte der Krebserkrankung beim Kind und Jugendlichen. In: Endres, M. (Hrsg.): Krisen im Jugendalter. Ernst Reinhardt, München/Basel

Cramer, B. (1987): Objective and subjective aspects of parent-infant-relations: An attempt at correlation between infant studies and clinical work. In: Osofsky, J. (Ed.): Handbook of Infant Development, 1037–1057. Wiley, New York

– (1995): The transmission of mothering. Vortrag auf der Tagung: „Clinical Implications of Attachement: The Work of Mary Main" am 1.–2. Juli 1995 in London. Unveröff. Ms.

Dornes, M. (1998): Bindungstheorie und Psychoanalyse. In: Psyche 4, 299–342

Fonagy, P. (1998): Die Bedeutung der Entwicklung metakognitiver Kontrolle der mentalen Repräsentanzen für die Betreuung und das Wachstum des Kindes. In: Psyche 4, 349–368

–, Steele, M., Morgan, G., Higgitt, A. (1991): The capacitiy for understandig mental states: The reflective self in parent and child and its significance for security of attachment. Infant Mental Health J., 12, 201–218

Fremmer-Bombik, E., Grossmann, K. E. (1993): Über die lebenslange Bedeutung früher Bindungserfahrungen. In: Petzold, H. (Hrsg.): Frühe Schädigungen – späte Folgen? Psychotherapie und Babyforschung, Bd. 1, 83–110. Junfermann, Paderborn

Köhler, L. (1998): Zur Anwendung der Bindungstheorie in der psychoanalytischen Praxis. In: Psyche 4, 369–397

McDonough, S. C. (1993): Interaction guidance: Understanding and treating early infant-caregiver relationship disturbances. In: Zeanah, C. H. (Ed.): Handbook of Infant Mental Health, Guilford, New York, 414–426

Spangler, G., Grossmann, K. E. (1993): Biobehavioral organization in securely and insecurely attached infants. Child Development 64, 1439–1450

## Die Narben der Vergangenheit

Psychoanalytische Behandlung einer 37jährigen
depressiven Patientin

Von Susanne Hauser

In der folgenden Falldarstellung berichte ich von der psychoanalytischen Behandlung einer 37jährigen Patientin mit schwerer depressiver Symptomatik. Die gemeinsame therapeutische Arbeit erstreckte sich über einen Zeitraum von über 4 Jahren und wurde überwiegend 2stündig im Liegen (im 2. Behandlungsjahr 3stündig) durchgeführt.

Nachfolgend soll der analytische Prozeß auszugsweise unter bindungstheoretischem Blickwinkel reinterpretiert werden. Zunächst wird der biographische Hintergrund der Patientin kurz dargestellt und unter Bindungsaspekten beleuchtet. Daran schließt sich eine komprimierte Darstellung des analytischen Prozesses an, der auf bindungsrelevante Aspekte zentriert ist. Um schließlich der Frage nachzugehen, ob und inwieweit sich bei der Patientin Veränderungen in ihrem Bindungsmodell ergeben haben, wurde zum Therapieende das Adult Attachment Interview (AAI) durchgeführt und ausgewertet (Main/Goldwyn, 1985).

Frau H.* konsultierte mich wegen ihrer depressiven Zustände, die sich im Rahmen einer anhaltenden Ehekrise akut verschlimmerten, nachdem der Ehemann sich von ihr getrennt hatte. Trotz anhaltender Spannungen seit der Geburt der 18monatigen Tochter kam die Trennung von ihrem Mann für die Patientin völlig unerwartet. Den Zustand der Getrenntheit erlebte sie als äußerst belastend. Sie klagte über massive Schlafstörungen, mußte Beruhigungstropfen einnehmen und vor allem abends weinte sie oft stundenlang und war völlig verzweifelt. Die Spannung war für sie unerträglich, und wegen ihrer starken Stimmungsschwankungen konnte sie ihre freiberufliche Tätigkeit nicht ausüben. Bei Begegnungen mit ihrem Mann (wenn dieser die gemeinsame Tochter abholte) reagierte sie extrem: Einmal warf sie sich vor ihm heulend auf den Boden, dann wieder fiel sie ihm um den Hals oder erlebte sich auch als ganz kalt und gefühllos.

---

* Alle Namen wurden geändert.

## Lebensgeschichtliche Entwicklung

Frau H. erlebte sich von Anfang an als ein Ersatzkind, da sie als viertes Kind zwei Jahre nach dem Tod ihres ältesten Bruders geboren wurde, der im Alter von elf Jahren bei einem tragischen Badeunfall ums Leben gekommen war. In der Vorgeschichte gab es bei den Eltern weitere Verlusterfahrungen: Der Vater der Patientin hatte seine drei jüngeren Brüder im 2. Weltkrieg verloren. Die Mutter der Patientin hatte ihren Vater verloren, als er sich kurz vor ihrer Hochzeit suizidierte.

Die Eltern hatten kaum Zeit für die Patientin, da sie von morgens bis abends in der eigenen Gastwirtschaft mit Kurbetrieb arbeiten mußten. Mit der acht Jahre älteren Schwester und dem zehn Jahre älteren Bruder war Frau H. als Nachkömmling wenig zusammen. Die ersten zwei Jahre sorgte hauptsächlich die Großmutter mütterlicherseits für die Patientin, dann – nach deren Tod – war der Großvater väterlicherseits eine wichtige Bezugsperson. Zu ihm brach der Kontakt im Alter von etwa fünf Jahren abrupt ab, als er krank wurde. Warme Erinnerungen verband sie mit einem Zimmermädchen, das sie öfter mit zu sich nach Hause nahm. Auch diese Beziehung fand ein jähes Ende, als die Patientin eingeschult wurde und das Zimmermädchen plötzlich nicht mehr da war.

Frau H. erinnerte sich, daß sie als kleines Kind viel sich selbst überlassen war und oft bei Nachbarn zu Mittag gegessen habe, weil sie zu Hause erst gegen drei Uhr etwas zu essen bekam. Die Mutter sei dauernd beschäftigt gewesen und habe oft gereizt reagiert. Vor dem Vater, den sie als sehr fordernd und dominant beschrieb, hatte sie viel Angst. Von ihm wurde sie auch manchmal geschlagen, wenn sie nachts ins Bett gemacht hatte. Frau H. schilderte auch eine dramatische Episode, die sich etwa in ihrem vierten Lebensjahr ereignete, als der Vater sie verbotenerweise beim Spielen am Seeufer ertappte, wo der ältere Bruder ertrunken war. Sie erinnerte sich, daß der Vater ihr einen Schubs von hinten gab, so daß sie vornüber ins Wasser kippte. Dann zog er Frau H. wieder heraus und warf sie erneut hinein, was sich mehrmals wiederholte. Inzwischen hatten sich viele Leute versammelt. Der Vater habe sie angebrüllt und voller Wut auf sie eingeschlagen. Dann trieb er sie vor sich her durch die Gassen nach Hause. Dort mußte sie den Nachmittag im Bett verbringen, und niemand kam, um sie zu trösten.

Mit sechseinhalb Jahren kam Frau H. in ein Klosterinternat, in dem sie sich sehr einsam und alleine fühlte, da sie nur in den Ferien nach Hause durfte. Sie erinnerte sich, daß der Vater sie dorthin brachte und mit ihrem Gepäck einfach absetzte, ohne zu warten, bis eine Nonne das Kind abholte. In den zensierten Briefen nach Hause durfte es sein Heimweh nicht mitteilen und bekam auch nie Briefe oder Besuche von den Eltern. Wegen seines nächtlichen Bettnässens wurde es im Kloster mehrfach bestraft.

Frau H. wurde mit elf Jahren aus dem Internat genommen und wechselte auf die Realschule, wo sie mit 16 Jahren ihre Mittlere Reife machte. Danach besuchte sie auf eigenen Wunsch eine weiterführende Schule in einiger Entfernung vom Heimatort. In dieser Zeit erkrankte die Mutter an Krebs und starb, als Frau H. 18 Jahre alt war. Nach dem Tod ihrer Mutter setzte Frau H. ihre Ausbildung in der Großstadt fort und holte das Abitur nach. Es folgte ein Auslandsstudium und eine freiberufliche Tätigkeit. Im Alter von 22 Jahren verliebte sich Frau H. in ihren späteren Ehemann, der ihr über einen Liebeskummer hinweggeholfen hatte. Während ihres Studiums führten sie eine Wochenendbeziehung und heirateten nach ihrem Studienabschluß. Sie haben eine gemeinsame Tochter.

*Bindungstheoretische Anmerkungen zur Lebensgeschichte*

Aus den Anfangsschilderungen der Patientin entstand der Eindruck, daß Frau H. als Kind weder zur Mutter noch zum Vater eine sichere Bindung entwickelt hatte. Es fehlten durchgängig Beispiele liebevoller, verständnisvoller Reaktionen auf beiden Seiten. Die Mutterbeziehung wurde zunächst globaler beschrieben mit wenig konkreten Erinnerungen und einer leichten Idealisierung als liebevoll und unterstützend. Gleichzeitig erlebte die Patientin die Mutter als sehr beschäftigt, was indirekt Erfahrungen der Zurückweisung beinhaltete. Erinnerungen aus der frühen Adoleszenz an die weinende Mutter, die sich von ihr trösten ließ, deuteten eine leichte Tendenz zur Rollenumkehr an. Insgesamt zeigte die Beschreibung der Mutterbeziehung eine qualitative Inkohärenz: daß zurückweisende, lieblose Beziehungserfahrungen partiell verdrängt wurden und eine leichte Idealisierung der Mutter vorherrschte, verbunden mit einem Verbot, die Mutter für ihre Fehler zu kritisieren.

Die Beziehung zum Vater wurde einseitig negativ als dominant und fordernd beschrieben. Er schlug seine Tochter teilweise, und vor ihm hatte sie Angst, so daß sie sich ihm mit ihren Gefühlen nicht anvertrauen konnte (entsprach hohen Werten für Lieblosigkeit). Die Szene am See, als der Vater sein Kind ins Wasser schubste und wieder herauszog, deutete bei ihm auf eine fehlende Verarbeitung der Verlusterfahrung des ältesten Sohnes hin. In diesem Impulsdurchbruch verhielt sich der Vater seiner Tochter gegenüber angsteinflößend und war selbst vermutlich durch seine Verlustangst überwältigt. Man kann diese Szene als eine Art Reinszenierung des unverarbeiteten Verlusttraumas verstehen, bei der die Tochter vermutlich die Motive des Vaters nicht nachvollziehen konnte. Solche Verhaltensweisen von Eltern tragen dazu bei, daß beim Kind desorientierte/desorganisierte Verhaltensweisen im Beisein der Bindungsfigur auftauchen, da der Vater in einem solchen Moment gleichzeitig zur Quelle der Angst wurde. Dies deutete auf eine mögliche Transmission des Verlusttraumas über die Generationen hinweg hin, da Frau H. sich als Ersatz für den verstorbenen Bruder erlebte.

Neben den kindlichen Bindungserfahrungen mit den Eltern geht es darum, wie sich diese auf die erwachsene Persönlichkeitsentwicklung der Patientin ausgewirkt haben, wie sie integriert und verarbeitet wurden, was sich im „state of mind", dem mentalen Zustand bezüglich Bindung, zeigt. Ohne das wörtliche Interviewtranskript sei hier nur eine allgemeine Einschätzung des Anfangszustandes wiedergegeben. Frau H. stellte sich in ihrer Lebensgeschichte einseitig negativ als Opfer in einer Beziehungsumwelt dar, in der es – außer von den ganz frühen Bezugspersonen – keine Wärme, Liebe und Fürsorge gegeben habe. Dies widersprach einem beschönigenden Bild eines unsicherdistanzierenden Bindungsmodells (D) und deutete eher auf ein unsicherpräokkupierten Bindungsmodell (E) mit hohen Ärgeranteilen hin, besonders in der Beziehung zum Vater. Lediglich die innere Unbeteiligtheit, die fehlende Resonanz auf dieses Schicksal, sprachen für eine Gefühlsabspaltung und Entkoppelung der inneren Bedeutung dieser Kindheitserfahrungen.

Berücksichtigt man ergänzende Hinweise aus den wichtigen gegenwärtigen nahen Beziehungen, so fanden sich in der Darstellung der Tochterbeziehung Anzeichen eines eher unsicher-distanzierenden Bindungsmodells. Frau H. hatte ihre kleine Tochter mit 6 Monaten in die Krippe gegeben und äußerte sich über die inzwischen knapp 2jährige ziemlich emotionslos. Die Schilderungen ihrer Reaktionen gegenüber dem Ehemann sprachen dagegen von ihrer Ambivalenz i. S. eines unsicher-präokkupierten Bindungsmodells. Durch die Trennung ausgelöst zeigte Frau H. auch widersprüchliche Verhaltensweisen gegenüber ihrem Mann, die dem Bindungsverhalten von Kindern mit desorientiertem-desorganisiertem Bindungsmuster ähneln.

Insgesamt entstand der Eindruck, daß bei Frau H. desorganisierte Seiten mit Hinweis auf eine mögliche Traumatisierung durch Trennung vorhanden waren bei überwiegend unsicher-präokkupierten, aber auch unsicher-distanzierenden Elementen. Die Beschreibungen der fehlenden elterlichen Verfügbarkeit und auch die Abschiede sowie der fehlende Kontakt im Internat sprachen dafür, daß Frau H. sich in ihren Bindungswünschen von den Eltern überwiegend zurückgewiesen fühlte. Damit verinnerlichte Frau H. die Kindheitserfahrung, daß weder die Mutter noch der Vater – aus verschiedenen Gründen – als verläßliche Basis verfügbar waren, was einem unsicher-vermeidenden inneren Arbeitsmodell (A) entspricht. Die Bindungsforschung belegt empirisch, daß damit die Erwartung verbunden ist, daß man mit Kummer, Angst und Schmerz selbst fertig werden muß und negative Gefühle wie Enttäuschung und Wut aus der Beziehung herausgehalten werden müssen, um nicht noch mehr Zurückweisung oder Bestrafung auszulösen. Nur durch ihre Selbständigkeit und ihr „problemloses Funktionieren" konnte Frau H. darauf hoffen, die Anerkennung der Eltern für sich zu gewinnen.

## Die Grunderfahrung der Verlassenheit

In den Vorgesprächen weckte die Patientin in mir Interesse und Sympathie, als sie mir ihre Lebensgeschichte atmosphärisch durch lebendige Bilder beschrieb. Ihre emotionale Resonanz auf ihre äußerst schwierigen Kindheitserfahrungen blieb jedoch gering, als ob sie ihre Gefühle abgespalten hatte und es gar nicht um ihre Vergangenheit ging. Obwohl es Frau H. offensichtlich gut tat, wenn ich ihr zuhörte, blieb sie doch relativ beziehungslos, so daß ich mich als ihr Gegenüber austauschbar erlebte.

„*Ich bin in meinem Leben schon so oft verlassen worden, und vielleicht bin ich deshalb so geworden.*" Mit diesen Worten nahm Frau H. nach den Sommerferien den Faden ihrer Kindheit aus den beiden vorherigen Stunden wieder auf, als sie von ihren Erinnerungen an Zurückweisungen und Bestrafungen von den Eltern und Nonnen im Kloster sprach.

Ihr Initialtraum in der 5. probatorischen Stunde gab einen ersten Hinweis auf das Übertragungserleben der Patientin:

Teil 1: „*Ich war auf einem großen Dampfer, einer Schiffsreise. Da war ein Mann, der mir gut gefallen hat und mit dem ich Kontakt haben wollte. Ich habe ihm einen Brief geschrieben mit dem Inhalt, daß ich ihn nett finde. Aber der Mann war ein Depp. Er hatte ein Schnellboot dabei, mit dem er rumprahlte. Er verhöhnte mich wegen des Briefes. Das Schnellboot stand in der Mitte der Schiffes.*"

Teil 2: „*Ich mußte mir eine Wohnung suchen und fand etwas in einem Schloß oder Kloster, ziemlich dunkel mit hohen Räumen. Es gab einen Innenhof mit Kreuzgang, in dem war plötzlich ein Café. Da war ich mit meiner Freundin.*"

In der Traumarbeit erinnerte Frau H. zu dem Mann eine kurze, sexuell erfüllende Beziehung vor ihrer Ehe, zum Schiff assoziierte sie die erste Urlaubsreise mit ihrem Mann (beides Erlebnisse vor der schmerzhaften Trennung). Auf der Übertragungsebene schien mir, daß ich wohl den Mann auf dem Dampfer repräsentierte und Sehnsucht nach und zugleich Angst vor dem Schnellboot auslöste. Die Angst vor Zurückweisung und Beschämung kam hoch, als ihr „Liebesbrief" verhöhnt wurde. Dies könnte auf ihre vergangene Erfahrung hinweisen, daß sich Frau H. in ihren liebevollen Gefühlen wiederholt zurückgewiesen und verraten fühlte und diese Angst in die therapeutische Beziehung einbrachte.

Im zweiten Traumbild ähnelten die Räumlichkeiten dem Kloster. Auf der Übertragungsebene hatte Frau H. „eine Wohnung" bei mir als Therapeutin gefunden, die in ihr auch angstvolle Erinnerungen der Getrenntheit und Verlassenheit aus der Klosterzeit aktivierten, aber auch die Hoffnung auf eine nährende und nahe Frauenbeziehung i. S. einer vertrauensvollen Bindungserfahrung, wie sie im Café und in der Freundin symbolisiert wurde.

In den ersten Monaten fühlte ich mich in der Auseinandersetzung mit ihrem getrennten Ehemann um die Tochter und den Unterhalt als „Zeugin der Anklage". Immer wieder rezitierte sie monologisierend die Vorwürfe ihres Ehemannes und setzte ihre Anklagen dagegen. In meinem Bemühen, Frau H. in ihrer Verzweiflung zu beruhigen, erlebte ich mich als von ihr kaum wahrgenommen. In den Stunden glitt sie sofort über in ihr monologisches Erzählen, so als hätte ich als ein Gegenüber kaum Bedeutung für sie. Innerlich war sie in ihren Gedanken und Gefühlen noch ganz an ihren Ehemann gebunden und in diese Beziehung verstrickt. In der therapeutischen Beziehung hatte die Auseinandersetzung mit dem Ehemann gleichzeitig die Bedeutung der Abwehr von mehr personaler Bezogenheit im Kontakt mit mir.

Bindungstheoretisch läßt sich die Angst vor und die Erwartung von Zurückweisung und Beschämung durch Bindungsfiguren auf der Traumebene als Ausdruck des inneren Arbeitsmodells der Patientin interpretieren, hinter dem sich die Hoffnung auf eine verständnisvolle Bindungsbeziehung verbirgt. In der Reflexion meiner Gegenübertragungsgefühle fand sich in dieser Anfangsphase eine Entsprechung zu den unterschiedlichen Bindungserwartungen von Frau H. Ihre auf den Ehemann gerichtete Verzweiflung löste in mir eine beruhigende, tröstende Haltung aus, während ich mich gefühlsmäßig „außen vor" erlebte, also die kindlichen Gefühle des Ausgeschlossen-Seins von der Patientin übernahm.

### Trennungsreaktionen und Verlustangst

Nach den Weihnachtsferien erzählte Frau H. Trauminhalte, in denen die Sexualisierung des eigenen Körpers im Dienste der Abwehr von Gefühlen des Alleinseins und der Zurückweisung stand, was ihr aus der Klosterzeit vertraut war. Hier und im weiteren Verlauf wurden ihre heftigen Trennungsreaktionen deutlich und wieviel Abwehrbemühungen damit verbunden waren.

In den folgenden Wochen erlebte die Patientin ihre Situation in immer düstereren Farben, sich selbst quasi als Witwe erlebend, die ihr Leben lang allein bleiben würde. Neben innerer Betroffenheit und Anteilnahme verspürte ich in diesen Stunden auch häufig Hilflosigkeit und Sprachlosigkeit. Trotz meines Interesses und meiner kontinuierlichen Bemühung erlebte ich mich immer wieder als unbedeutend und insuffizient. Frau H. vermittelte mir das Gefühl, daß ich nicht so wichtig war. Vermutlich ließ sie mich in Rollenumkehr ihre kindlichen Gefühle spüren, wie unerreichbar für **sie** ihre vielbeschäftigte Mutter gewesen sein mußte, wie unwichtig und austauschbar **sie** sich erlebt haben mochte. Vor diesem Hintergrund war es mir möglich, der Patientin eine 3stündige Frequenz vorzuschlagen, der sie zustimmte.

In dieser intensiven Phase entstand mehr emotionale Nähe, so daß Frau H. sich in ihren Gefühlen von Einsamkeit und der Sehnsucht nach Zugehörigkeit mehr zeigen konnte. Entsprechend änderten sich auch meine Gefühle: Ich konnte besser mit ihrem Erleben mitschwingen und fühlte mich nicht mehr so als Beobachterin ausgegrenzt. Behandlungstechnisch konzentrierte ich mich darauf, ihre Gefühle des Alleinseins, der Hoffnungslosigkeit und der Verzweiflung aufzunehmen und mitzutragen. Das direkte Ansprechen von Beziehungsaspekten zwischen uns war für die Patientin viel zu problematisch.

Die bevorstehende Sommerpause löste bei Frau H. Verzweiflung über das Verlassenwerden aus. In der vorletzten (85.) Stunde kam sie ganz in Schwarz gekleidet und klagte über Magenschmerzen. Sie äußerte die Befürchtung, schwer krank zu werden und zu sterben. Dabei brach sie in Tränen aus, die als ein herzzerreißendes Schluchzen die ganze Stunde anhielten. *„Was soll aus meiner Tochter werden, wenn ich sterbe? Ich halte es nicht mehr aus alleine."* Diese beiden Sätze waren mir noch in Erinnerung. Das Weinen der Patientin war für mich äußerst belastend. Sie berührte mich innerlich so stark und war mir gleichzeitig so unerreichbar fern als sei eine Mauer um sie herum. Trotz tröstender Worte konnte ich die Patientin mit meiner Deutung emotional nicht wirklich erreichen. Sie erlebte mich als kalt und zurückweisend. In dieser Stunde fühlte ich mich ganz stark in einer negativen Mutterübertragung gefangen und erlebte es als eine Inszenierung der gegenseitigen Unerreichbarkeit in der Mutter-Tochter-Beziehung.

### *Bindungstheoretische Überlegungen*

In dieser Trennungsreaktion kurz vor der Sommerpause zeigte sich, wie schlimm diese Trennung von der Patientin erlebt wurde. Gleichzeitig leugnete sie jeden Zusammenhang mit der Therapiepause. Erlebnismäßig war ihr nur die Trennung von der Tochter zugänglich, und sie selbst brachte das Trennungserleben mit einem Todeserleben in Verbindung. In dieser Stunde war die therapeutische Beziehung durch ein unsicher-distanzierendes inneres Arbeitsmodell in der Übertragung verzerrt worden. So erlebte mich die Patientin trotz meiner emotionalen Anteilnahme und dem Bemühen zu trösten als kalt und zurückweisend (wie sie mir in späteren Stunden berichtete), und auch ich erlebte die Patientin als unerreichbar, als sei eine Glaswand zwischen uns, die wirklichen Trost und Beruhigung verhinderten.

Die Trennung vom Ehemann hatte in Frau H. die alten Wunden früherer Trennungen wieder aufgerissen. Die in diesem Behandlungsabschnitt vorherrschende Trennungs- und Verlustthematik war mit einer anhaltenden Bindung an den Ehemann als abwesendes Objekt gekoppelt. Während des gesamten Therapieverlaufs durchlebte die Patientin in der Beziehung zum Ehemann unterschiedliche Phasen des Trennungserlebens mit immer wiederkehrenden Bestrebungen, die Trennung ungeschehen zu machen und mit dem Ehemann wieder zusammenzukommen, sowie Tendenzen der Loslösung und Neuorientierung.

Diesen Trennungsprozeß – der in diesem Behandlungsabschnitt durchgearbeitet wurde – möchte ich anhand des phasenhaften Verlaufsschemas von Bowlby (1976) erläutern. Darin stellt Bowlby eindrucksvoll heraus, wie intensiv die Trennungsreaktionen von kleinen Kindern sind, wenn die Beziehung zur Bindungsfigur länger unterbrochen wird. Ohnmachtserleben, Hilflosigkeit und intensive Wut sind die begleitenden Gefühle. Er beschreibt drei Phasen der Reaktionsabfolge auf Trennungen: Protest, Verzweiflung und Ablösung (detachment).

Die „Anklagen" und „Vorwürfe" der Patientin gegen ihren Ehemann standen bei ihr im Dienste der Wiedervereinigung, vergleichbar mit der sog. Protestphase, in der alles versucht wird, um die Trennung von der Bindungsperson ungeschehen zu machen. Die mobilisierte Wut war zunächst funktional im Dienste der Bindung, wurde aber dann „dysfunktional" und destruktiv, als die Trennung anhielt und die Protestbemühungen in Verzweiflung umschlugen. Das Ausmaß der Trennungsreaktion hängt vor allem davon ab, wie zentral die Bindungsperson für die Patientin war und welche Trennungserfahrungen dem vorausgingen. Bei Frau H. hat die Häufung von Verlusten in der frühen Kindheit und die so einschneidende Trennungserfahrung durch das Internat eine besondere Verwundung und Verletzlichkeit hinterlassen. Gefühle der Verlassenheit, der Einsamkeit, Traurigkeit und Verzweiflung durften den Eltern nicht gezeigt werden, aber die Erinnerung daran zeigt, daß die Amnesie durch Verdrängung nicht vollständig war. Die nach einer längeren Trennung gesteigerten Bindungswünsche, die sich bei Kindern darin zeigen, daß sie ihre Eltern aus Angst vor einer erneuten Trennung wieder beschatten, mußte Frau H. wohl unterdrücken, um nicht Gefahr zu laufen, erneut weggeschickt zu werden. Durch diese wiederholten Trennungserfahrungen verinnerlichte sie die Ohnmacht des Verlassenwerdens, d. h. daß sie das Liebesobjekt nicht halten kann.

Auf diese Protestphase folgt nach Bowlby bei anhaltender Trennung die Phase der Verzweiflung, des Kummers und inneren Rückzugs. Diese Phase war bei der Patientin sehr lange anhaltend und zeitweilig mit schweren depressiven Stimmungen verbunden. Erst nach einer langen Zeit des Containments, in der diese abgespaltenen Gefühle von der Analytikerin innerlich aufgenommen und mitgetragen wurden, konnte Frau H. selbst diese schlimmen und lange abgewehrten Gefühle durchleben. Verlassenheit, Einsamkeit und Ungeliebtsein bildeten die schwierigen Gefühlszustände, die im Rahmen der Therapie mit Frau H. durchgearbeitet wurden.

Ihr Erleben der anhaltenden Trennung vom Ehemann ging in ein Verlusterleben über. Wenngleich sich die Ausführungen über Trauerreaktionen auf hinterbliebene Frauen nach einem Todesfall beziehen, erlebte sich Frau H. lange Zeit oft wie eine Witwe. Bowlby (1983) beschreibt die Sehnsucht und das Suchen nach der verlorenen Person als einen integralen Bestandteil von Trauer. „Zustände von Leid sind begleitet von dem intensiven Bemühen um Wiederherstellung der Bindung zum verlorenen Objekt. Obwohl die Anstrengung früher oder später nachläßt, wenn sie erfolglos ist, hört sie gewöhnlich nicht auf. Die Bemühung um die Wiederherstellung der Bindung wird möglicherweise in zunehmend längeren Abständen immer wieder erneuert. Die Schmerzen des Kummers und der Drang zu suchen werden von neuem erlebt. Das bedeutet, daß das Bindungsverhalten der Person ständig erhalten bleibt und unter bestimmten Bedingungen von neuem aktiviert wird."

Das Erleben der Patentin in diesem Behandlungsabschnitt erinnert an Beschreibungen von Parkes (1971), der in den 60er Jahren Reaktionen von Witwen untersuchte. Danach blieb nach dem Verlust des Ehemannes oft ein tiefes und dauerhaftes Gefühl der emotionalen Einsamkeit, auch wenn die soziale Einsamkeit überwunden wurde, da Freundschaften die innere Einsamkeit der Trauernden kaum linderte.

Man könnte vermuten, daß bei Frau H. der Trauerprozeß zwar durch die Trennung vom Ehemann ausgelöst wurde, aber eigentlich eine verschobene Trauerreaktion früherer unverarbeiteter Trennungs- und Verlusterfahrungen darstellt. Dieser vielschichtige Trennungsprozeß nahm in der Behandlung breiten Raum ein und konnte mit der Patientin auf verschiedenen Ebenen durchgearbeitet werden.

Die Sorge für und der Kampf um die gemeinsame Tochter zwang Frau H.

immer wieder, sich mit ihrem Mann auf der Realitätsebene auseinanderzusetzen. Gleichzeitig träumte die Patientin jahrelang (nach der Trennung und Scheidung) von ihrem Mann und einer Wiedervereinigung mit ihm. (Daß diese manifesten Trauminhalte mehrere Bedeutungen hatten bzw. auf der Übertragungsebene auch eine Abwehrfunktion, soll hier nur erwähnt, aber nicht weiter erörtert werden).

Auf die Phasen des Protests und der Verzweiflung folgt schließlich eine Phase, die Bowlby ursprünglich als Phase der Ablösung (Detachment) bezeichnete. Die Person scheint sich von der Trennung zu erholen, die Bindungsfigur zu vergessen und interessiert sich wieder mehr für die Mitmenschen ihrer Umgebung. Kehrt die geliebte Person zurück, so wird die Rückkehr scheinbar ignoriert. Erst verzögert reagiert das Kind oder der Erwachsene bei der Wiedervereinigung mit gesteigerter Verlustangst und anklammerndem Bindungsverhalten. Die Ablösung ist somit eine Abwehrreaktion von Bindungswünschen, nicht aber Ausdruck einer bewältigten Trennung. Aus diesem Grund hat Bowlby wohl auch die letzte Phase in einem gesunden Trauerprozeß in eine Phase der Reorganisation umbenannt. In neuerer Zeit ist die Diskussion um die Bedeutung der Ablösung im Trauerprozeß neu entbrannt (Fraley/Shaver 1999). Während Freud (1917) den libidinösen Besetzungsabzug vom verlorenen Objekt als notwendigen Bestandteil eines erfolgreichen Trauerprozesses postulierte, sehen Klass et al. (1996) „anhaltende Bindungen" (continuous bonds) als Kriterium eines normalen Prozesses an. Bowlby nahm wohl eine Mittelstellung ein, indem er besonders darauf hinwies, wie andauernd die Bindung an das verlorene Objekt bestehen kann und wie langwierig eine innere Reorganisation der Repräsentanzenwelt sich vollzieht. Anstelle einer vollständigen Ablösung postulierte er analog zum Ablösungsprozeß in der Adoleszenz eine Veränderung in der Hierarchisierung der Bindungsrepräsentationen: daß primäre Bindungen mehr in den Hintergrund treten und dafür Erfahrungen mit neuen Bindungspersonen an Bedeutung gewinnen und in den Vordergrund treten.

## Wiedergutmachung über die Tochter

Die Reaktion auf die Therapiepause im Sommer hatte gezeigt, wie belastend für Frau H. diese Trennung war und wie sehr bei ihr durch meine Abwesenheit das Erleben der Zurückweisung und Verlassenheit reaktiviert wurde. Durch die zwischen uns entstandene Nähe kamen bei der Patientin gleichzeitig frühe Mangelerfahrungen und unerfüllt gebliebenen Nähewünsche aus ihrer Mutterbeziehung hoch. Dadurch wurde die emotionale Nähe in der therapeutischen Beziehung auch konflikthaft. Gleichzeitig ermöglichte sie Frau H. aber eine neue Mütterlichkeit. Ab September nahm sie ihre Tochter aus der Krippe und behielt sie für ein Jahr zu Hause, da sie wegen ihres Einnässens im Kindergarten nicht aufgenommen wurde. So entstand auch zur Tochter eine neue Nähe, die Frau H. an ihre inneren Grenzen brachte in dem Versuch, der Tochter die Liebe und Fürsorge zu geben, die sie selbst nie erfahren hatte. Nach den Herbstferien sprach sie über ihre depressiven Gefühle und ihre eigene Bedürftigkeit (103. Stunde). *"Tanja ist nun die dritte Woche bei mir zu Hause. Es geht nicht gut, wenn ich depressiv bin, es regnet und wir alleine zu Hause sind ... Wenn ich heimkomme, ist es leer, kalt und einsam. Aktivitäten kosten mich soviel Energie. Am schlimmsten ist es, wenn ich dasitze und nichts tue."*

Die intensive Nähe zur Tochter löste auch Angst aus, daß es zwischen ihnen beiden konflikthaft werden könnte. *"Früher habe ich es nicht ausgehalten und Tanja an andere abdelegiert. Ich kann es erst jetzt. Ich habe nochmal total gespürt, wie schwer es mir fällt, die Nähe zu Tanja auszuhalten. Sie ist für mich erdrückend. Sie will dauernd auf meinem Schoß sitzen. Ich muß mich zusammennehmen, um sie nicht wegzuschicken ... Sie würde am liebsten in mich hineinkriechen. Sie hat sich in ihrem Wesen in den letzten Wochen total verändert. Früher war sie total unabhängig, jetzt klebt sie an mir, ist andererseits aber trotzig."* Die Wiedergutmachung über die Tochter war für Frau H. eine Möglichkeit, in Rollenumkehr mit der Tochter ihre eigenen Wünsche nach Nähe und Fürsorglichkeit zu leben. Dadurch konnte sie ihre große Bedürftigkeit und Sehnsucht aus der therapeutischen Beziehung abwehren, die in ihr gleichzeitig mit soviel Angst vor Zurückweisung und erneutem Verlust verbunden waren.

In den Stunden kamen nun vermehrt Erinnerungen der Verlassenheit und des Mangels in der Kindheit wieder hoch, wenn sie über die Mutter sprach, die nie für sie Zeit hatte. Um die Weihnachtspause hatte Frau H. Angst vorm Alleinsein und erinnerte Szenen der Verlassenheit, als sie mit drei Jahren unglücklich im Kinderheim war, als die Eltern sie mit zwölf Jahren ganz alleine ließen und in den Urlaub fuhren und der Hund das einzig Warme war, an das sie sich klammern konnte.

Und es verstärkten sich ihre Verlustängste im Hinblick auf die Tochter, daß sie Tanja vergessen und nicht abholen oder Tanja aus der U-Bahn springen und sie weitergehen könnte. Über die Traumarbeit konnten ihre Ängste um die Tochter mit Erinnerungen an frühe Trennungssituationen aus ihrer Kindheit verknüpft werden. Sie hatte sich häufig von den Eltern vergessen gefühlt und hatte nun Angst, selbst in der Mutterrolle ihre Tochter zu vergessen. In den Stunden kamen Frau H. viele Erinnerungen an die Mutter, die nie Zeit hatte und ihr z. B. die langen Haare einfach kurz schnitt, weil die Patientin beim Kämmen jammerte.

*Bindungstheoretische Überlegungen*

In dieser Phase des therapeutischen Prozesses stand die Bearbeitung der Mutterbeziehung sehr im Zentrum der gemeinsamen Arbeit. In Auseinandersetzung mit der eigenen Mutterrolle versuchte Frau H., die Transmission des selbst erlebten Musters einer unsicher-distanzierenden Bindungsbeziehung zur Mutter in der Beziehung zur eigenen Tochter zu durchbrechen. Anstelle der Idealisierung traten vermehrt Erinnerungen an die enttäuschende Mutterbeziehung. Als Gegenmodell zur eigenen Mutter versuchte die Patientin nun sehr, für ihre Tochter verfügbar zu sein. Eindrucksvoll wird in ihren Beschreibungen deutlich, wie sich bei der Tochter die pseudoprogressive Selbständigkeit im Sinne eines unsicher-vermeidenden Bindungsmusters in ein anklammerndes und stark Nähe suchendes Bindungsverhalten veränderte und wie sehr Frau H. mit ihrem inneren Impuls der Zurückweisung zu kämpfen hatte. In der therapeutischen Beziehung identifizierte sich die Patientin über die Mutterrolle mit der Haltung der Analytikerin: So konnte sie sich der Therapeutin nahe fühlen, ohne ihre kindlichen Nähewünsche mitteilen zu müssen. Gleichzeitig konnte sie aber die therapeutische Beziehung als sichere Basis für ihre neue Mütterlichkeit nützen, denn anstelle der negativen Mutterübertragung war nun die Erinnerung an die enttäuschende Mutterbeziehung getreten.

## Religiöse Gruppe und Psychoanalyse als Gegenwelten

Die Osterpause löste starke depressive Gefühle aus, verbunden mit einer Angst vor der Sommerpause als der großen Trennung, bei der es ihr damals so schlecht ging. Die Patientin sprach von ihrer Feiertagspanik, wenn sich nichts tat, keiner erreichbar war, und erinnerte dazu die Wochenenden im Kloster, als ihre Briefe zensiert wurden und von den Eltern unbeachtet und unbeantwortet blieben. Allmählich wurde es möglich, mit ihr die immer wieder auftauchende Erfahrung des Erneut-Verlassenwerdens gefühlsmäßig zu bearbeiten, denn sie konnte ihre schlimmen Gefühle der Einsamkeit, der Verzweiflung und Resignation nun selbst erleben.

Wie sehr Frau H. durch ihre Trennungserfahrungen traumatisiert war, zeigte sich kurz vor der zweiten Sommerpause. Zu diesem Zeitpunkt war die therapeutische Bearbeitung noch nicht ausreichend und die erreichte Objektkonstanz noch nicht stark genug, daß sie die Therapiepause innerlich überbrücken konnte. Stattdessen suchte sie äußeren Halt durch den Anschluss an eine religiöse Glaubensgemeinde, zu der sie schon vorher über eine Freundin

Kontakt hatte. Dadurch schützte sich die Patientin davor, erneut verlassen zu werden, und gleichzeitig wiederholte sie in Aktiv/Passiv-Umkehr die damalige Trennungserfahrung des Klosterinternats. Im Sinne einer Konkretisierung (Bergmann 1996) ersetzte Frau H. die traumatische Erfahrung des Verlassenwerdens – damals durch die Trennung von den Eltern und nun in der Übertragung durch die Analytikerin – durch ihren Drang, mich zu verlassen, indem sie kurz vor den Ferien von der als tragend phantasierten Glaubensgemeinschaft aufgenommen wurde. Diese Reinszenierung auf der Handlungsebene schaffte eine Entlastung ihrer belastenden, angsterzeugenden Spannung, die durch Verbalisierung ihrer schlimmen Erinnerungen allein damals nicht gelöst werden konnte.

In den folgenden Monaten nach der Sommerpause bildete die religiöse Welt der Gemeinde die Gegenwelt für Frau H. Die therapeutische Arbeit war durch den äußeren Druck der „Glaubensfreundinnen" erschwert, daß Frau H. doch die Analyse beenden sollte. Nicht **sie**, sondern **die anderen** waren gegen die Analyse. So konnte sich die Patientin von ihrer eigenen Ambivalenz entlasten, was es ihr leichter machte, die Stunden bei mir konfliktfrei zu halten.

In meinem Erleben herrschte zwischen uns teilweise eine Art Starre, als ob es da keine Lebendigkeit geben und keine Gefühle aufkommen dürften. Gegenüber ihren religiösen Leitfiguren fühlte ich mich immer wieder entwertet, als ob die Stunden bei mir nichts zählten und sie die wahren Werte und Erkenntnisse woanders fand. War vorher die weibliche Glaubensgemeinde als tragende Gruppe notwendig gewesen, so wurde nun der religiöse Führer zur zentralen Figur.

Unter psychodynamischen Gesichtspunkten schien mir, daß die in der Mutterübertragung reaktivierte Enttäuschung bei Frau H. eine Sehnsucht nach dem idealisierten Vaterobjekt bedingte. In der Kindheit war die Hinwendung zum Vater als Liebesobjekt konflikthaft und ähnlich enttäuschend wie die Mutterbeziehung gewesen. Hier konnte die Patientin zwar mehr Leidenschaft erleben, die aber gleichzeitig „Leiden schaffte". Sie erlebte den Vater der Kindheit mit seinen harten Strafen wohl vorwiegend angstbesetzt und es ging für sie um Unterwerfung, Auslieferung und Leiden. Von diesem „bösen", tyrannischen Vater, der sie ins Internat geschickt hatte, entwickelte Frau H. abgespalten ein idealisiertes Bild eines gütigen Gott-Vaters. Der religiöse Führer wurde zur Projektionsfigur all ihrer Sehnsüchte, da er als idealisierter Gott-Vater gleichzeitig innere Unabhängigkeit und phantasmatische Nähe repräsentierte. Er verkörperte für sie Güte und Wärme und nährte die Hoffnung, geliebt zu werden.

*Bindungstheoretische Überlegungen*

Über die Außenbeziehung zur Leitfigur der Religionsgruppe konnte sich Frau H. mit ihrer Vaterbeziehung auseinandersetzen. Sie betrauerte, nicht einen solch liebevollen Vater gehabt zu haben, und erinnerte viele Situationen aus ihrer Kindheit, in denen sie den Vater einerseits als herrisch und bestimmend erlebte, andererseits aber auch Seiten vom Vater erwähnte, wo er ihr schwach und überfordert vorkam. Rückblickend ging es hier um die Triangulierung in der Übertragungsbeziehung. In meiner Gegenübertragung durchlebte ich erneut Gefühle, entwertet, unbedeutend und ausgeschlossen zu sein, was den abgewehrten kindlichen Gefühlen eines unsicher-distanzierenden Bindungsmodells entsprach.

## Die ungeliebte Tochter als Ersatzkind

In den folgenden Monaten häuften sich Träume, in denen Frau H. die Abgelehnte und Besiegte war, der die Aschenputtelrolle zufiel. In ihren Außenbeziehungen konstellierte sie sich immer wieder das Erleben, eine Versagerin in allen weiblichen Bereichen zu sein: im religiösen Bereich, im Beruf, in der Mutterrolle und in ihrer weiblichen Ausstrahlung.

Es fiel mir schwer, die Beweise ihres äußeren Scheiterns immer wieder hinzunehmen und mit ihr gemeinsam durchzuerleben. Doch gleichzeitig spürte ich deutlich, daß die Enttäuschung all dieser möglichen Entwicklungsschritte die Mitteilung an mich enthielt, daß ich Frau H. „als Versagerin" nicht zurückwies, sondern die Bedeutung ihres Scheiterns mit ihr bearbeitete.

So verlagerte sich im vierten Behandlungsjahr der thematische Schwerpunkt auf die Bearbeitung der negativen ödipalen Erfahrung als ungeliebte Tochter. In konflikthaften Frauenbeziehungen mit ihren Freundinnen erlebte sich Frau H. durch die Kritik der anderen in ihrem Grunderleben bestärkt, ungeliebt und ungewollt zu sein. Sie selbst konstellierte sich immer wieder Erfahrungen von Ablehnung und Streit, während sie gleichzeitig gegen den Ehemann um die ausschließliche Beziehung zu ihrer Tochter kämpfte (und damit ihre Liebe zur Tochter zeigte). Auch in der therapeutischen Beziehung stand das Trennende mehr im Vordergrund und diente der Abwehr von liebevollen, harmonischen Frauenbeziehungen, die Frau H. angstvoll mit homoerotischen Wünschen in Verbindung brachte (was sich im Traummaterial zeigte).

Über einen Traum wurde diese Dynamik in Zusammenhang mit dem Tod des älteren Bruders in seiner Bedeutung als schuldhafte Doppelexistenz verständlich. Frau H. träumte, daß ihre Tochter ertrunken war und sie Tanja auf der Tragbahre liegen sah. Doch dann konnte sie wieder zum Leben erweckt werden. Über diesen Traum wurde es Frau H. möglich, sich mit dem Verlust des Bruders und ihrer Ersatzkindrolle als Trösterin der Eltern auseinanderzusetzen. Die Geschichte von seinem Tod durch Ertrinken im Badesee wurde zu Hause oft den Kurgästen erzählt, so wie man über Kriegsopfer sprach. In den Reaktionen der Eltern war weder Trauer noch Schuld spürbar. *„Keiner hat da geweint. Ich hatte nicht den Eindruck, daß es schmerzlich war. Die Mutter hatte nie Tränen in den Augen."* Dafür habe ihr die Schwester (die beim Tod des Bruders 6 Jahre alt war) von seiner Beerdigung in einem weißen Kindersarg erzählt. Sie selbst habe als Kind immer zugeschaut, wie der Maler die Kindersärge weiß gestrichen habe und sie bewundert. Dann habe sie der Mutter erzählt, daß der Schreiner wieder einen kleinen weißen Kindersarg machen würde.

In der gleichen Stunde berichtete Frau H., daß bei ihrer Tochter in der Vorsorgeuntersuchung der Verdacht auf Epilepsie geäußert wurde (der sich später nicht bestätigte), da sie Zustände partieller Abwesenheit hätte, die an Absencen erinnern würden. Erstmals erzählte die Patientin ausführlicher über die dissoziativen Zustände ihrer Tochter, die ihr nie besonders erwähnenswert erschienen, da ihr diese selbst als Kind wohl vertraut waren, und in späteren Stunden erfuhr ich von ihren eigenen sog. Tagtraumzuständen mit z. T. autoerotischen Phantasien.

Psychodynamisch gesehen fühlte sich Frau H. als kleines Mädchen von der Mutter doppelt zurückgewiesen, da sie als Ersatzkind die Mutter in ihrer larvierten Depression nicht wirklich trösten konnte und auch mit ihren liebevollen Gefühlen von ihr nicht angenommen wurde. Die Enttäuschung erlebte sie als Zurückweisung ihrer Liebe verbunden mit der Phantasie, daß die Mutter sie als Knaben mehr geliebt und angenommen hätte als als Mädchen. Dieses beschämende Erleben, in ihrer Mädchenhaftigkeit ungeliebt zu sein und zurückgewiesen zu werden, verletzte sie in ihrer Weiblichkeitsentwicklung tief. Durch die Trennung vom Ehemann war diese Wunde neu aufgerissen worden und kam nun allmählich in die Übertragung, als Frau H. in Frauenbeziehungen immer wieder die Erfahrung des Ungeliebt-Seins wiederholte.

## *Bindungstheoretische Überlegungen*

Obwohl die Fakten um den Tod des älteren Bruders und die Rolle des Ersatzkindes schon zu Anfang bewußt waren, wurde erst im 4. Behandlungsjahr die innerpsychische Bedeutung dieses unverarbeiteten Verlusts für die Patientin deutlich: daß sie in einer Art Doppelexistenz gleichzeitig den verstorbenen Bruder für die Eltern repräsentierte und in ihrer eigenen Rolle, in der sie sich

z. T. schuldig und abgelehnt fühlte, ihre Identität suchte. Somit hatte Frau H. vermutlich zwei verschiedene, sich gegenseitig ausschließende Modelle voneinander getrennt verinnerlicht. Vor allem die dissoziativen Zustände als Anzeichen von desorganisiertem, desorientiertem Verhalten kamen erst über die Tochter auf, und so symbolisierte der mitgebrachte Traum von der ertrunkenen Tochter die Verknüpfung des toten Bruders mit der Tochter i. S. einer erneuten potentiellen Transmission des Traumas von Frau H. auf ihre Tochter.

Frau H. erinnerte, daß sie bei den Eltern keine Traurigkeit spürte, es keine Tränen gab, wenn über den Tod des Bruders gesprochen wurde. Die häufige Erwähnung seines Todes wies darauf hin, daß dieser Verlust für die Eltern unverarbeitet blieb, und die zugehörigen Gefühle abgespalten wurden. Bowlby bezeichnete diese Form der pathologischen Trauer als „langandauerndes Fehlen bewußten Kummers".

Bei der Mutter erinnerte sie eher die geschäftige Seite im Dienste der Depressionsabwehr als die Traurigkeit. Auch hier findet sich in der Literatur ein Zusammenhang, daß die mütterliche Depression sich um so mehr auf das Pflegeverhalten auswirkte, je mehr sie abgewehrt wurde bzw. je weniger sie bewußt war. Auch solche depressiven Zustände – oft verbunden mit einer für das Kind nicht nachvollziehbaren Gestimmtheit – prädisponieren zu einem desorientierten/desorganisierten Bindungsverhalten, da die Trauerarbeit über den Tod blockiert wird und damit der Verlust unverarbeitet bleibt. Die pathologische Trauer drückte sich zusätzlich in der Ersatzkindrolle von Frau H. aus i. S. einer falschen Lokalisierung der Anwesenheit des Verstorbenen (Bowlby 1983).

## Zeit der Ablösung

In der 328. Stunde brachte Frau H. einen Traum mit, in dem sie sich im Spiegel betrachtete und das faltige Gesicht einer alten Frau erblickte. Mit diesem Traum, den ich als Identifikation mit der verstorbenen Mutter verstand, wurde der Verlust der Mutter nun einer Betrauerung zugänglich und es tauchten Erinnerungen auf an die Zeit nach ihrem Tod. In der Rekonstruktion wurde nun deutlich, wie verlassen sich die Patientin nach dem Tod ihrer Mutter gefühlt hatte. Erstmals erzählte sie von ihrer Depression nach der Geburt ihrer Tochter, wie „mutterseelenallein" sie mit ihrem Baby war und wie sehr sie sich nach einer fürsorglichen Frauengestalt gesehnt hatte.

In der letzten Therapiephase stand für Frau H. die innerliche Ablösung von der Mutter an, nachdem die Mutter in ihrer Jugendzeit gestorben war, bevor sich Frau H. innerlich von ihr lösen konnte. Ihre Loslösung aus der Familie blieb unbewußt schuldhaft und in der Beendigung der therapeutischen Arbeit ging es für sie darum, ob ein Abschied ohne Schuld von der Analytikerin möglich sein würde.

Hatte sich die Patientin zuvor in Frauenbeziehungen als unterlegen und nicht liebenswert erlebt, so gab sie nun ihre schuldhafte Unterwürfigkeit auf und begann sich gleichwertig auseinanderzusetzen. Sie orientierte sich dabei stark an einer beruflich erfolgreichen, älteren Kollegin, bei der sie aus der Rolle der unerfahrenen „Kleinen" sich zu einer partnerschaftlichen Ebene der Gleichberechtigung hin entwickelte. So wie Frau H. sich in den Außenbeziehungen aus abhängigen Positionen zu lösen begann und ihren ganz persönlichen Weg suchte, vollzog sich auch eine allmähliche Ablösung von der Analytikerin.

In ihren reichhaltigen Träumen klangen die Themen der Auseinandersetzung mit der Mutterrepräsentanz und die Suche nach gleichberechtigter Wertschätzung auf symbolischer Ebene an. So träumte Frau H. zunächst von einer Auseinandersetzung mit der Mutter, die sie anschrie, weil diese nicht die wichtigen Telefonanrufe für die Patientin notiert hatte (es ging um die Anerkennung ihrer beruflichen Selbständigkeit). In einem folgenden Traum verteidigte sie die Nutzung ihrer Wohnräume (und damit auch ihrer weiblichen Innenräume) gegen eine kontrollierende Mutterfigur. Im dritten Traum dieser Serie zerschlug sie Gläser, als eine ältere Bardame ihre Wünsche an der Bar ignorierte, was wohl ihre Erlaubnis bedeutete, diesen potentiell erotischen Raum als erwachsene, gleichberechtigte Frau betreten zu dürfen.

In der therapeutischen Beziehung konnte Frau H. sich mit mir durch vorwurfsvolle oder entwertende Äußerungen auseinandersetzen, indem sie sich zwischendurch immer wieder abwertend oder zurückweisend äußerte. Es kam nochmals ihre Enttäuschung hoch, daß ich sie nicht vor Kummer, Not und Alleinsein bewahren konnte und auch ihre Wünsche nach Versorgung nicht hinreichend erfüllen konnte.

Während sie bewußt das Erleben von Trennung in der therapeutischen Beziehung zu verleugnen versuchte, zeigten erneut ihre Träume, wie intensiv sie sich mit dem Ende unserer Arbeit auseinandersetzte, etwa indem sie verschiedene Formen des Abschieds in symbolisierter Form vorwegnahm: vom Sturzflug und Absturz bis hin zum fliegenden Wechsel in der Übernahme des Steuers.

So schwer es Frau H. bis zuletzt fiel, aus ihrem Selbstverständnis als tragische und leidende Figur herauszutreten, zeigte sie in kleinen Andeutungen, daß sie vermehrt die Probleme ihrer Mitmenschen erkennen und damit auch ihre eigene Weiterentwicklung schätzen konnte. Als ich mit ihr in der vorletzten Stunde das Adult Attachment Interview führte, war sie hinterher ganz gerührt. Angesichts ihrer schweren Kindheit und der Mangelerfahrung an Liebe, Fürsorge und Anerkennung sah sie sich als die einzige in ihrer Familie, der es gelungen sei, eine liebevolle, herzliche Beziehung zu ihrer Tochter aufzubauen. Unser Abschied war herzlich und doch gefaßt.

## Trennungserfahrungen

Die Therapie begann mit der Trennung vom Ehemann, die eine schwere depressive Symptomatik bei Frau H. auslöste. In ihrem Bindungssystem wurde dadurch ein Zustand ausgelöst, der an eine Desorientierung bzw. Desorganisation erinnerte mit widersprüchlichen Verhaltensweisen wie verzweifeltem Anklammern und kalter Zurückweisung. Schon zu Beginn der Therapie konnte Frau H. ihre Trennungs- und Verlusterfahrungen benennen, deren innere Verarbeitung für den Behandlungsverlauf zentral war.

John Bowlby stellte eindrucksvoll heraus, wie intensiv kleine Kinder auf Trennungen von ihren Bindungspersonen reagieren. Ohnmachtserleben, funktionale und dysfunktionale Wut und Hilflosigkeit sind die begleitenden Gefühle. Vor allem betonte er, daß sich eine längere Trennung auch auf die Bindungsqualität zum Elternteil auswirke, da das Kind in Abwesenheit der Bindungsfigur wiederholt seine Bindungswünsche als unbeantwortet erlebe.

Frau H. erlebte ihre erste mehrwöchige Trennung im Alter von etwa drei Jahren im Kinderheim und dann besonders einschneidend die Trennungserfahrung durch die Einschulung ins Klosterinternat im Alter von sechseinhalb Jahren, wo sie wochenlang von den Eltern getrennt war und diese nur in den Ferien sah.

Die Trennungserfahrungen waren bei Frau H. – metaphorisch ausgedrückt – die Wunden der Vergangenheit, die noch nicht verheilt waren, sondern durch jede neue Trennung wieder aufgerissen wurden. Im Behandlungsverlauf – besonders in den ersten zwei Jahren – wurde deutlich, wie innerlich bedrohlich für Frau H. solche Unterbrechungen im Kontakt waren und wie sehr es ihre psychische Organisation erschütterte. Im Behandlungsverlauf zeigte sich aber auch durch die wiederholte Bearbeitung der Trennungserfahrungen, wie Frau H. sich zunehmend stabilisierte, sich ihre Abwehr veränderte und sie die teilweise immer noch schmerzhafte Erfahrung des Alleinseins besser aushalten konnte. Im Therapieverlauf war eine sehr lange Phase des Durcharbeitens nötig, um diese depressiven Gefühle erlebnismäßig zugänglich zu machen und zu bewältigen. Ich möchte hier nur kurz auf die Arbeit von Fonagy zum erfolgreichen Containment im Rahmen einer Bindungsbeziehung verweisen (Fonagy et al. 1995). Neben dem empathischen Mitschwingen und Verstehen i. S.

einer Affektspiegelung (was die Patientin beides nicht erfahren hatte) braucht es dabei auch das Signal des Elternteils, daß diese Affekte ausgehalten und moduliert werden können, also eine Copingstrategie zur Affektregulation. In diesem Sinne ließe sich der Therapieverlauf auch als ein (phasenweise) erfolgreiches Containing der Patientin mit ihren negativen Gefühlen interpretieren, das ihr eine Integration dieser „untragbaren" Gefühle ermöglichte.

Zum Abschluß der Behandlung fanden sich im Interview keine Anzeichen von Desorientierung und/oder Desorganisation im Hinblick auf die Trennungserfahrungen. Der Hinweis auf die gesteigerte Verlustangst bezüglich der Tochter zeigte jedoch, daß Trennungen wie auch innere Loslösungen empfindliche Stellen bei Frau H. blieben. Die Auswirkungen der Doppelexistenz als Ersatzkind auf die psychische Entwicklung der Patientin konnten soweit bearbeitet werden, daß die Transmission des Verlusttraumas an die Tochter unterbrochen wurde und damit das Familientrauma weitgehend integriert wurde.

Erst im letzten Behandlungsjahr konnte Frau H. auch den Verlust der Mutter betrauern, über deren Tod zwar schon früher gesprochen wurde. Im Adult Attachment Interview fanden sich bei der Erörterung der Todesfälle keine Hinweise auf Desorientierung/Desorganisation und damit auf einen unverarbeiteten Bindungsstatus.

## Veränderungen der Bindungsrepräsentation

Wie hat sich die Bindungsrepräsentation bei Frau H. im Therapieverlauf verändert? Zu Beginn hatte ich bei Frau H. potentiell traumatische Anteile i. S. unverarbeiteter Verlusterfahrungen vermutet bei einem vorherrschend unsicher-distanzierendem Bindungsmodell, aber auch kombiniert mit einem unsicher-präokkupierten Bindungsmodus. Wie hat sich das Narrativ ihrer Bindungsgeschichte nun verändert?

Schon zu Beginn der Therapie konnte die Patientin die negativen Erfahrungen in ihrer Kindheit benennen, so daß im Verlauf der Behandlung wenig ganz neue Fakten ihrer Biographie aufgetaucht sind. Die Veränderung lag also mehr in der Qualität der Darstellung dieser Erfahrungen, die eine andere Integration und Bewertung ihrer Erfahrungen widerspiegelte. Dazu bot das Adult Attachment Interview zum Abschluß eine gute Grundlage. Zunächst zu den Bindungserfahrungen mit beiden Eltern.

## *Die Mutterrepräsentation*

Frau H. beschrieb ihre Mutter im Interview mit den Adjektiven schwach, traurig, krank, gehetzt und scheu, wobei sie die lieblosen Seiten klar benannte und mit szenischen Erinnerungen belegte. So konnte sie nicht mit ihrem Kummer zur Mutter kommen, mußte ihr aufgeschlagenes Knie selbst verbinden. Im Vergleich mit der Anfangsbeschreibung konnte sich Frau H. an mehr Episoden mit der Mutter erinnern und diese emotional lebendig erzählen. (Loving Wert 2, Zurückweisung Wert 6).

Es gab zwei Andeutungen von verwickelter Bindung, einmal ihr Trost der traurig-weinenden Mutter i. S. einer Rollenumkehr und ihre Angst als kleines Mädchen um die kranke Mutter, die manchmal nachts keine Luft bekam wegen einer Kropferkrankung, die später operiert wurde (Wert 3.5). Als sie von der gehetzten Mutter sprach, war sie innerlich so involviert, daß sie mehrmals ihre Äußerungen zitierte, was einem Ärgerwert von 3.5 entsprach. Und es gab eine leicht beziehungsabwertende Stelle, als Frau H. auf mein Nachfragen nach einer Episode im Kontakt zur Mutter, antwortete, daß sie große Probleme habe, überhaupt ein Verhältnis auszumachen, da es ja kein Zusammensein gab (Wert 2.5). Bei Frau H. schwang trotzdem eine gewisse Anteilnahme und ein Verständnis für die Lebenssituation der Mutter mit, die trotz fehlender körperlicher Nähe eine gewisse Verbundenheit mit ihr ausdrückte.

## *Die Vaterrepräsentation*

Die Darstellung der Vaterbeziehung als gewalttätig, tyrannisch, lieblos, laut und egoistisch blieb unverändert negativ. Für ihn zeigte Frau H. auch weniger Verständnis, er blieb ihr innerlich fern und angstbesetzt. Es fiel ihr wohl schwer, verständliche Motive für seine Zurückweisungen zu finden, etwa wenn er die Patientin einfach im Internat absetzte und wieder wegfuhr oder darüber lachte, wenn sie auf seine Aufforderung hin an einen Elektrozaun faßte und einen Schlag bekam.

Verstrickende Seiten gab es in der Vaterbeziehung, wenn er die Tochter bei Ehestreitigkeiten in die Mitte des Ehebetts holte (Loving 1.5, Zurückweisung 7, Involving 3, Vernachlässigung 6, geringe Ärgeranteile 3).

Etwas abgemildert wurde die einseitig negative Beschreibung durch das Zugeständnis, daß auch manche Unternehmungen ganz schön waren, sich Frau H. also nicht mehr nur als Opfer erlebte. Anzeichen der Integration dieser Erfahrungen fanden sich bei der Beschreibung der potentiell traumatischen „Wasserszene" in den angefügten metakognitiven Überlegungen: *„Klar, im Nachhinein kann ich ihn da schon verstehen, diese Angst, die er überhaupt nicht ratio-*

nal verarbeitet hatte, diese Erfahrung mit dem Tod meines Bruders, daß das halt wirklich nur aus dem Bauch kam, also er hat an die Konsequenzen überhaupt nicht gedacht, kam einfach so aus ihm raus und ging auf uns über."

In der Bewertung des State of mind bezüglich Bindung erreichte Frau H. für ihre klare und ausgewogene Darstellung ihrer Lebensgeschichte – ohne Beschönigungen und ohne Dramatisierungen – einen Kohärenzwert von 7. Ihr immer wieder aufblitzender Humor nahm ihren Äußerungen die Schwere und trug zu einer Ausgewogenheit bei. So konnte Frau H. die negativen Verhaltensweisen der Eltern beschreiben, aber auch ihre eigenen negativen Gefühle zulassen und auch negative Seiten bei sich zugeben, etwa wenn sie sich selbst gegenüber dem Vater kurz vor seinem Tod als lieblos und ohne Mitleid beschrieb.

### *Sicher-autonome Bindung*

Die kohärente Darstellung ihrer Lebensgeschichte sprach für eine Plazierung in der F-Kategorie einer sicher-autonomen Bindungsrepräsentation. Hier entschied ich mich für die F2 Subgruppe, die so gekennzeichnet ist: „Während des Interviews oder in einem bestimmten Teil scheint die Person durch eine Art Ablehnung von Bindung zurückgehalten zu sein, die aber schließlich durch Zuneigung, Mitgefühl, Humor oder anderem Beweis einer tieferliegenden Wertschätzung von Bindung widerlegt wird."(Main/Goldwyn 1985). Neben Frau H.s Humor sprach die Verlustangst bezogen auf die Tochter für eine Plazierung in dieser Subgruppe.

Eine Bestätigung für die Veränderung in Richtung einer sicher-autonomen Bindungsrepräsentation fand sich am deutlichsten in der Beziehung zur Tochter. Die anfangs tendenziell zurückweisende Haltung gegenüber der kleinen Tochter, die sie in die Krippe gab, weil sie die Nähe zu ihr nicht aushielt, wandelte sich in eine emotional herzliche und zärtliche Beziehung zur Tochter. Hier konnte Frau H. gemeinsam mit der Tochter liebevolle und zärtliche Formen der Nähe entwickeln. Die Äußerungen im zweiten Behandlungsjahr brachten zum Ausdruck, wie schwer es für Frau H. war, dieses zurückweisende Bindungsmuster zu durchbrechen. An deren Stelle traten nun vermehrt verstrickende Verhaltensweisen mit Verlustängsten, die es der Patientin so schwer machten, ihre Tochter loszulassen und ihre Autonomiestrebungen zu tolerieren.

Abschließend bleibt die Frage nach der Bindungserfahrung in der therapeutischen Beziehung bzw. in der Übertragung.

Ausgehend von meiner Gegenübertragung hatte ich überwiegend – wenn auch in unterschiedlicher Ausprägung – das Gefühl, daß Frau H. mich immer wieder auf Distanz hielt und mich auf meine therapeutische Funktion zu reduzieren versuchte, um eine personale Bezogenheit mit mir zu vermeiden. Ihre persönlichen Gefühle für mich und analog meine Bedeutung für sie blieben weitgehend aus dem analytischen Diskurs abgewehrt. Diese Gegenübertragungsgefühle entsprechen der Dynamik eines unsicher-distanzierenden Bindungsmodells. In einer Rollenumkehr kommt es zu einer Reinszenierung der Mutterbeziehung, wobei die Analytikerin die abgewehrte kindlichen Gefühle der Zurückweisung und der Ausgeschlossenheit erfährt. An anderen Stellen im Behandlungsverlauf (s. Stunde vor Sommerpause 1) wurde das Beziehungserleben der Patientin durch die Übertragung des unsicher-distanzierenden Bindungsmodells so verzerrt, daß sie die Therapeutin als kalt und zurückweisend erlebte, obwohl gleichzeit eine fürsorgliche, tröstende Haltung in der Gegenübertragung verspürt wurde. Die gewahrte Distanz i. S. eines Sicherheitsabstandes vermittelte der Patientin durch die Vertrautheit des Musters auch ein Sicherheitsgefühl und zugleich die Möglichkeit, z. T. in Rollenumkehr die früheren Zurückweisungen zu verarbeiten. Ein anderer Grund liegt in der tiefliegenden Trennungs- und Verlustangst, die in der Abwehr zu einem unsicher-distanzierenden Bindungsmodell führte.

Während es in der therapeutischen Beziehung darum ging, eine negative Mutterübertragung i. S. eines unsicher-distanzierenden Bindungsmodells auszuhalten, konnte Frau H. parallel in der Beziehung zur Tochter ein sicheres Elternverhalten und eine sichere Bindungsrepräsentation entwickeln. Denn gleichzeitig gab es in der therapeutischen Beziehung noch eine andere Ebene, auf der die Patientin die fürsorgliche und verständnisvolle „Elternhaltung" der Analytikerin annehmen konnte. Es handelte sich hier um eine überwiegende Spiegelübertragung i. S. einer Selbstobjektübertragung, ohne daß eine personale Bezogenheit zum Gegenüber erlebt wird. Mit diesen fürsorglichen Anteilen konnte sich Frau H. identifizieren und somit eine korrigierende Bindungserfahrung verinnerlichen.

Die unsicher-präokkupierten Bindungsanteile waren mehr in den männlichen Beziehungen (zum Vater, zum Ehemann) vorherrschend. Auch während der Therapie blieben sie auf die männlichen Außenbeziehungen gerichtet. Lediglich auf der Ebene der Träume kam es zu einer Vermischung dieses Bindungsmodus, da die männliche Traumrepräsentanzen z. T. Übertragungsbedeutung hatten und damit auch die Bindungsbeziehung zur Analytikerin widerspiegelten. Im „State of Mind", dem aktuellen mentalen Zustand bezüglich Bindung, erlebte ich Frau H. wechselnd zwischen unsicher-präokkupierten Positionen mit Tendenz zur Affektmaximierung und Dramatisierung und unsicher-distanzierenden Positionen der Affektminimierung. Wenn ich diese Bindungsstrategie zuordnen sollte, so ähnelt es am meisten einem A/C Muster, wie es Crittenden (1995) als Mischung von vermeidenden und ambivalenten Elementen beschrieb (im übrigen ein Bindungsmuster, das sie gehäuft bei Kindern von Eltern mit unverarbeiteten Traumatisierungen beobachtete).

Abschließend glaube ich, daß im Lichte der Bindungstheorie der Behandlungsverlauf für die Beziehungsfähigkeit der Patientin erfolgreich war. Die Vergangenheit konnte betrauert und der Wiederholungszwang durchbrochen werden, und somit wurde die Patientin frei für ihr eigenes Leben. Sie konnte eine vermutlich sichere Bindung zu ihrer Tochter herstellen und – das sei hier noch kurz erwähnt – mehrere tragfähige Freundschaften im Verlauf der Therapie aufbauen. Die zukünftige Entwicklung von Frau H. wird zeigen, ob die Wunden und Narben der Vergangenheit so verheilt sind, daß sie sich auch auf eine Partnerschaft wieder einlassen kann.

## Literatur

Bergmann, M. V. (1996): Die Greifbarkeit des Traumas in der klinischen Arbeit. Vortragsmanuskript
Bowlby, J. (1975): Bindung. Kindler, München
– (1976): Trennung. Kindler, München
– (1983): Verlust, Trauer und Depression. Fischer, Frankfurt/M
Cassidy, J., Shaver, P. R. (Eds.) (1999): Handbook of Attachment. Guilford, New York, London
Crittenden, P. (1995): Attachment and Psychopathology. In: Goldberg et al., 367–406
Fonagy, P., Steele, M., Steele, H., Leigh, T., Kennedy, R., Mattoon, G., Target, M. (1995): Attachment, the Reflective Self and Borderline States. In: Goldberg et al., 233–278.
Fraley, R. C., Shaver, P. R. (1999): Loss and Bereavement. In: Cassidy/Shaver, 735–759
Freud, S. (1917): Trauer und Melancholie. Fischer Studienausgabe Bd. III, Frankfurt/M. 1974
Goldberg, S., Muir, R., Kerr, J. (Eds.) (1995): Attachment theory. The Analytic Press, London, Hillsdale, N. J.
Klass, D., Silverman, P. R., Nickman, S. L. (Eds.) (1996): Continuing Bonds: New understandings of grief. Taylor & Francis, Washington D. C.
Main, M., Goldwyn, R. (1985): Adult attachment scoring and classification System. Unpublished manuscript, University of California, Berkeley
Parkes, C. M. (1971): The first year of bereavement: A longitudinal study of the reaction of London widows of death of their husbands. In: Psychiatry, 33, 444–467

# Therapeutische Implikationen der Bindungstheorie

Von Susanne Hauser und Manfred Endres

Nach Jahrzenten empirischer Entwicklungsforschung nähert sich die Bindungstheorie wieder den ursprünglichen, klinisch relevanten Fragestellungen Bowlbys. Was als Theoriegebäude mit Hypothesen begann, steht nun durch die Ergebnisse der Bindungsforschung der letzten 30 Jahre auf einem breiten Fundament empirisch abgesicherter Daten über die Bindungsbeziehung zwischen dem Kleinkind und seinen Eltern. Auf diese wurde in einigen Beiträgen dieses Bandes Bezug genommen. Auch sei auf andere hervorragende Zusammenstellungen verwiesen (Cassidy/Shaver 1999; Goldberg et al. 1995; Spangler/Zimmermann 1995).

Der Fokus dieses Beitrags liegt auf der Umsetzung der o. g. Ergebnisse in der klinischen Arbeit mit Kindern und Erwachsenen. Es soll der Frage nachgegangen werden: Welchen Beitrag kann die Bindungstheorie zum Verständnis und zur Therapie psychopathologischer Störungen leisten?

Die Zusammenhänge zwischen Interaktionsmustern, Beziehungsvariablen und Störungsbildern wurden in dem Maße vermehrt Gegenstand der Untersuchung als sich die Modellvorstellung von der „Ein-Personen-Psychologie" zu einem Modell der „Zwei-Personen-Psychologie" wandelte. Die psychischen Störungen eines Patienten entstehen, manifestieren sich und wandeln sich in dem interaktionalen Austausch mit seinen Mitmenschen. Davon ist auch die therapeutische Beziehung als der Ort, an dem Heilung stattfinden soll, nicht ausgenommen.

Die Bindungstheorie beschäftigt sich nun mit einem wesentlichen Teilbereich zwischenmenschlicher Beziehungen: dem Bedürfnis nach Nähe, Sicherheit, Trost und Verständnis. Neben anderen Motivationssystemen wie Exploration, Sexualität und Aggression kommt damit der Bindung ein zentraler Stellenwert zu in den ganz engen Beziehungen wie zwischen dem Kind und seinen Eltern, in Freundschaften und Partnerschaften. Die empirische Bindungsforschung hat durch Interaktionsbeobachtungen und experimentelle Untersuchungen gezeigt, wie unterschiedlich die angeborenen Bindungsbedürfnisse in den frühen Beziehungen sozialisiert und in das Interaktionsverhalten integriert werden. Durch Längsschnittstudien konnten Entwicklungsverläufe beschrieben und die Entwicklungsdynamik dieser Bindungsmuster herausgearbeitet werden. In sog. Inneren Arbeitsmodellen bestimmen die internalisierten Bilder der frühen Objekterfahrungen mit den primären Bindungsfiguren, wie bindungsrelevante Situationen erlebt und verarbeitet werden, wie die Affekte reguliert und mit welcher Strategie die Bindungsbedürfnisse in der Beziehung gezeigt werden. Frühe Bindungserfahrungen werden somit im Laufe der Entwicklung zu inneren Strukturen in der Persönlichkeit. Inwieweit tragen nun verschiedene Bindungsmodelle zur Entstehung von psychopathologischen Symptomen bei?

## Beitrag der Bindungsbeziehungen zur Entstehung von psychopathologischen Symptomen

In einem sicheren Bindungsmuster[1] (B) verinnerlicht das kleine Kind die verlässliche Erfahrung mit seinen Eltern, daß Mutter bzw. Vater feinfühlig auf seine Bindungsbedürfnisse eingehen, es trösten, beruhigen, verstehen und lieb haben. Es kann darauf vertrauen, daß es seine positiven wie negativen Gefühle zeigen kann und darin von den Eltern verstanden wird. Ganz anders sieht die Erfahrung bei einem unsicher-vermeidenden Bindungsmuster (A) aus: Hier erlebt sich das Kind in seinen Bindungswünschen und Gefühlen von seiner Mutter bzw. seinem Vater zurückgewiesen. Es erfährt, daß sein Erleben von Schmerz, Kummer, Ärger und Wut keinen Platz in der Beziehung hat, daß es mit diesen Gefühlen allein gelassen wird und selbst damit fertig werden muß, wenn es nicht noch zusätzlich den Ärger oder die Zurückweisung der Bindungsfigur erleben will.

Fonagy et al. (1995) haben herausgestellt, daß die Affektabwehr der Eltern vom Kind in seinen Bindungserfahrungen zunächst übernommen und dann allmählich in einem Inneren Arbeitsmodell internalisiert wird. Beim unsicher-vermeidenden Bindungsmuster (A) geht es um Affektunterdückung, die in der weiteren Entwicklung in eine Verleugnung bzw. Verdrängung der Gefühle im Dienste der Affektminimierung übergeht. Zentral für die Affektabwehr ist die Selbstregulation über Aufmerksamkeitsverlagerung vom Gefühl weg, was sich später in Affektabspaltung bzw. Rationalisierung manifestiert. Beim unsicher-vermeidenden Bindungsmuster führt dies mit ca. 18 Monaten dazu, daß die im prozeduralen Gedächtnis gespeicherten, negativen Erfahrungen der Zurückweisung mit einer beschönigenden Bedeutung belegt werden. Somit entsteht eine horizontale Spaltung zwischen den (verdrängten) Erinnerungsspuren im prozeduralen Gedächtnis und den bewußten Bedeutungen im semantischen Gedächtnis.

Aufgrund dieser Entwicklungsdynamik kann sich eine Externalisierungsstörung ausbilden: Die Aufmerksamkeit wird von den eigenen Gefühlen und den Gefühlen der anderen auf neutrale Themen bzw. auf eine Handlungsebene verlagert. Die Emotionalität bleibt damit undifferenziert, da sie nicht introspektiv zugänglich ist, sondern externalisiert werden muß, um neutralisiert und bewältigt zu werden. Wie Bowlby (1995) darlegte, ist die Informationsaufnahme selektiv verzerrt, da der Rückgriff auf die eigene Innenwelt und die eigenen Gefühle blockiert wird.

Als Gegenpol zum unsicher-vermeidenden Bindungsmuster (A) entwickelt sich bei Kindern mit einem unsicher-ambivalenten Bindungsmuster (C) keine hinreichende Selbstregulation im Umgang mit den Affekten. Diese Kinder internalisieren die Beziehungserfahrung, daß ihre Eltern entweder nicht zuverlässig genug auf ihre Bindungssignale reagieren, z. T. unberechenbar sind, bzw. daß sie die kindlichen Affekte nicht modulieren und regulieren können. Anstatt ihr aufgeregtes, ängstliches Kind zu beruhigen oder ihr verzweifeltes, trauriges Kind zu trösten, reagiert eine solche Mutter bzw. ein solcher Vater selbst ängstlich bzw. verzweifelt. Somit wird das Kind zwar in seinem Gefühl verstanden und möglicherweise gespiegelt, aber es fehlen die für ein erfolgreiches Containing erforderlichen Bewältigungsformen. Da Mutter/Vater in der Affektregulation in ihrer Elternfunktion versagen, findet keine wirksame Gefühlsregulation in der Beziehung statt und somit kann das Kind auch keine Struktur im Dienste der Selbstregulation verinnerlichen.

In diesem unsicher-ambivalenten Bindungsmuster (C) lernt ein Kind durch Maximierung seiner Bindungswünsche und seines Affektausdrucks die Reaktion seiner Bezugspersonen zu sichern, aber gleichzeitig wird es selbst immer wieder von seinen Gefühlen überschwemmt. Dadurch wird auch ein Gefühl von Hilflosigkeit und Ohnmacht erzeugt, wenn die eigenen Gefühle als nicht modulierbar und überrollend erlebt werden. Diese Menschen neigen zur Ausbildung einer Internalisierungsstörung, da sie in ihren Gefühlszuständen verstrickt bleiben und keine Lösungsmöglichkeiten auf der Handlungsebene entwickeln bzw. die Realitätsprüfung verloren geht.

Mit der Verlagerung der Forschungsperspektive vom Verhalten auf die Repräsentationsebene hat die Bindungstheorie zum Verständnis der Entwicklungsdynamik der verschiedenen Bindungsmuster beigetragen. Anstelle von traumatischen Erfahrungen wie Trennung, Verlust oder Mißbrauch wurde die Bedeutung von sog. „Mikrotraumatisierungen" in Form von fehlender Feinfühligkeit herausgestellt. Es konnte empirisch gezeigt werden, wie sich schon im frühen Eltern-Kind-Bezug subtile Realitätsverzerrungen durch die Affektabwehr der Eltern etablieren und durch Internalisierung in die Strukturbildung eingehen. Dennoch handelt es sich bei diesen unsicheren Bindungsmustern nicht um klinische Kategorien i. S. einer Symptombildung. So haben sich auch in Längsschnittstudien von normalen Mittelschichtsstichproben (Low risk samples) keine systematischen Zusammenhänge mit der Entwicklung von Störungsbildern aufzeigen laßen (Goldberg 1995). Die klinische Vorhersagekraft der Bindungsmuster ist hier für psychopathologische Symptome gering.

Ein ganz anderes Bild ergibt sich in sog. Risikostichproben. Hier zeigt sich die Wirksamkeit von einzelnen Bindungsmustern im Kontext verschiedener Störungsbilder. Dabei zeichnet sich ab, daß einem sicheren Bindungsmuster die Bedeutung eines protektiven Faktors zukommt, der die negativen Einflüsse ungünstiger Lebensbedingungen bzw. kritischer Lebensereignisse abzumildern scheint. Dagegen wirkt sich ein desorientiertes-desorganisiertes Bindungsmuster in einer Risikostichprobe möglicherweise als ein Risikofaktor aus.

In der Minnesota-Stichprobe (Ogawa et al. 1997) fanden sich die klarsten Zusammenhänge zwischen kindlichem Bindungsmuster und psychopathologischer Symptomatik in der Adoleszenz wie etwa bei der Depression oder bei der Angststörung, wenn man die Unterscheidung zwischen Internalisierungs- und Externalisierungsstörung berücksichtigte. So ist der Anteil von unsicher-vermeidenden Bindungsmustern höher bei Externalisierungsstörungen wie phobischen Vermeidungsverhalten oder aggressiven Störungen, dagegen der Anteil von unsicher-ambivalenten Bindungsmustern höher bei depressiven Störungen und Ängsten. Von der phänomenologischen Ähnlichkeit her ergeben sich Parallelen zwischen dem unsicher-ambivalenten Bindungsmuster als Kind und der Entwicklung späterer Angststörungen: 28% der unsicher-ambivalenten Kinder entwickelten in der Adoleszenz eine solche Angststörung im Vergleich zu 16% der unsicher-vermeidenden und zu 12% der sicheren Kinder (Warren et al. 1997). Ein anderer Zusammenhang bestätigte sich zwischen dem desorientierten/desorganisierte Bindungsmuster in der Kindheit und der Disposition, auf weitere Belastungen und potentiell traumatische Ereignisse mit Dissoziation zu reagieren (Ogawa et al. 1997).

Zur Dokumentation systematischer Zusammenhänge zwischen Störungsbildern und Bindungsmustern bedarf es noch weiterer Untersuchungen an klinischen Stichproben. Gegenwärtig existieren noch keine geeigneten Untersuchungsinstrumente zur Erfassung des aktuellen Bindungsmodells in den verschiedenen Altersstufen. Von der Fremden Situation nach Ainsworth und Mitarbeitern (1978) und dem Adult Attachment Interview von Main & Goldwyn (1994) abgesehen, sind die anderen Methoden zur Bestimmung des Bindungsmodells weniger elaboriert bzw. weniger bekannt und verbreitet. Dazu zählen die Instrumente des Symbolspiels für das Vorschulalter (Bretherton et.

al. 1990) oder der Separation Anxiety Test (Klagsbrun/Bowlby 1976). Für das Latenz- und frühe Jugendalter fehlen Untersuchungsmethoden zum Bindungsmodell noch weitgehend. Deshalb ergeben sich oft zeitlich versetzte Befunde, etwa wenn das Bindungsmuster mit 12 Monaten in der Fremden Situation erhoben wurde, aber die Symptomatik erst im Schulalter auftrat. Hier ist eine enge Zusammenarbeit zwischen Bindungsforschern und Klinikern wünschenswert.

Die Bedeutung des desorientierten-desorganisierten Bindungsmusters (D) als Risikofaktor für die weitere Entwicklung bestätigt sich im Erwachsenenalter, wo das unverarbeitete Bindungsmodell[2] (U) am häufigsten in den klinischen Gruppierungen vertreten ist. Im Vergleich zu den drei anderen Bindungsmustern handelt es sich bei dem desorientierten-desorganisierten Bindungsmuster ja nicht um eine Bindungsstrategie im eigentlichen Sinne, sondern es ist vielmehr Ausdruck des Zusammenbruchs der vorherrschenden Bindungsstrategie. Es zeigt, daß unter belastenden Bedingungen das Bindungssystem zwischen dem Kind und seiner Bindungsfigur keine Sicherheit mehr bietet, sondern die Angst und innere Gefahr in der Beziehung erlebt wird, wenn der Elternteil sich ängstigend bzw. ängstlich gegenüber dem Kind verhält. Hier wird unmittelbar deutlich, wie sich unverarbeitete traumatische Erfahrungen der Eltern im Interaktionsverhalten mit dem Kind manifestieren.

## Beitrag der Bindungsbeziehungen zur Chronifizierung von psychopathologischen Störungsbildern

Die Bindungsforschung leistet auch einen Beitrag zur Frage, wie sich bestimmte Störungsbilder in Beziehungen chronifizieren. Dabei gibt es zwei Wege, die Kontinuität von frühen Mustern aufzuzeigen. Der erste Weg ist die Längsschnittforschung, wo es um die Kontinuität bzw. Diskontinuität des frühen Bindungsmusters im weiteren Entwicklungsverlauf geht. Einigkeit besteht, daß ein Kind mit 12 Monaten ein stabiles Bindungsmuster zu seiner Mutter und davon unabhängig zu seinem Vater (bzw. zu seinen wichtigsten Bezugspersonen) aufgebaut hat, und daß dieses Muster unter konstanten Lebensbedingungen bis in die frühe Jugendzeit konstant bleibt. Eine solche Merkmalsstabilität ist in der Entwicklungspsychologie im Verhaltensbereich an sich schon außergewöhnlich. Ab dem Jugendalter differieren die Ergebnisse der Untersuchungen, die eine Kontinuität des Bindungsmusters insbesondere in der mütterlichen Beziehung nachweisen, und solchen Untersuchungen, die eine Diskontinuität des Bindungsmusters in Wechselwirkung mit einschneidenden Lebensereignissen ergeben. Auch die jüngsten Ergebnisse in Stichproben mit Heranwachsenden im Erwachsenenalter bestätigen diese Unterschiede (Grossmann et al. 1999).

Deutlich wird dabei, daß die Kontinuität von Bindungsmustern eng an relativ stabile Entwicklungs- und Lebensbedingungen gekoppelt sind, worauf schon Bowlby (1995) hingewiesen hat. Einschneidende Lebensereignisse wie Trennungserlebnisse, Scheidung, schwere Krankheiten bzw. Verluste in der Familie und ungünstige sozioökonomische Lebensbedingungen scheinen die frühen Bindungsmuster nachhaltig erschüttern zu können. Daraus ergibt sich aber auch die Möglichkeit der positiven Veränderung durch sichernde Bindungserfahrungen im Jugendalter, die bei den sog. „Earned Secures", den verdient sicher gebundenen Individuen, eine große Rolle spielen. Hier zeigt sich erneut, daß eine sichere Bindungserfahrung unter belastenden Bedingungen einen wesentlicher protektiven Faktor darstellt, weil dadurch die Verarbeitung und Bewältigung von potentiell traumatischen Bindungserfahrungen möglich wird.

Der andere Ansatz zum Kontinuitätsnachweis von Bindungsmustern kommt aus den prospektiven Studien zur transgenerationalen Übermittlung von Bindungsmodellen. In der Untersuchung von Fonagy et al. (1995) zeigte sich die hohe Übereinstimmung von den mütterlichen Bindungsmodellen während der Schwangerschaft und dem kindlichen Bindungsmuster mit 12/18 Monaten in der Fremden Situation. (Bei den Vätern waren die Zusammenhänge etwas geringer, aber trotzdem signifikant). Für das sichere Bindungsmodell betrug die Übereinstimmung 80%, d.h. daß eine Mutter mit einem sicheren Bindungsmodell in 80% der Fälle eine sichere Bindungsbeziehung zu ihrem Kind hat, wenn dieses 12 Monate alt ist. Die Übereinstimmung für die unsicheren Bindungsmodelle war immer noch hoch (75%), aber etwas beeinträchtigt dadurch, daß die verschiedenen Untergruppen zusammengefaßt wurden.

Klinisch relevant war nun besonders die Frage, unter welchen Bedingungen eine traumatische Erfahrung von der Elterngeneration auf die Kindgeneration weitergegeben wird bzw. welche Bedingungen einer Transmission von Trauma entgegenwirken. Main und Hesse (1990) postulierten folgenden Zusammenhang zwischen dem unverarbeiteten Bindungsmodell des Erwachsenen und dem desorientierten-desorganisierten Bindungsmuster des Kindes: Wenn ein Erwachsener eine unverarbeitete traumatische Erfahrung erlebt hat wie den Verlust eines Elternteils oder eine Mißhandlungs- bzw. Mißbrauchserfahrung, dann kommt es in der Interaktion mit dem Kind zu Mikrodissoziationen, in denen der Erwachsene durch Vorstellungen oder Erinnerungen an diese traumatische Erfahrung absorbiert wird. Dies geschieht außerhalb der bewußten Wahrnehmung und führt in der Interaktion dazu, daß solche kurzzeitigen „Bruchstellen" im Kontakt entstehen, die für das kleine Kind ängstigend sind. Es erlebt das Verhalten der Bindungsfigur als angstauslösend bzw. selbst angstvoll, weil es die Befindlichkeit des Elternteils in diesem Moment nicht zuordnen kann und diese Minibrüche auch nicht mitteilbar sind. Da die vermeintliche Gefahr durch die Bindungsfigur selbst auftaucht, die ja gleichzeit zum „Hafen der Sicherheit" werden sollte, kommt es zu einem inneren Konflikt zwischen Annäherungs- und Fluchtimpuls, der zu einem Zusammenbruch der kindlichen Bindungsstrategie führt und sich in desorientiertem/desorganisiertem Verhalten äußert. Soweit die Hypothese von Main und Hesse, die nun durch eine empirische Untersuchung von Schuengel et al. (1998) überprüft wurde.

In einer sorgfältig ausgewählten Stichprobe wurden Mütter mit einer unverarbeiteten Verlusterfahrung bei Hausbesuchen in ihrem Interaktionsverhalten mit dem Kind beobachtet. Dabei konnte die Hypothese für Mütter mit einem unsicheren Bindungsmodell bestätigt werden: Diese Mütter zeigten die höchsten Werte für ängstigendes/angstvolles Elternverhalten gegenüber ihrem Kind, während Mütter mit einem sicheren Bindungsmodell die niedrigsten Werte hatten. Demnach sind sichere Mütter mit ihrer Aufmerksamkeit so auf ihr Kind konzentriert, daß dabei wenig Raum entsteht für Vorstellungen und Bilder aus anderen Quellen. Anders dagegen bei Müttern mit einem unsicheren Bindungsmodell, bei denen in der Interaktion mit dem Kind solche Mikrodissoziationen auftraten und zu einer Bruchstelle im Eltern-Kind-Bezug führten. Hiermit bestätigt sich, daß ein sicheres Bindungsmodell als ein protektiver Faktor einer Transmission von traumatischen Erfahrungen entgegenwirkt. Die Mütter verhielten sich trotz der unverarbeiteten Verlusterfahrung ihren Kindern gegenüber so wie Mütter mit einem sicheren Bindungsmodell ohne dieses Trauma. In einer anderen Studie fand sich eine ähnliche Bestätigung für depressive Mütter: daß Mütter mit einem sicheren Bindungsmodell in ihrem Elternverhalten durch die depressive Symptomatik weniger beeinträchtigt waren und sich ihrem Kind gegenüber sicher verhielten (Pearson et al. 1994).

Für die andere Gruppe der „Wiederholer", die selbst eine unverarbeitete traumatische Erfahrung gemacht haben und sie in der nächsten Generation wiederholen, hat die Arbeitsgruppe von Fonagy et al. (1995) die Bedeutung der fehlenden Mentalisierung herausgestellt. Wenn ein Kind von einem Elternteil körperlich mißhandelt oder sexuell mißbraucht wird, wird sein Vertrauen in die Bindungsfigur nachhaltig erschüttert. Das Bild des Erwachsenen, bei dem das Kind sonst Sicherheit und Zuspruch sucht, ist tendenziell unvereinbar mit dem des Erwachsenen, der dem Kind weh tut, es quält oder für seine sexuelle Befriedigung benützt. Es ist anzunehmen, daß solche unvereinbaren Beziehungserfahrungen in multiplen Modellen verinnerlicht werden, die voneinander unabhängig koexistieren i. S. einer vertikalen Spaltung. Hiermit wird eine Dissoziation gebahnt, wenn das Kind nacheinander eine Abfolge verschiedener, unvereinbarer Subjekt-Objekt-Erfahrungen macht, wie es bei einem solchen Mißbrauch geschieht. Liotti (1995) stellt heraus, daß ein Kind sich einerseits als Verursacher der elterlichen Gewalt erleben kann (böse bzw. verführerisch, Tätererleben), daß es sich aber ebenso als Opfer der elterlichen Mißhandlung erleben kann (Opfererleben) und eine solche Beziehungserfahrung häufig eine Fortsetzung findet in einer Retter- bzw. Trösterrolle, wenn das Kind den Erwachsenen beschwichtigt bzw. in seiner Verzweiflung tröstet.

Die Möglichkeit zur Metakognition, d. h. sich Gedanken über die eigenen Gedanken und Gefühle zu machen wie auch über das Erleben, die Gedanken und Gefühle des Elternteils, würde dem Kind erlauben, sich von einer solchen potentiell traumatischen Beziehungserfahrung erlebnismäßig zu distanzieren, etwa durch die Erkenntnis, daß der Erwachsene lügt oder Gefühle vorgibt. Sich jedoch einzugestehen, daß die Mutter/der Vater perverse Bedürfnisse oder sadistische Absichten hat, daß sie/er absichtlich das Kind quält oder mißhandelt, ist noch schmerzlicher als das Erleben selbst. Um sich vor solchen Gedanken zu schützen, wehrt ein Kind diese Überlegungen frühzeitig ab. Es werden somit keine sekundären Repräsentationen dieser Beziehungserfahrungen gebildet, es gibt dann keine Reflexionsebene neben der faktischen Ebene. Dadurch wird das Mentalisierungsdefizit zur Abwehr von Traumatisierung eingesetzt und trägt gleichzeitig zur Wiederholung von Traumatisierung in der nächsten Generation bei.

Wenn man beide Studien zusammennimmt, so finden sich hier Hinweise auf pathogene Mechanismen, die zu einer Chronifizierung von traumatischen Erfahrungen beitragen, sowie auf protektive Mechanismen, die den Wiederholungszwang durchbrechen. Bemerkenswert ist dabei, daß es in einer empirischen Studie auch gelungen ist, aufzuzeigen, wie solche unverarbeiteten Erlebnisse sich im alltäglichen Elternverhalten auf die Beziehung zum Kind auswirken und damit zu einer fehlenden Verarbeitung bzw. möglichen Traumatisierung prädisponieren.

## Der Beitrag der Bindungsbeziehungen zur Heilung psychopathologischer Störungen

Das Phänomen der „Earned Secures", d. h. daß eine Person trotz ungünstiger Bindungserfahrungen mit ihren primären Bezugspersonen ein sicheres Bindungsmodell entwickeln kann, bietet sich modellhaft an, wenn man über die

Veränderung von Bindungsrepräsentationen nachdenkt. Menschen mit einem „verdient sicheren" Bindungsmodell zeichnen sich dadurch aus, daß sie über ihre negativen Erfahrungen und die damit verbundenen Gefühle sprechen können und diese nicht abwehren müssen. Sie besitzen meist ein hohes Maß an Reflexivität und haben ihre Lebensgeschichte soweit verarbeitet, daß sie ein kohärentes Bild davon zeichnen können. Welche Bedeutung haben diese Ergebnisse nun für die therapeutische Arbeit?

Bowlby hat 1983 programmatisch 5 therapeutische Aufgaben i. S. der Bindungstheorie formuliert:

(1) Therapeut als sichere Basis für die Selbstexploration
(2) Reflexion der inneren Arbeitsmodelle in gegenwärtigen Beziehungen
(3) Prüfung der therapeutischen Beziehung
(4) Genese der inneren Arbeitsmodelle in den Bindungsrepräsentationen der Eltern
(5) Realitätsprüfung der „alten" inneren Arbeitsmodelle auf Angemessenheit

Dabei betrachtete er es in Übereinstimmung mit der psychoanalytischen Theorie als notwendig, die internalisierten Bindungserfahrungen in den Inneren Arbeitsmodellen durchzuarbeiten. Um den Wiederholungszwang zu durchbrechen, müßten sich die „alten Modelle" in „neue Modelle" verändern. Dazu betonte Bowlby die Notwendigkeit, die aktuellen Bindungsbeziehungen außerhalb und innerhalb des therapeutischen Rahmens zu reflektieren und auf ihre Entstehungsbedingungen in den Elternbeziehungen zu erkennen. Als wesentlich erkannte er aber auch, die Überprüfung dieser „alten Modelle" an der Realität, um so angemessenere, flexiblere „neue Modelle" zu entwickeln (Grossmann et al. 1999). Er formulierte die therapeutische Beziehung in Analogie zur Mutter-Kind-Beziehung: daß der Therapeut sich dem Patienten als sichere Basis zur Verfügung stellt, damit dieser seine innere und äußere Realität erkunden kann. Wie in einer sicheren Bindung garantiert die emotionale Verfügbarkeit und die feinfühlige Reaktion des Therapeuten als Bindungsfigur auf die Bindungswünsche des Patienten, daß er sich sicher fühlen kann und somit frei ist, zu explorieren.

Diese Erkenntnisse der Bindungstheorie zur Gestaltung der therapeutischen Beziehung wirken eher im Hintergrund bereichernd und sind vergleichbar mit anderen Konzepten des therapeutischen Arbeitsbündnisses, eines „holding Environment" etc. Es bleibt jedoch die Frage, ob ein bindungsorientiertes Vorgehen darüberhinaus auch bindungsrelevante Erfahrungen bearbeiten sollte wie das von Bowlby vorgeschlagen wurde, ja ob man von einer Bindungstherapie im engeren Sinne sprechen kann.

Wenn sich ein Erwachsener oder Eltern mit ihrem Kind an einen Psychotherapeuten wenden, kann man davon ausgehen, daß ihr Bindungssystem aktiviert ist. Sie sind voller Sorge oder Angst, erleben sich als hilflos und überfordert und suchen Hilfe bei einem professionellen Helfer. Diese Bindungswünsche sind ein natürlicher Ausdruck dessen, daß die eigenen Problemlösungsversuche gescheitert sind und man Hilfe braucht. Insofern wird ein Therapeut immer auch als Bindungsfigur konsultiert, d. h. daß der Patient seine Bindungsbedürfnisse in die therapeutische Beziehung einbringt. Insofern ist das Bindungssystem ein Bestandteil der therapeutischen Beziehung und die Reaktionen des Therapeuten stellen eine vertraute oder neue Bindungserfahrung dar. Dies geschieht auch wenn die Bindungswünsche nicht explizit bearbeitet werden. Im günstigen Fall erlebt ein Patient eine korrigierende Erfahrung, wenn er auf einen Therapeuten mit einem sicheren Bindungsmodell trifft und dieser feinfühlig reagiert.

Wenn man jedoch davon ausgeht, daß die frühen Bindungserfahrungen in engen Beziehungen reproduziert werden bzw. die internalisierte Bindungsstrategie aktiviert wird, wenn Bindungswünsche auftauchen, wird ein Patient das Verhalten des Therapeuten aufgrund seiner Erfahrungen und Erwartungen bewerten und mitgestalten. Ein Gefühl von Sicherheit entsteht auch dann, wenn das vertraute Beziehungsmuster wiederhergestellt wird und man die Rollenverteilung kennt, und in diesem Sinne tendieren wir dazu, unsere „alten Modelle" auch in neuen Beziehungen zu reproduzieren. Das Durchbrechen solcher repetitiver Interaktionsmuster setzt vermutlich eine Veränderung auf mehreren Ebenen voraus: Inwieweit werden die impliziten pathogenetischen Überzeugungen über die Reaktionen des Anderen erschüttert und inwieweit werden auf einer reflektorischen Ebene neue Bedeutungen und Zusammenhänge vermittelbar? Ob beide Veränderungen notwendig sind, um die Bindungsrepräsentationen zu verändern, knüpft an die Kontroverse im psychoanalytischen Diskurs an, ob Empathie oder Deutung verändernd wirken.

Weiss (1995) und die Mt. Zion Psychotherapy Research Group haben ein interessantes Modell entwickelt, wonach eine Therapie in dem Maße verändernd wirkt, wie der Therapeut die pathogenetischen Überzeugungen des Patienten durch sein Verhalten widerlegt. Die Autoren postulieren, daß der Therapeut immer wieder solchen „Tests" ausgesetzt wird und daß damit allmählich die alten Erwartungen durchbrochen werden und neue Erfahrungen integriert werden können. Dieses Konzept ist auch auf die inneren Arbeitsmodelle im Bindungssystem anwendbar. Der Patient bringt seine früheren Bindungserfahrungen in Form von Bindungserwartungen in die therapeutische Beziehung mit ein. Bei einem unsicheren Bindungsmodell erwartet er die gleiche Zurückweisung seiner Bindungswünsche (Ds) oder die gleiche Unberechenbarkeit bzw. unzureichende Beruhigung und Hilfe (E) vom Therapeuten wie er sie in seinen primären Bindungen erfahren hat. Gleichzeitig ist dahinter aber die (unbewußte) Hoffnung verborgen, endlich einmal jemanden zu finden, der die eigenen Nöte verstehen und die eigenen Gefühle aushalten und annehmen kann.

Solche Übertragungen von Bindungsmodellen tragen zur Verzerrung der Bindungserfahrungen in der therapeutischen Beziehung bei, z. B. daß der Therapeut trotz seiner Bemühungen als nicht hinreichend verfügbar erlebt wird und man sich seiner auch zwischen den Therapiestunden vergewissern muß (wie beim unsicher-präokkupierten Bindungsmodell E). In der therapeutischen Arbeit mit solchen Patienten fühlt sich der Therapeut häufig so, wie sich der Patient als Kind wohl gefühlt hat: ärgerlich, hilflos, überschwemmt und verwirrt. Entsprechende Gegenübertragungsreaktionen bestehen u. a. in dem Bemühen, den Patienten organisieren und strukturieren zu wollen (Slade 1999).

Bei Personen mit einem unsicher-distanzierenden Bindungsmodell (Ds) liegt die Wahrnehmungsverzerrung in der Erwartung, erneut zurückgewiesen und allein gelassen zu werden. Nach außen hin wirken diese Patienten „cool", aber innerlich ist für sie der therapeutische Prozeß emotional fordernd und schwierig, da sie mit emotionalen Themen, Konflikten und abgewehrten Gefühlen konfrontiert werden. Bowlby beschrieb diesen Bindungstyps als Patienten folgendermaßen: „Es mag ein glattes, scheinbar freundliches Äußeres geben, das selbstbewußt und weniger ängstlich als bei anderen erscheint. Aber die offensichtlich gute Anpassung ist oberflächlich und darunter sind die Quellen der Liebe gefroren und die Unabhängigkeit hohl" (1960). In der Gegenübertragung fühlt man sich als Therapeut gefangen in den rigiden Erzählungen bzw. auch vom Patienten ausgesperrt und erlebt häufig die kindlichen Gefühle des Patienten: ärgerlich, dumm und unangemessen zu sein.

Durch die Beschreibung der verschiedenen Bindungsmodelle und ihrer Entwicklungsdynamik trägt die Bindungstheorie zu einem reicheren Verständnis dieser Aspekte in der therapeutischen Beziehung bei. Sie erlaubt durch die empirischen Untersuchungen eine genauere Rekonstruktion von frühen Bindungserfahrungen bei den verschiedenen Bindungsmodellen, wobei die Fremde Situation als Modellszene zum Verständnis früher Trennungsreaktionen herangezogen werden kann.

Wie kann man sich nun eine Veränderung der Bindungsrepräsentation im Verlauf eines therapeutischen Prozesses vorstellen? Da es sich um internalisierte Erfahrungen handelt, die zur Strukturbildung der Persönlichkeit beitragen, die Bindungsstrategie und die damit verbundene Regulation von Gefühlen und Verhaltensweisen beeinflussen, ist vermutlich eine längere Therapie erforderlich, um solche strukturellen Veränderungen zu erreichen. Hierfür sprechen Untersuchungsergebnisse, wonach Patienten mit einem unsicher-distanzierenden Bindungsmodell (Ds) sich in ihrem Bindungsmodell während einer Kurzzeittherapie kaum veränderten (Horowitz et al. 1996). Aber auch bei Patienten mit einem unsicher-präokkupierten Bindungsmodell (E) dauert es oft lange Zeit, bis eine innere Struktur zur Bewältigung und Regulation der eigenen Affekte gebahnt werden kann.

Es ist vorstellbar, daß die Veränderung ein komplexes und vielschichtiges Geschehen ist, bei dem unterschiedliche Bindungserfahrungen parallel oder in Rollenumkehr, in der Übertragung und in der therapeutischen Beziehung gleichzeitig erfahren werden. Hier scheint es wesentlich zu sein, wie unterschiedlich die bisherigen Bindungserfahrungen waren (gleiche – unterschiedliche Bindungserfahrungen), ob es einschneidende Veränderungen oder traumatische Ereignisse gegeben hat. So ist es vermutlich leichter, sichere Bindungsmuster zu etablieren, wenn der Patient an sichere Bindungserfahrungen in seiner Vorgeschichte (evtl. auch zu einem entfernteren Familienmitglied) anknüpfen kann. Andererseits ist vorstellbar, daß ein unsicheres Bindungsmodell, das mit beiden Elternteilen erfahren wurde (also Mutter und Vater unsicher-vermeidend oder beide unsicher-ambivalent) stabiler und damit veränderungsresistenter ist, als wenn zwei unterschiedliche Bindungsmuster integriert wurden. Bei Traumatisierungserfahrungen geht es um das Ausmaß des Traumas in den Bindungsbeziehungen und mit welchem Bindungsmodell es einhergeht, d. h. welches Strukturniveau damit verbunden ist.

## Bindungstheoretische Überlegungen für die psychotherapeutische Arbeit mit Kindern und Jugendlichen

In der therapeutischen Arbeit mit Kindern bestehen weiterhin die primären Bindungsbeziehungen zu den Eltern fort, zu denen das Kind meist noch in einem vitalen Abhängigkeitsverhältnis steht. Die therapeutische Beziehung wird somit für das Kind zu einer neuen, ergänzenden Bindungserfahrung, die zu seinen bisherigen Bindungserfahrungen koexistiert. Ähnlich wie in der Erwachsenentherapie werden beim Kind Bindungswünsche aktiviert, die aber noch sehr auf die Eltern ausgerichtet sind. Der Therapeut muß erstmal zu einer wichtigen Bindungsperson werden, damit das Kind auch mit seinem Kummer und seinen Sorgen sich ihm anvertraut. Ist ein solches Vertrauensverhältnis zwischen Kind und Therapeuten aufgebaut, so wird das Kind seine bisherige Bindungsstrategie bzw. auch mehrere Bindungsstrategien auf den Therapeuten übertragen.

Bei einem unsicher-vermeidenden Bindungsmuster (A) wird das Kind bemüht sein, die Spiel- und Handlungsebene zu betonen und gefühlsmäßige Äußerungen herunterzuspielen. Ein solches Kind erzählt kaum etwas von dem, was es bewegt, und ist bemüht, einen emotionalen Sicherheitsabstand zum Therapeuten aufrechtzuerhalten. In der Gegenübertragung stellt sich dann das Gefühl ein, daß es schwer ist, überhaupt an Gefühle oder Beziehungsthemen heranzukommen, daß man sich leer oder müde fühlt, weil die innere Lebendigkeit fehlt. Die Bearbeitung der Affektabwehr gelingt oft am ehesten über spielerische Momente, wo gezeigte Gefühle aufgefangen und gespiegelt werden können, und das Kind allmählich das Vertrauen fasst, sich in seinen Gefühlen mitteilen zu können. Durch das „affective Attunement" (Stern 1985) und Affektspiegelung werden die Defizite in der Gefühlsregulation einer unsicher-vermeidenden Bindungsbeziehung korrigiert. Die emotionale Anreicherung und die feinfühlige Beantwortung von bindungsrelevanten Wünschen sind die Wege zu einer korrigierenden Bindungserfahrung. Gerade bei diesem Bindungsmuster ist jedoch damit zu rechnen, daß eine stärkere emotionale Offenheit des Kindes die Abwehr in der jeweiligen Bindungsbeziehung zum Elternteil verstärkt. Hier würde sich in der begleitenden Elternarbeit zeigen, inwieweit auch die Eltern ihr unsicher-distanzierendes Bindungsmodell hinterfragen und sich mit dem Kind weiterentwickeln können.

In der begleitenden Elternarbeit erscheint mir das Bemühen der Eltern als sehr aussichtsreich, die eigenen, meist negativen Erfahrungen (und sei es partiell) dem eigenen Kind ersparen zu wollen. Der Wunsch, in der Elternrolle den Mustern aus der eigenen Kindheit mit den Eltern zu entkommen, ist ein sehr produktiver Faktor für Veränderung. Hier kommen Eltern an ihre Grenzen, wenn sie etwas zu leben versuchen, was sie selbst nicht erfahren haben. Wenn es dann dem Therapeuten gelingt, eine vertrauensvolle Beziehung zu den Eltern aufzubauen, wird die therapeutische Beziehung als hilfreich und stützend erfahren und damit die Eltern in ihrem Bindungswunsch angenommen. Die Bearbeitung des Zusammenhangs über die Generation hinweg erweist sich als fruchtbarer Ansatz, daß Eltern sich nicht nur in der Rolle des Schuldigen gegenüber dem Kind fühlen, sondern auch wieder Zugang zu ihrem eigenen Erleben als Kind gewinnen. Zu sehen, daß da Parallelen zur eigenen Kindheit bestehen, eröffnet häufig eine andere Perspektive dem Kind gegenüber und damit auch eine reflektive Ebene dem eigenen Verhalten gegenüber.

## Aktueller Ausblick

Das Adult Attachment Interview ist ein sehr geeignetes Instrument, um diese Verknüpfung zwischen den eigenen Bindungserfahrungen als Kind und dem eigenen Elternverhalten dem Kind gegenüber herzustellen. Auch wenn es dabei nicht um eine Bindungsklassifikation des Erwachsenen-Bindungsmodells gehen kann (da die Auswertungsmethode einer entsprechenden Qualifikation bedarf), kann es im therapeutischen Rahmen deskriptiv genutzt werden: daß z. B. bindungsrelevante Situationen in der eigenen Kindheit mit Situationen als Eltern mit dem eigenen Kind verglichen werden. Vielleicht ist es zu optimistisch gedacht, daß über eine solche Elternarbeit allein sich Bindungsmodelle der Eltern verändern ließen. Andererseits scheint mir der Wunsch von Eltern, die eigenen Erfahrungen mit dem eigenen Kind nicht wiederholen zu wollen, eine sehr starke Motivation zur Veränderung zu sein, die ergänzt durch therapeutische Hilfe beim Kind und/oder bei den Eltern sehr wirkungsvoll sein kann.

Wenn diese Arbeit mit Kind und Eltern parallel erfolgt, also z. B. in einem Setting einer Eltern-Kind-Therapie oder Mutter-Kind-Therapie, so ist darüber hinaus die konkrete Ebene der Interaktion beobachtbar und beeinflußbar (s. den Beitrag von Eva Hédervári-Heller in diesem Band). Bei Kleinkindern sehen wir das als die bestmögliche Ebene, um neue Beziehungserfahrungen zwischen dem Eltern-Kind-Paar zu bahnen und auch Mutter/Vater in ihrer Elternrolle zu stabilisieren. Unabhängig von der psychotherapeutischen Ausrichtung (ob mehr verhaltenstherapeutisch, familiendynamisch oder psychoanalytisch) erweist sich ein solches Setting einer „Frühtherapie" als sehr effizient im Dienste einer Veränderung in der frühen Eltern-Kind-Beziehung. Besonders für den Elternteil stellt die Präsenz des Therapeuten ebenfalls eine Bindungserfahrung dar, die Sicherheit und Halt gibt, hilft, die Motive und Gefühle in der Beziehung in Worte faßt, und über die der Erwachsene eine andere Elternhaltung modellhaft verinnerlichen kann.

Wie sieht nun die kindertherapeutische Arbeit bei den anderen unsicheren Bindungsmustern aus? Beim unsicher-ambivalenten Bindungsmuster (C) stehen die Trennungs- und Verlustängste ganz im Vordergrund. Diese Kinder sind in ihrem Erkundungs- und Spielverhalten stark eingeschränkt, da sie überwiegend mit Beziehungsfragen beschäftigt sind. Meist fühlen sie sich hilflos und abhängig, haben ein geringes Selbstbewußtsein und trauen sich gar nicht an neue Herausforderungen heran. In der Gegenübertragung entsteht dann der Impuls, dem Kind vieles abnehmen zu wollen, Hilfe anzubieten oder es sogar ihm abzunehmen. Es gibt die Variante von Kindern, die sehr passiv sind, keine eigenen Spielideen einbringen, und den Erwachsenen die Strukturierung überlassen. Andere Kinder verfügen über eine sehr geringe Frustrationstoleranz. Dann kippt bei geringfügigen Anlässen ihre Affektlage in ein Weinen oder Wüten um. Die Zielsetzung im bindungstheoretischen Sinne ist es, dem Kind Strukturhilfen im Umgang mit seinen eigenen Gefühlen zu geben, von denen sich das Kind oft überrollt fühlt. Der Therapeut kommt damit in die Rolle eines Elternteils, der nicht nur den Affekt des Kindes teilen und spiegeln kann, sondern durch Verknüpfung der Gefühle mit dem gegenwärtigen Beziehungsgeschehen Bedeutungszusammenhänge stiftet und somit Lösungs- und Bewältigungsformen bahnt.

Ganz wesentlich erscheinen uns in der Kindertherapie, daß der Therapeut nicht nur als sichere Basis zur Verfügung steht, der die Selbstexploration des Kindes ermöglicht, sondern auch in begrenztem Maße sich selbst zur Exploration öffnet. Was in der Bindungstheorie mit „Theory of Mind" als Theorie von Geist und Seele definiert wird, bedeutet die Erfahrung, ob das Kind auch die Innenwelt des Erwachsenen, seine Gefühle und Gedanken, erkunden und kennenlernen kann. Mit etwa 18 Monaten, dem Entwicklungsalter, in dem ein Kind bewußt die psychische Getrenntheit zwischen sich und der Mutter erlebt (Mahler et al. 1975), in dem es die primären Bezugspersonen in inneren Bildern zu symbolisieren beginnt, beginnt sich das Kind auch für die „Theory of Mind" der Eltern zu interessieren. Das Verstehen der Motive und des Erleben des anderen schafft eine neue seelische Nähe bzw. ermöglicht es auch durch die Verschiedenartigkeit das Erleben von Unterschiedlichkeit und Getrenntheit. Ein Kind eignet sich die „Theory of Mind" über die primäre Identifikation mit dem Elternteil an, bevor es sich bewußt damit auseinandersetzen lernt (Fonagy et al. 1991).

Auch in der Kindertherapie erwirbt das Kind über den Prozeß der primären Identifikation mit der mentalen Repräsentanz seiner selbst im Therapeuten Selbsterkenntnis und Selbstreflexion. Analog zur frühen Eltern-Kind-Beziehung beginnt das Kind über die Erfahrung des Verstehens der inneren Welt des Therapeuten und insbesondere über sein reflektierendes Verstehen des mentalen Zustandes beim Kind, seine eigene innere Welt mittels primärer Identifikation zu explorieren und sein eigenes „psychologisches Selbst" (Fonagy) zu konstruieren.

Wenn wir zum Schluß das desorientierte-desorganisierte Bindungsmuster (D) betrachten, so wird sich in der therapeutischen Beziehung vor allem die Abwehr der Hilflosigkeit und Ohnmacht zeigen. Die Studie von Main/Cassidy (1988) hat gezeigt, daß das desorientierte-desorganisierte Bindungsmuster im Alter von 6 Jahren in ein kontrollierendes Beziehungsmuster bzw. in zwanghaft-fürsorgliches Verhalten übergeht. An ein solches Bindungsmuster ist – neben anamnestischen Daten über traumatische Ereignisse – zu denken, wenn das Kind sich in der Therapie stark kontrollierend verhält. Es zwingt dem Therapeuten eine Rolle auf im Rollenspiel, oder es zwingt ihm ein Spiel auf, dem er sich nicht entziehen darf. Die unerbittliche Qualität dabei löst in der Gegenübertragung abwechselnd Hilflosigkeit und Ohnmacht aus (die abgewehrten kindlichen Gefühle des Patienten) oder auch den Impuls zur Verweigerung, zum Gegendruck (entspräche den Elternanteilen in der Interaktion). Durch eine solche kontrollierende, zwingende Spielstrategie inszeniert ein Kind in Rollenumkehr die zwingende Qualität in der (sexuellen oder aggressiven) Elternbeziehung. Wenn man an die unverarbeiteten Verlusterfahrungen denkt, so kann diese Abwehr sich auch in einer bewegungsintensiven Hypermotorik manifestieren. Um mit Herzog (1994) zu sprechen, zeigt sich eine kindliche Traumatisierung in der Unfähigkeit zu spielen und damit zu symbolisieren. Das Kind zwingt den Erwachsenen stattdessen in einen Spielmodus, bei dem es die maximale Kontrolle des interaktiven Geschehens festlegt, um seine Angst vor Kontrollverlust und dem Zusammenbruch der eigenen Strategie abzuwehren.

Zusammenfassend läßt sich sagen, daß es wünschenswert wäre, wenn künftige Forschungsstrategien sich zunehmend mit den Schicksalen frükindlich angelegter Bindungsmuster im Rahmen einer lebenslangen Entwicklung beschäftigen. Derartige Forschungsergebnisse könnten aufzeigen, durch welche Faktoren Bindungsmuster modifiziert bzw. neue Bindungsmuster etabliert werden können. Dies hätte Konsequenzen für die therapeutische Arbeit, da sich hierbei klären ließe, wie neue Bindungsmuster im Rahmen des therapeutischen Prozesses entstehen. Es würde gleichzeitig ein tieferes Verständnis von Übertragung und Gegenübertragungsprozessen ermöglichen und aufzeigen, durch welche Faktoren die Dynamik von Veränderungsprozessen beeinflußt wird. So trägt die Bindungsforschung zu einem tieferen Verständnis psychischer Entwicklung bei.

## Literatur

Ainsworth, M., Blehar, M., Waters, E., Wall, S. (1978): Patterns of Attachment. Erlbaum, Hillsdale, NJ
Bowlby, J. (1960): Grief and mourning in infancy and early childhood. Psychoanalytic Study of the Child, 15, 19–52
– (1995): Elternbindung und Persönlichkeitsentwicklung. Dexter, Heidelberg
Bretherton, I., Ridgeway, D., Cassidy, J. (1990): Assessing internal working models of the attachment relationship: An attachment story completion task for 3-year-olds. In: Cicchetti, D., Greenbergh, M, Cummings, E. (Eds.): Attachment during the preschool years. University of Chicago Press, Chicago, 272–308

Cassidy, J., Shaver, P. (Eds.) (1999): Handbook of Attachment. Theory, Research and Clinical Applications. Guilford Press, New York, London

Fonagy, P., Steele, M., Moran, G., Steele, H., Higgittt, A. C. (1991): The capacity for understanding mental states: The reflective self in parent and child and ist significance for security of attachment. Infant Mental Health Journal 13, 200–216

–, –, Steele, H., Leigh, T., Kennedy, R., Mattoon, G., Target, M. (1995): Attachment, the Reflective Self and Borderline States. In: Goldberg et. al., 233–278

Goldberg, S., Muir, R. & Kerr, J. (Eds.) (1995): Attachment Theory. Social, Developmental and Clinical Perspectives. The Analytic Press, Hillsdale, NJ, London

Grossmann, K. E. , Grossmann, K., Zimmermann, P. (1999): A Wider View of Attachment and Exploration: Stability an Change During the Years of Immaturity. In: Cassidy/Shaver, 760–786

Herzog, J. (1994): Spielmethoden in Kinderanalysen. In: Pedrina, F., Mögel, M., Garstick, E., Burkard, E. (Hrsg.): Spielräume. Begegnungen zwischen Erwachsenenanalyse und Kinderanalyse. Discord, Tübingen

Horowitz, L., Rosenberg, S., Bartholomew, K. (1996): Interpersonal problems, attachment styles, and outcome in brief dynamic psychotherapy. Journal of Consulting and Clinical Psychology 61, 549–560

Klagsbrun, M., Bowlby, J. (1976): Responses to separation from parents: A clinical test for young children. British Journal of Projective Psychology 21, 7–21

Liotti, G. (1995): Disorganized/Disoriented Attachment in the Psychotherapy of the Dissociative Disorders. In: Goldberg et. al., 343–363

Mahler, M., Pine, F., & Berman, A. (1975): Die psychische Geburt des Menschen. Symbiose und Individuation. Fischer, Frankfurt/M.

Main, M., Cassidy, J. (1988): Categories of response to reunion with the parent at age 6: Predictable from infant attachment classiciations and stable over a 1-month perios. Developmental Psychology, 24, 1–12

–, Hesse, E. (1990): Parents' unresolved traumatic experiences are related to infant disorganized attachment status: Is frightened and/or frightening parental behavior the linking mechanism. In: Greenberg, M., Cicchetti, D., Cummings, E. (Eds.): Attachment in the preschool years: Theory, research, and intervention, 161–184. University of Chicago Press, Chicago

–, Goldwyn, R. (1994): Adult Attachment Interview scoring an classification manual. Unpublished manuscript. University of California, Berkeley

Ogawa, J., Sroufe, L., Weinfield, N., Carlson, E., Egeland, B. (1997): Development and the fragmented Self: Longitudinal Study of dissociative Symptomatology in a nonclinical sample. Development and Psychopathology 9, 855–879

Pearson, J., Cohn, D., Cowan, P., Cowan, C. (1994): Earned- and continuous-security in adult attachment: Relation to depressive symptomatology and parenting style. Development and Psychopathology 6, 359–373

Schuengel, C., Bakermans-Kranenburg, M., van Ijzendoorn, M. (1998): Attachment and Loss: Frightening Maternal Behavior Linking Unresolved Loss and Disorganized Infant Attachment. Journal of Consulting and Clinical Psychology 67, 54–63

Slade, A. (1999): Attachment Theory and Research. Implications for the Theory and Practice of Individual Psychotherapy with Adults. In: Cassidy/Shaver, 575–594

Spangler, G., Zimmermann, P. (Hrsg.) (1995): Die Bindungstheorie. Grundlagen, Forschung und Anwendung. Klett-Cotta, Stuttgart

Stern, D. (1985): Die Lebenserfahrung des Säuglings. Klett-Cotta, Stuttgart

Warren, S., Huston, L., Egeland, B., Sroufe, L. A. (1997): Child and adolescent anxiety disorders and early attachment. Journal of the American Academy of Child and Adolescent Psychiatry 36, 637–644

Weiss, J. (1995): Emprirical Studies of the Psychoanalytic Process. In: Shapiro, T., Emde, R. (Eds.): Research in Psychoanalyis, 7–29. International Universities Press, Madison, CT

[1] Mit Bindungsmustern ist die kindliche Bindungsklassifikation mit 12/18 Mon. anhand der Fremden Situation gemeint. A steht für unsicher-vermeidend (engl. Avoiding), B steht für sicher (engl. Balanced), C steht für unsicher-ambivalent (engl. Crying) und D steht für desorientiert-desorgansisiert.

[2] Mit Bindungsmodellen ist die Bindungsklassifikation im Erwachsenenalter mittels des Adult Attachment Interviews gemeint. Ds steht für unsicher-distanzierend (engl. Dismissing), F steht für sicher-autonom (engl. Free-autonomous), E steht für unsicher-präokkupiert (engl. Entangled) und U steht für unverarbeitet (engl. Unresolved).

# Die Autoren

**Dr. med. Karl Heinz Brisch,** Psychiater, Neurologe, Kinder- und Jugendpsychiater, Facharzt für Psychotherapeutische Medizin, Psychoanalytiker und Gruppenanalytiker, Leiter der Abteilung Psychosomatik an der Kinderklinik und Kinderpoliklinik im Dr. von Haunerschen Kinderspital; Arbeitsschwerpunkte: Frühkindliche emotionale Entwicklung unter Risikobedingungen, klinische Umsetzung bindungstheoretischer Forschungsergebnisse; Adresse: Kinderklinik und Kinderpoliklinik im Dr. von Haunerschen Kinderspital, Abt. Psychosomatik, Ludwig-Maximilian-Universität München, Pettenkoferstr. 8a, D-80336 München

**Priv.-Doz. Dr. phil. Martin Dornes,** Soziologe und Gruppenanalytiker, stellvertretender Direktor des Instituts für Medizinische Psychologie am Universitätsklinikum in Frankfurt/M.; Veröffentlichungen zu Themen der psychoanalytischen Entwicklungspsychologie; Adresse: Humboldtstr. 5, D-60318 Frankfurt/M.

**Dr. med. Manfred Endres,** Facharzt für Psychotherapeutische Medizin, Humangenetiker, Psychoanalytiker für Kinder, Jugendliche und Erwachsene in freier Praxis in München, Vorsitzender der Ärztlichen Akademie für Psychotherapie von Kindern und Jugendlichen; Adresse: Spiegelstr. 5, D-81241 München

**Dr. phil. Ursula Götter,** Dipl.-Psych., Psychoanalytikerin für Kinder, Jugendliche und Erwachsene in freier Praxis in München; Praxisschwerpunkt: Behandlung von Jugendlichen und jungen Erwachsenen und Traumatisierungsfolgen; Adresse: Geibelstr. 3, D-81679 München

**Dr. phil. Karin Grossmann,** Dipl.-Psych., freie Wissenschaftlerin assoziiert am Lehrstuhl für Entwicklungspsychologie an der Universität Regensburg; Arbeitsschwerpunkte: Bindungsforschung und ihre Anwendung; Adresse: Institut für Psychologie, Universität Regensburg, Universitätsstr. 31, D-93040 Regensburg

**Prof. Dr. phil. Klaus E. Grossmann,** Lehrstuhl für Entwicklungspsychologie und Pädagogische Psychologie an der Universität Regensburg; Arbeitsschwerpunkte: Empirische Bindungsforschung im Kindes-, Jugend- und Erwachsenenalter; Adresse: Institut für Psychologie, Universität Regensburg, Universitätsstr. 31, D-93040 Regensburg

**Dipl.-Psych. Susanne Hauser,** Psychoanalytikerin für Kinder, Jugendliche und Erwachsene in freier Praxis in München; Arbeitsschwerpunkt: Integration der Bindungstheorie in die ambulante Psychotherapie; Adresse: Agnesstr. 5, D-80801 München

**Dr. phil. Éva Hédervári-Heller,** Dipl.-Päd., Grundschullehrerin, analytische Kinder- und Jugendlichenpsychotherapeutin; Forschungsschwerpunkt: Tagesbetreuung und Fremdbetreuung von Kleinkindern, Bindungstheorie; wissenschaftliche Mitarbeiterin im Klinikum der Johann-Wolfgang-Goethe-Universität Frankfurt/M., Ambulanz für Eltern-Kleinkind-Psychotherapie; in freier Praxis für analytische Kinder- und Jugendlichenpsychotherapie tätig; Adresse: Homburger Str. 18, D-60486 Frankfurt/M.

**Dipl.-Psych. Konstantin H. Prechtl,** Psychoanalytiker für Kinder, Jugendliche und Erwachsene in freier Praxis in München; Adresse: Maillingerstr. 6, D-80636 München

# Sachwortregister

Ablösung 152
Abwehr 141, 153, 174
– Affekt- 160f, 171
– Depressions- 151
– von Traumatisierung 166
Abwehrreaktion 145
Adoptivkind 65, 111
Adult Attachment Interview s. Erwachsenen-Bindungs-Interview
Affektregulierung 94, 99, 106, 154, 162
Affektspiegelung 129, 154, 171
Aggression 71-77, 125, 131, 159
Ambivalenz 11
Angst 70-76, 125, 140f
Arbeitsbündnis 86
–, therapeutisches 168
Arbeitsmodell 115, 124, 129, 131
–, inneres/internales 39, 42, 44, 47f, 50-52, 91-93, 96, 141, 160, 167f
–, unsicher-distanzierendes 143
–, unsicher-vermeidendes 139
Autonomie 45, 94

Bedürfnisbefriedigung 82
Behaviorismus 23
Beobachtung
– Direkt- 12, 14-16, 25-27
– Interaktions- 30, 159
– Verhaltens- 38
Bewältigungsstrategien 129
Beziehung 159, 167
– Eltern-Kind- 174
– Mutter- 138, 145-147, 157
– Mutter-Kind- 25, 92, 167
–, therapeutische 87, 93f, 97, 106, 123, 141, 147, 149, 152, 156f, 159, 167-171

– Übertragungs- 149
– Vater- 138, 149, 155f
– Vater-Kind- 44
Bezugsobjekt 113
–, instabiles 113
Bezugsperson
–, primäre 92, 166, 173
Bindung 10, 23, 42, 52, 75, 81, 88, 95, 114, 116, 125, 143-145, 156, 159
–, anhaltende 145
– Angst- 70f, 75, 85
–, desorientiert-desorganisierte 11, 83, 96, 127, 162-164, 173
–, instabile 125
–, labile 39
– Mutter-Kind- 102
–, neue 60-63
–, primäre 170
– Psychobiologie der 56-60
–, sicher-autonome 156f
–, sichere 11, 23f, 41, 82, 95, 123, 127, 138, 158, 160, 167
–, therapeutische 85f
–, unsicher-ambivalente 11, 24, 41, 82, 95, 113, 123, 127, 161f, 172
–, unsicher-vermeidende 11, 24, 41, 82, 95, 127, 139, 160, 171
Bindungsabbruch 111
Bindungsbedürfnis 21f, 40, 81f, 97, 131, 168
–, angeborene 159f
Bindungsbeziehung 55, 74, 86, 88, 94f, 97, 141, 153, 157, 160f, 163-170
–, sichere 47f
–, therapeutische 107
Bindungsentwicklung 38, 75, 77

Bindungserfahrung  11, 46, 52, 102, 107, 139, 154, 156, 160f, 164, 166, 168-172
– im Jugendalter  164
–, internalisierte  167
– Verzerrung der  169
Bindungs-Explorations-Balance  42-44
Bindungsfigur  96, 139, 141, 143, 145, 153, 160, 165, 167f
Bindungshaltung s. Bindungsrepräsentation
Bindungsmodell  136, 139, 160, 162-172
–, autonomes, sicheres  95, 164f, 166
–, unsicher-distanzierendes  95, 139, 149, 154, 157, 169f
–, unsicheres  168
–, unsicher-präokkupiertes  139, 154, 169f
–, verdient-sicheres  167
–, verstricktes  95
Bindungsmuster  10f, 41, 55, 83f, 86-88, 92, 94f, 113, 129, 131, 134, 139, 147, 156, 159-165, 170, 172, 174
– Diskontinuität der  163f
– Kontinuität der  163f
– Entwicklungsdynamik der  161
Bindungsorganisation  43, 92, 99, 106
Bindungsperson  21, 39-42, 46, 52, 55, 66, 74, 78, 81f, 84-87, 92, 96, 106f, 127, 129, 131, 145, 153
–, psychotherapeutische  86
– Verlust der  62f, 86
Bindungsqualität  10f, 24, 26, 30, 38f, 41, 82, 86, 127-129, 153
Bindungsrepräsentation  38f, 46f, 50, 83f, 93-95, 129, 145, 155f, 167f
–, sicher-autonome  156
–, sichere  83, 157
–, unsicher-distanzierte  83
–, unsicher-verstrickte  83
–, Veränderung der  169
Bindungssicherheit  9, 70, 92, 97
Bindungssprache  38f, 46
Bindungsstile  24, 84
– im Erwachsenenalter  128

Bindungsstörungen  84-86, 92
Bindungsstrategie  11, 163, 168-170
– Zusammenbruch der  11, 163, 165
Bindungssystem  10, 23, 41, 73, 76, 81f, 85-87, 91, 125, 127, 130, 153, 163
–, aktiviertes  61, 73, 87, 168
– Hyperaktivierung des  42
Bindungstherapie  81, 167
Bindungsunsicherheit  9
Bindungsverhalten  10f, 30, 38f, 51, 56, 74, 77, 81f, 84, 94, 99, 115, 131f, 144f, 147, 151
Bindungsverhaltensweisen  10, 23, 55, 74, 127
Bindungsverlust  114, 118
Bindungswünsche  41, 114f, 124, 131, 139, 143, 145, 153, 160f, 167f, 170f

Containment  128f, 131, 144, 153f, 161
– Affekt-  132

Depression  85, 151, 162
–, anaklitische  14, 113
–, postnatale  68
– Säuglings-  67f
Depressionsabwehr s. Abwehr
Deprivation
–, frühkindliche  19
Diskursqualität  52
Dissoziation  166
– Mikro-  164f

earned secure s. Sicherheit, erworbene
Eifersucht  69, 71
entrainment  58
Entwicklung  12, 91, 130
–, altersadäquate  130
–, emotionale  86, 91
–, frühkindliche  90
– Ich-  14
–, lebenslange  174
– Persönlichkeits-  31, 69
–, psychische  14f, 88, 174
–, psychosexuelle  12
Entwicklungslinien  12

## Sachwortregister

Entwicklungspsychologie 91
Erkundungsverhalten s. Explorationsverhalten
Erkundungssystem s. Explorationssystem
Erstgespräch 129
Erwachsenenanalyse 13, 16
Erwachsenen-Bindungs-Interview 38f, 48, 83, 94f, 128, 131, 136, 152-154, 162, 172
Ethologie 38
Exploration 25, 41f, 51f, 159, 173
–, mentale 42
– Selbst– 167, 173
Explorationssystem 74, 86
Explorationsverhalten 10, 56, 99, 172

Feinfühligkeit 10, 40f, 52, 82, 128
– des Therapeuten 93, 167
– elterliche 43
–, herausfordernde 45, 51
–, mütterliche 10, 23, 26f, 30f, 40, 51, 93, 99, 106, 127
–, väterliche 31, 44f
Fremdenangst 15
Fremde Situation 10f, 24, 28-31, 38f, 41, 52, 57f, 92, 127, 162f, 169
Frustration 131
Frustrationsspannung 82
Frustrationstoleranz 67, 73, 174
Fürsorgeverhalten 54, 77

Gebundenheit s. Bindung
Gewalt
– in der Familie 70-74

Hospitalismus
–, psychischer 14
Hyperaktivität 99
Hypermotorik 174

Identifikation 151
–, primäre 173
Individuation 15

Initialtraum 140
Inkohärenz 49, 138
–, sprachliche 49
Interaktion 39, 93f, 131, 164, 174
– Eltern-Kind- 94
– face-to-face- 27
– Mutter-Kind- 40, 84, 99, 102-106, 134
– Spiel- 86
Interaktionsbeobachtung s. Beobachtung
Interaktionsgeschichte 29
Interaktionsverhalten 159

Kinderanalyse 13f, 16
Kindesmißhandlung 71-74
Kindheitserlebnis
–, belastendes 63-66
–, pathogenes 64f
Kohärenz 46f, 52
–, internale 51
–, sprachliche 48
Kontrolltheorie 22, 38
Kybernetik 38

Mentalisierung 165
Mentalisierungsdefizit 166
mind-mindedness 48

Narzißmus
–, gesunder 93

Objekt 113
– Liebes- 148
– Vater- 148
– Übergangs- 116
Objektbeziehung 91
Objektbeziehungstheorie 91
Objektkonstanz 147
Objektpermanenz 124
Ödipuskomplex 22

Partnerschaft
–, gleichgeschlechtliche 68
–, zielkorrigierte 46, 49

Phase
– der (Ab)Lösung   14, 61f, 124, 143, 145
– des Protestes   14, 61, 124, 143, 145
– der Reorganisation   145
– der Verleugnung   14
– der Verzweiflung   14, 61f, 124, 143, 145
Phobie   85
Prozeß
–, therapeutischer   92, 94, 169, 174
Psychoanalyse   11, 22f, 38, 90-92, 147
Psychologie
–, kognitive   22
– Meta-   22
Psychotherapie   85f, 88, 94
– Eltern-Kind-   94, 172
– Eltern-Kleinkind-   97-99
– Mutter-Kind-   172

Q-Sort-Methode   31

Regression   130
Rekonstruktion   12f, 49, 151, 169
Repräsentanzen s. Repräsentation
Repräsentation 46f, 91-95, 104, 113, 123
–, mentale   46, 92, 95, 173
–, sekundäre   166
– Mutter-   155
– Vater-   155f
Rollenumkehr   43, 85, 138, 142, 146, 157, 170, 174

Säugling   16, 40, 97f, 113
–, kompetenter   16
Säuglingsdepression s. Depression
Scheidungskinder   51, 75-77
secure base s. sichere Basis
Selbst   16, 96
– Kern-   113
–, psychologisches   173
–, subjektives   124
– Selbstbewußtsein   172
Selbstempfinden   16
Selbsterkenntnis   173

Selbstexploration s. Exploration
Selbstkontrolle
–, metakognitive   49
Selbstwertgefühl   70-72
Separation   15
Separation Anxiety Test   163
Sexualität   159
Sichere Basis   41f, 44, 63, 86f, 94, 105, 107, 123, 125, 147, 167, 173
Sicherheit
–, erworbene   50, 164, 166
Sicherheitstheorie   24
Sorgerecht   76
state of mind   139, 156f
Störungen
– Angst-   85, 163
– Bindungs- s. Bindungsstörungen
– Fütter-   99f
–, psychopathologische   159-166
–, psychosomatische   57, 85
– Regulations-   98
Symbiose   18
Symbolspiel   86, 127, 162

Tagesbetreuung   63
Therapieziele   96f
Tierverhaltensforschung   22
Trauer   21, 75, 144
–, pathologische   151
Trauerarbeit   151
Trauerprozeß   21, 61, 124, 144f
– Ablösung im   145
Trauerreaktion   144
–, verschobene   144f
Trauma   124, 165, 170
– Familien-   154
–, kumulatives   124
–, unverarbeitetes   96
– Transmission von   151, 164
– Verlust-   138f, 151
Traumatisierung   86, 124, 139, 166
–, kindliche   174
– Mikro-   161
Trennung   10, 18, 46, 57-64, 66f, 74-77, 87f, 114, 125, 136, 139, 143-148

## Sachwortregister

– Psychobiologie der  56-60
– von der Bezugsperson/Bindungsperson  10, 60-62, 81, 113
– von der Mutter  14f, 20, 25, 58f
Trennungsangst  21, 70, 87, 157, 172
Trennungserfahrung  50, 61, 87, 143-145, 148, 153f
Trennungserleben  143, 153
Trennungsfieber  58, 61
Trennungsprotest  84
Trennungsprozeß  60, 143f
Trennungsreaktion  141, 143, 169
Trennungssituation  84, 133
Trennungsstreß  127
Triangulierung  149
Triebangst  21
Triebbedürfnis  10, 21, 23, 127
Triebtheorie  21f
Triebverzicht  13

Übertragung  132,. 157, 174
– Gegen-  157, 169, 171f, 174
– Mutter-  157
– Selbstobjekt-  157
– Spiegel-  157

Verhalten
–, aggressives  69
– Explorations- s. Exploration
–, geschlechtsrollentypisches  70
– Spiel-  173
Verhaltensauffälligkeiten  67
Verhaltensbiologie  38
Verlassenheit  140f, 145f
Verlustangst  111, 141, 145, 146, 154, 156f, 172
Verlusterfahrung
– unverarbeitete  144, 165, 174
Vernachlässigung  68

## John Bowlby
## Frühe Bindung und kindliche Entwicklung

Mit einem Beitrag von Mary D. Salter Ainsworth

Aus dem Engl. von Ursula Seemann

Mit einem Vorwort von Manfred Endres

(Beiträge zur Kinderpsychotherapie; 13)
4., neu gestalt. Auflage 2001
201 Seiten
(3-497-01566-0) kt

Es ist das Verdienst des Kinderarztes und Analytikers John Bowlby, bereits Anfang der fünfziger Jahre eindringlich auf Entwicklungsschädigungen hingewiesen zu haben, die Säuglinge und Kleinkinder in Heimen und anderen Institutionen erleiden.

Für die seelische Gesundheit des Kindes ist es überaus wichtig, in den ersten Lebensjahren eine warme, intensive und beständige Beziehung zu seiner Mutter zu erleben – oder zu einer anderen engen Bezugsperson.

„Die Bindungstheorie ist heute ein Feld, für das sich psychotherapeutisches Fachpublikum vermehrt interessiert und das von akademischer Seite intensiv beforscht wird. Sie wird in den kommenden Jahren zunehmend psychotherapeutisches Handeln beeinflussen und das Verständnis für menschliche Entwicklung vertiefen. So hat John Bowlby mit seiner Arbeit den Anstoß für ein weites Forschungsfeld gegeben."  *Manfred Endres*

Ernst Reinhardt Verlag • München Basel
E-Mail: info@reinhardt-verlag.de
http://www.reinhardt-verlag.de

Jeremy Holmes
**John Bowlby und die Bindungstheorie**

Welches besondere Band hält Mutter und Kind zusammen? Was passiert, wenn es zu einer Trennung kommt? Auf der Suche nach Antworten auf diese Fragen entwickelte der britische Psychoanalytiker John Bowlby (1907–1990) die sog. Bindungstheorie. Dabei verknüpfte er den empirisch-wissenschaftlichen Ansatz der Verhaltensforschung mit introspektiven Erkenntnissen der psychoanalytischen Objekttheorie. Heute prägt die Bindungstheorie mehr denn je Forschung und Praxis in Psychologie, Psychotherapie und Pädagogik.

Der Autor schildert die biographischen und geschichtlichen Hintergründe der Bindungstheorie. Anschaulich erklärt er einzelne theoretische Elemente und deren thematische Weiterentwicklung in der gegenwärtigen Bindungsforschung: Bindung im Jugend- und Erwachsenenalter, die klinische Anwendung in der Psychotherapie. Ein Ausblick auf die Rolle der Bindungstheorie in der Gesellschaft schließt das Buch ab.

Mit einem Vorwort von Martin Dornes

Aus dem Engl. von Andreas Wimmer

ca. 250 Seiten
ca. 6 Abb. ca. 3 Tab.
(3-497-01598-9) kt

Ernst Reinhardt Verlag • München Basel
E-Mail: info@reinhardt-verlag.de
http://www.reinhardt-verlag.de

## Peter Osten
### Die Anamnese in der Psychotherapie

Klinische Entwicklungspsychologie in der Praxis

Mit einem Geleitwort von Hilarion Petzold

2., völlig neu bearb. und erw. Aufl. 2000
553 Seiten. UTB-L
(3-8252-8197-3) gb

In der psychotherapeutischen Anamnese wird die Vorgeschichte psychischer und psychosomatischer Störungen ermittelt. Die Entstehung dieser Störungen läßt sich nachzeichnen, indem man die Forschungsergebnisse der Säuglings-, Kleinkind- und Lebenslaufforschung anwendet. Dieser diagnostische Transfer wird in der überarbeiteten Auflage des Standardlehrbuchs zur psychotherapeutischen Anamnese geleistet. Der Autor erläutert praxisrelevante Theorien und Forschungsergebnisse der klinischen Entwicklungspsychologie und gibt dem Therapeuten in ausführlichen Praxisteilen hilfreiche Anamnese-Checklisten, Interventionsbeispiele und Hinweise für die Anwendung internationaler Klassifikationssysteme bis hin zur mediengestützten Exploration an die Hand.

Pressestimmen zur Erstauflage

„Das Buch von Osten besticht durch seine Vielseitigkeit, seine Neutralität, seine reichlichen Literaturhinweise."
*Deutsches Ärzteblatt*

„Der Autor integriert in diesem Buch neue Forschungsergebnisse aus der Säuglingsforschung, der Emotionsforschung und der Lebenslaufforschung zu einem konsistenten klinischen Anamnese-Ansatz."
*Medizin Literatur*

Ernst Reinhardt Verlag • München Basel
E-Mail: info@reinhardt-verlag.de
http://www.reinhardt-verlag.de

Manfred Endres / Gerd Biermann (Hrsg.)
**Traumatisierung in
Kindheit und Jugend**

Kinder sind besonders verletzlich: Schrecklichen Erlebnissen haben sie noch wenig entgegenzusetzen. Seelische Verletzungen können die Entwicklung des Kindes behindern, ja zusammenbrechen lassen, können aber auch entwicklungsfördernde Impulse wachrufen.

(Beiträge zur Kinderpsychotherapie; 32)
2. Aufl. 2002
ca. 280 Seiten
ca. 5 Abb.
(3-497-01585-7) gb

Heute wird zur Traumatisierung im Kindesalter vor allem sexueller Missbrauch assoziiert. Dieses Buch greift jedoch eine Vielfalt von weiteren Aspekten auf: Verlust von Bezugspersonen durch Tod oder Scheidung; schwere Erkrankungen im Kindesalter; Kriegsereignisse, Flucht, Vertreibung; politische Verfolgung und Fremdenfeindlichkeit.

Mit Beiträgen von:

Adam Alfred, Gerd Biermann, Juliane Bründl, Peter Bründl, Barbara Diepold, Manfred Endres, Ernst Federn, Annedore Hirblinger, Hans Keilson, Ilany Kogan, Sibylle Moisl, Klaus Räder, Annette Streeck-Fischer, Joachim Walter

Ernst Reinhardt Verlag • München Basel
E-Mail: info@reinhardt-verlag.de
http://www.reinhardt-verlag.de

## Thomas Hülshoff
**Emotionen**

Eine Einführung für beratende, therapeutische, pädagogische und soziale Berufe

2., überarb. Aufl. 2001
335 Seiten. 36 Abb.
2 Tab. UTB-M
(3-8252-2051-6) kt

Blinde Wut oder panische Angst, himmelhochjauchzende Freude oder tiefe Depression – Gefühle bestimmen unser Leben ganz wesentlich. Emotionen – darüber sind sich Fachleute einig – sind nicht zu unterschätzen, sondern ernstzunehmen. Ein sinnvoller Umgang mit den eigenen Gefühlen und den Gefühlen anderer setzt ein Verständnis dieser oft höchst komplexen Vorgänge voraus. Das ist elementar für alle sozialen Berufe. Thomas Hülshoffs Buch ist eine fundierte und gut lesbare Einführung in die Emotionspsychologie. Der Autor bezieht aktuelle neurophysiologische Erkenntnisse und biologische Wurzeln unserer Emotionen ebenso ein wie die soziale Bedeutung und den kulturellen und familiären Kontext, in den Gefühle eingebettet sind. Zahlreiche Fallbeispiele, Übungen und Abbildungen illustrieren dieses didaktische Lehrbuch.

Aus dem Inhalt
Systemisch-integrative Bestandsaufnahme
Hirnstrukturen und ihre Funktionen im emotionalen Geschehen
Biochemische Grundlagen emotionalen Erlebens und Verhaltens
Angst, Furcht, Panik
Verlust und Trauer, Kummer und Depression
Freude, Wohlbefinden, Lust und Sucht
Sexualität und Liebe
Ärger, Wut und Aggression
Schamgefühle
Schuldgefühl und Gewissen
Emotionen in der Pubertät
Emotionen im Familiensystem
Selbstwertgefühl, Selbstbewusstsein und Identität

Ernst Reinhardt Verlag • München Basel
E-Mail: info@reinhardt-verlag.de
http://www.reinhardt-verlag.de

Lucien Israël
**Die unerhörte Botschaft der Hysterie**

Israël kehrt zu den Wurzeln der Psychoanalyse zurück und ruft dazu auf, die Botschaft der Hysterie zu (er-)hören. Er stellt die facettenreichen Aspekte der Hysterie dar. Dabei werden wichtige klinische Kenntnisse vor dem Hintergrund geschichtlicher und soziokultureller Zusammenhänge angeführt.
Wenn es uns gelingt, die vielfältigen Ausdrucksformen der Hysterie auch jenseits diagnostischer Raster wahrzunehmen, werden wir die Freude am Entdecken und die unvoreingenommene Beziehung zum Anderen wiederbeleben.

Aus dem Franz. von Peter Müller und Peter Posch

Mit einem Vorwort von Wolfgang Mertens

4. Aufl. 2001
270 Seiten
(3-497-01586-5) kt

Serge Tisseron
**Phänomen Scham**

Wer Scham empfindet, sieht sich am Rande der Gemeinschaft, er schämt sich vor den anderen. Scham verknüpft auch aufeinanderfolgende Generationen miteinander und kann sogar von einer zur anderen weitergegeben werden. An zahlreichen Fallbeispielen zeigt der Autor, in welchen Situationen Scham entstehen kann: Arbeitslosigkeit, Krankheit, Schuld, Erniedrigung, Vergewaltigung, Deportation, Folter. Er beschreibt die verschiedenen psychoanalytischen Erklärungsansätze und leitet daraus therapeutische Maßnahmen ab, mit denen das Gefühl der Scham im psychoanalytischen Behandlungsverlauf erkannt und genutzt werden kann.

Psychoanalyse eines sozialen Affektes

Aus dem Franz. von Reinhard Tiffert

2000. 190 Seiten
(3-497-01542-3) gb

Ernst Reinhardt Verlag • München Basel
E-Mail: info@reinhardt-verlag.de
http://www.reinhardt-verlag.de

Virginia M. Axline
**Kinder-Spieltherapie im nicht-direktiven Verfahren**

Aus dem Amerik. von Ruth Bang

(Beiträge zur Kinderpsychotherapie; 11)
9., neu gest. Aufl. 1997
344 Seiten
(3-497-01434-6) gb

In der nicht-direktiven Spieltherapie überläßt der Therapeut ohne diagnostische Voruntersuchung „Verantwortung und Führung" dem Kind. Die Verfasserin bringt neben der Schilderung der Grundprinzipien nicht-direktiver Spieltherapie eine Menge konkreter Anleitungen für die Durchführung einer Behandlung, eine Vielzahl von Interviews aus Einzel- und Gruppentherapien und Hinweise für die Anwendung einer klientenzentrierter Haltung in der Erziehung, womit sie Carl Rogers Gedanken in praktische Anwendung umsetzt.


Donald W. Winnicott
**Kind, Familie und Umwelt**

Aus dem Engl. von Ursula Seemann

(Beiträge zur Kinderpsychotherapie; 5)
5. Aufl. 1992
234 Seiten
(3-497-00944-X) gb

Wir wissen heute, dass die ersten Eindrücke des Säuglings und Kleinkindes für sein Leben mitbestimmend sind; manche Störung wurzelt in den ersten Lebensjahren. Darum ist es so wichtig, dass Eltern verstehen lernen, was für ein Wesen das Kleinkind ist und wie sie seine Bedürfnisse besser befriedigen können. Dieses Verständnis für die kindliche Lebenssituation vermittelt der Verfasser in Ausführungen zum Mutter-Kind-Verhältnis und zur wichtigen Rolle des Vaters für ein angemessenes Familienklima. Die klaren Erläuterungen sind hilfreiche Hinweise in so mancher Erziehungsfrage.

Ernst Reinhardt Verlag • München Basel
E-Mail: info@reinhardt-verlag.de
http://www.reinhardt-verlag.de

John G. Howells / John R. Lickorish
**Familien-Beziehungs-Test (FBT)**

In dem Maße, wie sich das Interesse vom Individuum auf die Familie verlagerte, wurde das Bedürfnis nach einer eigenen projektiven Technik entsprechender Art immer dringlicher. Das Aufkommen der Familientherapie zwingt dazu, mehr Aufmerksamkeit auf die „interpersonalen" Aspekte des Familienlebens, statt wie bisher auf das „Persönlichkeitsbild" des Individuums zu verwenden.

Der Test ist sowohl für Eltern als auch für Kinder (etwa 7–12 Jahre) gedacht.

Testmappe. 16 Seiten Handanweisungen, 16 Auswertungsblätter

Aus dem Engl. von Karl Klüwer

(Beiträge zur Psychodiagnostik des Kindes; 2)
5. Aufl. 1994. 40 Abb. auf 24 Testkarten.
(3-497-01326-9) gb

Luitgard Brem-Gräser
**Familie in Tieren**

Die Zeichnung „Familie in Tieren" wurde in achthundert Untersuchungsfällen aus der Praxis der Erziehungs- und Schulberatung mit den jeweiligen Befunden der gesamten psychologischen Untersuchung verglichen. Der Verfasserin gelang es in überzeugender Weise, Kriterien zu ermitteln, die es ermöglichen, vom Bilde unmittelbar die Hintergründe des speziellen kindlichen Fehlverhaltens zu erhellen. Das Werk beweist nicht allein den international längst gesicherten Platz dieses Tests, es stellt darüber hinaus einen wichtigen Beitrag zur Familienpsychologie dar. „Familie in Tieren" ermöglicht eine differenzierte Diagnosestellung und die Prognose eines familienspezifischen Heilungsplanes.

Die Familiensituation im Spiegel der Kinderzeichnung

Entwicklung eines Testverfahrens

8. Aufl. 2001
148 Seiten. Beilage mit 30 Testzeichnungen
(3-497-01567-9) gb

Ernst Reinhardt Verlag • München Basel
E-Mail: info@reinhardt-verlag.de
http://www.reinhardt-verlag.de